Gila van Delden

Mutter Erde,

trage mich ...

Gila van Delden

Mutter Erde, trage mich ...

Ein erfrischender, spiritueller Tatsachenbericht

COUNTRY VERLAG

Die Deutsche Bibliothek – CIP-Einheitsaufnahme

Delden, Gila van:
Mutter Erde trage mich ... : Ein erfrischender, spiritueller
Tatsachenbericht / Gila van Delden. – 5. Aufl. –
Halle/Westf. : Country Verl., 1996
ISBN 3-9803144-2-1

6. Auflage

Fischweg 7, D-33790 Halle/Westf.

Titelfoto: Franz-Josef Rütz
Herstellung: Hans Kock, Bielefeld
Printed in Germany
ISBN 3-9803144-2-1

Mutter Erde, trage mich,
Vater Himmel, beschütze mich,
Schwester Sonne, wärme mich,
Bruder Wind, durchpuste mich,
Lebensodem, durchströme mich.
Ich bin ein Kind der Schöpfung
und darf aus ihr schöpfen,
wenn ich erschöpft bin,
um neu schöpferisch zu sein.
Mutter Erde, trage mich ...

(Gila van Delden)

Vorwort

Ein reicher Mann dachte auch im Sterben nur an das, woran er sein ganzes Leben lang gedacht hatte: an sein Geld. Mit schwindender Kraft befahl er seiner Magd, ihm seinen großen Beutel mit Gold in den Sarg zu legen.

Dann erblickte seine Seele das Jenseits, und er stand plötzlich vor einem Tisch mit feinsten Speisen.

„Sag, was kosten all diese leckeren Dinge – das Lachsbrot, die Sardinen und die Pastete?“ fragte er erwartungsvoll.

„Alles eine Kopeke“, wurde ihm geantwortet.

Wie billig! dachte er froh und wählte sich eine ganze Platte voller Köstlichkeiten aus.

Als er mit einem Goldstück zahlen wollte, schüttelte der Verkäufer bedauernd den Kopf und meinte: „Du magst zwar viel im Leben gelernt haben, aber eines nicht: Wir nehmen hier nur Geld, das einer verschenkt hat ...“

In der Schule lernen wir zwar, wann die Keilerei bei Issus war, und müssen diverse Prüfungen ablegen, um unser Wissen nachzuweisen, aber wann und wo werden wir auf die Prüfungen des Lebens vorbereitet?

Jetzt hab ich's geschafft! denken wir stolz, wenn wir dann die Schule oder gar die Universität mit einem Abschluss verlassen. Was aber haben wir in Wirklichkeit erreicht? Fast ein Drittel unseres Lebens hat man uns darin bestärkt, dass der Verstand unser Leben beherrsche und alle Entscheidungen eben über diesen Verstand zu regeln seien.

Ein Drittel unseres Lebens? Ja, genau richtig! Oder hat man uns nicht beigebracht, dass zwei und zwei vier sind? Und wenn wir davon drei Äpfel verschenken, dann sind diese endgültig weg! Verschenkt! Und wir bekommen keinen davon zurück. Im Klartext heißt das doch nichts anderes, als dass der Beweis angetreten wird, um drei Äpfel ärmer geworden zu sein.

Natürlich lasse ich gelten, dass man Additionen oder Subtraktionen in der Mathematik nicht anders erklären kann, doch wo bleibt der Ausgleich in den Schulen, dass es auch noch eine andere Ebene gibt? Eine Ebene, die unser eigentliches Wesen berührt, das nicht nur die vergängliche Materie einschließt. In welchem Fach wird uns beigebracht, dass wir diese Äpfel eben ***nicht*** verloren, sondern sie in das Leben investiert haben? Was weg ist, ist weg – heißt es, weil wir das, was wir verschenken, im Normalfall nicht wiedersehen. Warum ist es nicht möglich, unseren Kindern, die noch aufnahmefähig und unverbildet sind, bereits in der Schule beizubringen, dass diese Thematik ebenso der Polarität unterworfen ist wie alles andere im Leben?

Wir fangen erst jetzt langsam an zu begreifen, welche große Lebenswahrheit hinter der Aussage steht:

Was du frohen Herzens für andere tust,
kehrt doppelt und dreifach zu dir zurück.

In meinen Seminaren treffe ich des öfteren Pädagogen, die plötzlich in der Lebensmitte feststellen, dass ihr eigenes Wissen, das sie sich durch das Studium angeeignet und seit Jahrzehnten an ihre Schüler weitergegeben haben, im Grunde genommen nur einen kleinen Teil des Lebens darstellt. Durch das Leben geprägt, spüren sie, dass manche Sensoren bei ihnen verkümmert oder nur teilweise ausgebildet sind; und zwar die, die sich mit den geistigen Lebensgesetzen, mit unserem geistigen Dasein beschäftigen.

Durch traurige Ereignisse, schwere Prüfungen und Schicksalsschläge im späteren Leben gebeutelt, stellt man dann hilflos die Frage: „Warum ich? Was habe ich getan, dass das Leben so hart ist zu mir?“

Da wir es in der Schule nicht gelernt haben, können wir die Tatsache einfach nicht begreifen: Niemand ist hart zu uns, außer wir selbst, da wir alles im Leben durch die Art unserer Gedanken selbst verursacht haben. Für viele mag das unrealistisch klingen, und doch bin ich überzeugt, dass es so ist.

Niemand lehrt uns in jungen Jahren, dass die Vollkommenheit in uns angelegt ist und ausstrahlt bis in die äußere Hülle unseres Wesens – unseres Körpers, wenn wir sie nicht blockieren. Wenn wir dieses Licht mit unserer Gedankenenergie heilend einsetzen, herrschen Gesundheit und Vollkommenheit in unserer Seele und in unserem äußeren Körper.

In welchem Fach in der Schule wird uns gezeigt, dass Energie nicht nur Elektrizität oder die Wärme der Sonne bedeutet, sondern dass wir selbst durch unsere Gedanken konstant Energie abgeben und aufnehmen? Diese geht nie verloren. Sie sucht ihren Weg und kann nur verwandelt werden.

Die Aura – das unseren ganzen Körper umgebende Energiefeld – wird immerwährend durch unsere Gedankenkraft und Empfindungen neu aufgebaut. Seit einiger Zeit erst ist man in der Lage, die Aura von Pflanzen, Tieren und Menschen, die die unterschiedlichsten Farben aufweisen kann, mit der Kirlianfotografie – genannt nach dem sowjetischen Forscher Semjon Kirlian – zu fotografieren. Als leidenschaftlichem Amateurfotografen gelang es ihm bereits im Jahr 1949 nach zehnjährigen Versuchen, die Aura von Menschen, Tieren und Pflanzen aufzunehmen. Alles, was lebt, zeigt sich in einem farbenprächtigen Strahlenkleid. Die Bilder gingen damals um die ganze Welt.

Befindet man sich in einer niedergeschlagenen Verfassung, so wird das Aura-Foto andere Formen und Farben anzeigen, als wenn man sich so richtig rundherum wohl fühlt.

Wie gut, dass ich meine eigene Aura nicht sehen konnte, als ich todunglücklich bei meiner Freundin Marianne auf der Couch in ihrem Wohnzimmer saß ...

Kapitel 1

Unsere Seele muss sterben, sagst du,
wenn der Körper stirbt?
Hast du eine innere Kraft je sterben sehen?
Nur das Äußere, Zusammengesetzte sahst du zerfallen.
Was in mir lebt, mein Lebendigstes, mein Ewiges,
kennt keinen Untergang.
Kein Tod ist in der Schöpfung, nur Verwandlung.
Wenn die Hülle beim Tode wegfällt, bleibt die Kraft,
die schon vor dieser Hülle existierte.

(Johann Gottfried Herder)

Juni 1987

Warum musste ich Vancouver verlassen? fragte ich mich mit der stillen Verzweiflung eines Menschen, der weiß, dass er alle Kräfte mobilisieren muss, um den Karren wieder aus dem Dreck zu ziehen, den er selbst hineingefahren hat. Warum, Vater im Himmel, warum nur? Ich war so sicher, dort nach all den wahnwitzigen Turbulenzen der letzten Zeit meine Heimat gefunden zu haben.

Wie sollte es nun weitergehen? Ich musste unbedingt wieder ein Zuhause finden für uns. Für längere Zeit konnte und wollte ich mit meinen beiden kleinen Kindern nicht bei meiner Freundin Marianne bleiben.

Wenn ich keinen Appetit mehr habe, dann ist es wirklich ernst! Sonst wünschte ich mir immer sehnlichst, all die leckeren Dinge stehen lassen zu können, jetzt war dieser äußerst bedenkliche Fall wahrhaftig eingetreten. Obwohl am absoluten Tiefpunkt meines bisherigen Lebens angelangt, spürte ich dennoch tief in mir: Auch dies hat einen Sinn – auch dieser Schicksalsschlag eine bestimmte Bedeutung für mein Leben.

Sinn ..., rebellierte dagegen die andere Seite in mir. Ich brauche ein Zuhause für meine Kinder und mich. Ich brauche einen Job – ich brauche Möbel und ein Auto ...

Das Telefon in Mariannes Wohnzimmer riss mich aus meinen unruhigen Gedanken.

Ich erschrak, als ich hörte, dass es eine gemeinsame Freundin war, die anrief und Marianne fragte, ob sie wüsste, warum ich an diesem Pfingstmontag in Vancouver telefonisch nicht zu erreichen war.

Nein, sie sollte noch nicht wissen, dass ich erst vor ein paar Stunden für immer aus Kanada zurückgekehrt war. Niemand sollte es vorerst erfahren. Niemand! Ich war noch zu sehr verletzt. Es war, als ob ich mich schämte für das, was mir widerfahren war. Betroffen deutete ich mit dem Finger ein 'Pst' an – und Marianne verstand.

Irgendwie tat es mir leid, als ich hörte, wie Marianne unserer Freundin vorschlug, sie solle es später nochmals versuchen.

„Danke", sagte ich schlicht zu Marianne, als sie kurze Zeit später auflegte. Es ging einfach nicht. Niemandem konnte ich in diesem Moment irgend etwas erklären.

Die Tage bei Marianne in Bielefeld durchlebte ich mit einem tiefen Gefühl der Traurigkeit. Alles war noch so wund und frisch. Marco, mein damals siebzehnjähriger Sohn, hatte die erstbeste Gelegenheit beim Schopf gepackt und war zu seinen Freunden nach Hannover gefahren, derentwegen er Vancouver verlassen hatte.

Ich war fürs erste mit meinen beiden Kleinen – Dana, fast fünf Jahre, und Rico, gerade mal zehn Monate alt – in Mariannes Gästezimmer eingezogen, aber schon aus Platzgründen konnten wir hier nicht lange bleiben. Unsere vielen Koffer standen geöffnet in Mariannes großem Kellerraum herum, und mein riesiger russischer Wein hing vor dem Kellerfenster, damit er wenigstens ein paar Lichtstrahlen erhaschen konnte. Ich hatte ihn in einem überdimensionalen Hartschalenkoffer heimlich sowohl nach Kanada 'eingeführt', als auch von dort wieder mit zurückgebracht.

Zwei Tage nach meiner Ankunft gab ich eine Anzeige auf, in der ich ein Haus für uns suchte. Ein Haus? Ich hatte doch gar keine Möbel! Womit wollte ich bloß ein Haus einrichten? Nun gut, Axel – der Mann, mit dem wir in Vancouver gelebt hatten – wollte mir einen Teil meiner Möbel nachsenden. Axel, mein Freund, mein Geliebter, mein Lebensgefährte. Warum nur war diese Beziehung zerbrochen, die so hoffnungsvoll begonnen hatte?

Warum bloß – warum? Immer wieder tauchte da ein riesiges Fragezeichen vor mir auf. Und was noch dazu kam: Ich war in dieser Situation nicht mal mehr fähig, an dem Manuskript für mein Husky-Buch weiterzuschreiben. Nicht nur, dass ich keinen Computer mehr besaß – nein, das war's nicht. Mit einer gewaltigen Woge erschlug mich fast die Erkenntnis, dass all das, was ich bisher an sogenannten Wundern erfahren und in meinem Manuskript verarbeitet hatte, in sich nicht mehr schlüssig zu sein schien und ich mich fragen musste, ob das Fazit meiner Erlebnisse überhaupt noch stimmen konnte.

Immer war ich der Meinung gewesen, dass man in seinem Leben auf Zeichen achten solle. So wie die erste Auswanderung nach Whitehorse in den höchsten Norden Kanadas von Anfang an unter extrem schlechten Vorzeichen stand – und deshalb, wie ich meine, auch scheitern musste –, so war ich felsenfest davon überzeugt, dass die zweite Auswanderung zu Axel nach Vancouver ein Nachhausekommen war. Allen Freunden hatte ich mit einer kleinen Karte zu Weihnachten 1986 total glücklich zu verstehen gegeben: „Wir gehen nach Hause“ – und ihnen meine neue Anschrift in Vancouver mitgeteilt. Und das Ganze war erst sechs Monate her ...

Das mit den Zeichen war offensichtlich nicht ganz stimmig in Bezug auf meine Einstellung, denn sonst wäre ich in Vancouver geblieben, sinnierte ich.

Seit vier Jahren lebte ich damals in dem Wissen, dass Gedanken Kräfte sind, und hatte kräftig dazu beigetragen, dass alle meine Wünsche in Erfüllung gingen. Ja, es waren stets kleine Wunder, wie meine Freunde sagten, die sich bei mir am laufenden Band ereigneten. Was war mir nicht alles durch den festen Glauben an das Gute und das Vertrauen zu meinem Leben gelungen! Mein gedankliches Meisterstück war wirklich die zweite Auswanderung nach Vancouver gewesen – zu einem Mann, um den mich alle beneideten. Und jetzt nach so kurzer Zeit war ich mit meinen drei Kindern wieder zu Hause. Zu Hause? Nicht mal das – ich hatte kein Zuhause mehr, ich wohnte bei Marianne.

Lieber Gott, ich durfte gar nicht daran denken. Tränen traten mir in die Augen, als ich über all das nachdachte, was geschehen war. Es war gut, dass ich wieder weinen konnte, dass sich diese Trauer und Traurigkeit nicht noch mehr im Inneren festsetzte.

Etwas Geld hatte ich von Axel mitbekommen, damit ich mir im ersten Monat keine Sorgen zu machen brauchte. Aber es war klar, dass es ohne Bankkredit nicht weitergehen konnte.

Auf meine Anzeige das Haus betreffend erhielt ich ein paar Tage später nur zwei Angebote. Das eine Anwesen war kurz vor meiner Besichtigung bereits vermietet worden, das andere, ehemals einem Industriellen gehörend, lag in einem kleinen Ort, ungefähr vierzig Kilometer nördlich von Bielefeld: ein Blockhaus von 160 qm Wohnfläche, mit einem Innen- und Außenkamin, inmitten eines großen, allerdings seit Jahren sehr vernachlässigten Parkgeländes. Das Haus war seit dem Tod des Vorbesitzers vier Jahre lang nicht mehr bewohnt und kaum noch gelüftet worden. Bei der Besichtigung machte es einen äußerst verwahrlosten und muffigen Eindruck auf mich.

Unweit des Hauses stand ein großes Gebäude, das sich von innen als exklusive Ausstellungshalle mit einem überdimensionalen Kamin entpuppte. Gediegenes Fachwerk unterteilte die weiträumige, mit Teppichboden ausgelegte Grundfläche in kleine gemütliche Nischen. Immense Summen hatte der Vorbesitzer noch vor seinem Tod in die Ausstattung dieser Halle investiert und sich dabei offensichtlich finanziell übernommen, so dass es später zur Versteigerung des gesamten Komplexes gekommen war. Im Eingangsbereich der Halle lagen noch einige gut ausgestattete Büroräume.

In der unteren Ebene – unter den Ausstellungsräumen – befand sich eine Einliegerwohnung, die von einer Familie mit zwei Kindern bewohnt war. Die Eheleute, die meine Nachbarn werden sollten, hatten eine Art Hausmeisterfunktion inne. Es waren liebe Menschen, die dem Vermieter – wie ich später erfahren sollte – schlichtweg ergeben waren.

Dieses Anwesen hatte der Vermieter – ein Detektiv aus einem circa fünfzehn Kilometer entfernten Ort – kurz zuvor ersteigert. Vor allem an dieser Halle hatte er starkes Interesse gehabt, um Ausstellungen zu organisieren und dadurch die Finanzierungskosten einzubringen.

Nach der Besichtigung berichtete ich Marianne von meinen Eindrücken. „Es bleibt mir wohl nichts anderes übrig, als dieses Haus trotz des verwahrlosten Zustands zu nehmen. Früher muss es mal ein zauberhaftes Anwesen gewesen sein, aber jetzt steht es schon lange leer, und jedes Zimmer muss von Grund auf renoviert werden."

Wir saßen in ihrer kleinen gemütlichen Küche am Kaffeetisch. Rico rutschte neben uns in seinem Kinderstühlchen herum und kaute hingebungsvoll auf einem Brötchen, während Dana sich eine Kinderkassette anhörte.

Marianne fragte: „Kann Marco dir nicht helfen?"

„Er wird sicher mal mit anfassen können", entgegnete ich, „aber er ist jetzt meistens bei seinen Freunden in Hannover." Ich dachte darüber nach, wie viel Arbeit dennoch zu tun bliebe. Und doch hatte das Ganze auch etwas Gutes: Ich kam gar nicht groß zum Nachdenken.

Elf Tage später zogen wir mit Sack und Pack in das Blockhaus ein, und damit begann das Leben wieder für uns in Deutschland.

Marianne hatte dichtgehalten, was unsere Rückkehr betraf. Als dann zwei Wochen später mein Telefon angeschlossen wurde, wagte ich es, meinen Freunden und Bekannten eine Telefonnotiz zu schicken. Denn erst jetzt glaubte ich, dem Sturm, der unweigerlich ausbrechen würde, einigermaßen gewachsen zu sein. Sicher würde es nicht leicht sein, eine plausible Erklärung für all das, was geschehen war, zu finden.

Verständlich war ja noch, nach Kanada auszuwandern und wieder zurückzukommen. Schwieriger nachzuvollziehen ist es aber, ganz beiläufig noch ein Baby zu bekommen, kurze Zeit später erneut seinen inzwischen neu angeschafften Haushalt zu verkaufen, ein zweites Mal für immer zu einem Traummann nach Kanada auszuwandern, und dann ein halbes Jahr später endgültig zurückzukehren nach Deutschland.

Diese zwei Wochen hatte ich einfach gebraucht, um wieder zu mir zu finden. Und überhaupt fehlten mir selbst noch die

Worte für all das, was eigentlich geschehen war. Das einzige, was ich vorbringen konnte, war, dass ich meiner inneren Stimme folgen musste. Noch konnte ich selbst nicht begreifen, warum mein Abenteuer Kanada zweimal gescheitert war.

Gedanken sind Kräfte – wie oft hatte ich anderen diese Worte voller Begeisterung und innerer Überzeugung vermittelt.

Ich spürte, dass ich schnellstens aus diesem Tief herauskommen musste, um mein Leben und das meiner Kinder wieder in geordnete Bahnen zu bringen.

Abends gegen 21.00 Uhr rief André, mein ältester Sohn, aus Whitehorse an. Noch bevor er sich meldete, vernahm ich die vertrauten Satellitgeräusche. Er war zu der Zeit zwanzig Jahre alt. Schon vor meiner ersten Rückkehr nach Deutschland hatte er sich durchgesetzt und war allein in Kanada geblieben.

„Hallo, André!" begrüßte ich ihn froh. „Na – was gibt's Neues in Whitehorse?"

„Gila, eine gute Nachricht: Ich habe von der Bishops University einen Studienplatz bekommen in Lennoxville/Quebec!"

Ich freute mich riesig über seine Worte und hakte nach: „Spricht man da nicht nur Französisch?"

„Nein, zumindest an der Uni wird Englisch gesprochen."

„Und was hast du vor? Nimmst du an?"

„Ja klar, obwohl der Weg nach Quebec sehr weit ist. Ich fahre wahrscheinlich schon in der nächsten Woche. Na ja – du weißt ja, dass ich in meinem Job bei McDonald's wenig verdiene. Für den Flug habe ich kein Geld, also werde ich den Bus oder die Bahn quer durch Kanada nehmen."

Mir war nicht wohl zumute bei seinen Worten, als ich antwortete: „Ich habe ein richtig schlechtes Gewissen, dass ich dich wegen meiner eigenen finanziellen Misere momentan nicht unterstützen kann."

„Das weiß ich ja", antwortete er verständnisvoll. „Es muss eben auch so gehen. Sobald ich in Lennoxville bin, melde ich mich. Aber erzähl doch mal, wie weit du mit dem Haus bist."

„Was ich momentan unbedingt brauche, ist Zeit – Zeit, um mein Leben geistig zu planen. Die Renovierung des Hauses schafft mich total, aber andererseits lenkt sie mich auch ab, um die Dinge, die geschehen sind, zu vergessen."

André schwieg einen kurzen Moment und antwortete dann: „Es ist ja auch alles noch so frisch. Gib dir selbst etwas mehr Zeit, um alles zu verarbeiten."

„Du hast gut reden", konterte ich etwas belustigt. „Meine Geldreserven sind aufgebraucht. Ich muss unbedingt schnellstens wieder einen Job bekommen."

Abschließend gab mein Sohn mir den liebevollen Rat: „Du hast es uns doch immer vorgelebt und uns beigebracht, dem Leben zu vertrauen. Also solltest du auch selbst Prioritäten setzen. Warum vertraust du immer nur deiner eigenen Kraft? Wie viel leichter wäre es, wenn du loslassen könntest."

Er hatte ja vollkommen Recht.

Apropos loslassen. –

Ein Jahr zuvor hatte mein Kollege Hans aus der Versicherungsbranche, den ich sehr schätzte, seine vierjährige Tochter durch einen Verkehrsunfall verloren. Sie war im gleichen Alter wie Dana gewesen – ein Nachkömmling, von der gesamten Familie heiß geliebt. Diesen kleinen Sonnenschein mussten die Eltern nun nach vier Jahren wieder hergeben.

Mitten in meiner bevorstehenden zweiten Ausreise hatte ich diese Nachricht erhalten und der Familie sehr viel Kraft gewünscht, ohne Mitleid aufkommen zu lassen. Mitleid verstärkt das Leid der anderen, Mitgefühl heißt jedoch für mich: Ich nehme euch an in eurem Kummer, eurem tiefen Leid, aber gestattet mir auch, euch gute und konstruktive Gedanken der Kraft zu senden. Und das war auch nötig, denn diese Familie wäre an ihrem Leid beinahe zerbrochen. Hans hatte ein halbes Jahr nach dem Tod seiner Tochter seine Arbeitsstelle im Außendienst verloren, da er keinen Sinn mehr in seinem Leben sah und alle Energien in seine Trauer und Verzweiflung steckte.

Kaum hatte er erfahren, dass ich wieder im Land war, rief er an.

„Was soll ich dazu sagen, dass du wieder da bist“, meinte er ein wenig hilflos. „Das hätte ich bestimmt nicht erwartet.“

„Ich – offen gesagt – auch nicht, Hans. Gott bringt uns offensichtlich immer auf den Platz, wo er uns am meisten braucht. Wahrscheinlich werde ich hier eher gebraucht“, versuchte ich ein wenig zu scherzen, um gleich darauf zu fragen: „Wie geht es euch denn inzwischen?“

„Schlecht“, antwortete er leise, und ich merkte, wie er gegen die Tränen ankämpfte. „Mein Leben hat keinen Sinn mehr, seit die Kleine nicht mehr da ist.“ Er schwieg eine Weile und stellte dann die Frage: „Sag mal, kann ich morgen Nachmittag mal zu dir kommen?“

Ich freute mich auf seinen Besuch.

Als er am anderen Tag bei mir eintraf, sah ich ihm an, wie schlecht es ihm ging.

„Du trauerst um Sonja“, begann ich, „dabei weißt du gar nicht, wie gut es ihr geht. Sicherlich geht es ihr besser als dir.“

Unter Tränen sagte er: „Weißt du, wenn ich mir vorstelle, sie für immer verloren zu haben, werde ich verrückt.“

„Nein, Hans, so einfach geht das nicht“, entgegnete ich fest. „Du hast deine Lebensaufgabe, wie Sonja sie hier bei euch hatte, nur mit dem Unterschied, dass deine Tochter sie bereits erfüllt hat und wieder gehen durfte.“

Er saß mir gegenüber in meinem Wohnzimmer. Tieftraurig blickte er mich an. „Gehen durfte? Wie meinst du das?“

„Ich glaube daran, dass wir uns alle auf der geistigen Ebene unser Leben und unsere Eltern aussuchen, auch deine Sonja, bevor wir unser körperliches Leben beginnen. Wir sind in erster Linie geistige Wesen. Noch bevor wir gezeugt werden, entscheiden wir uns selbst für das Leben, das vor uns liegt. Wie lang oder kurz es uns auf der materiellen Seite – also hier auf der Erde – auch scheinen mag: Es ist erfüllt, wenn wir gehen.“

„Ich weiß nicht“, murmelte er, „sie war doch noch so klein ...“

„Ja, Hans, aber sie ist jetzt da, wo sie hergekommen ist. Sie ist einfach wieder nach Hause gegangen.“

„Ihr Zuhause war doch bei uns“, warf er leise ein.

„Für ihre Zeit hier auf Erden hat sie sich eure Familie als ihr Zuhause ausgesucht, wo sie sich auch sehr geborgen gefühlt hat, aber das eigentliche Zuhause ist für jedes Wesen die geistige Welt. Warum trauerst du? Ist es nicht der Gedanke daran, sie verloren zu haben? Aber um etwas zu verlieren, muss man es vorher besessen haben. Ihr habt sie doch gar nicht besessen. Könntest du dich mit dem Gedanken anfreunden, dass sie bei euch nur zu Besuch war?“

Hans dachte nach. Es dauerte lange, ehe er antwortete: „Ich bin mir nicht sicher, ob ich mich an diesen Gedanken gewöhnen kann. Es macht mich verrückt, wenn ich daran denke, sie niemals wiederzusehen.“

„Es stimmt nicht, was du da sagst“, konterte ich etwas provokativ. „Du siehst sie wieder. Deine Seele weiß das längst. Du als Mensch hast es nur vergessen. Kannst du dir eigentlich vorstellen, dass du Sonja durch deine immense Trauer festhältst?“

„Wie meinst du das?“

„Ich meine das so: Wenn du als dein eigentliches Ich deinen

irdischen Körper verlässt, so gehst du – ich will es mal so ausdrücken – in das liebende Licht. Gedanken sind Energie, und du als Persönlichkeit, die ihren materiellen Körper abgelegt hat, bleibst für immer und ewig du. Wer sind wir denn wirklich? In erster Linie sind wir geistige Wesen. Wie oft sagen wir: Ich habe einen Körper? ***Ich*** habe einen Körper. Wer ist denn dieses Ich?"

„Aber wieso meinst du, dass ich Sonja mit meiner Trauer festhalte?" hakte er nach.

„Dadurch, dass du deine gesamte Energie in die Trauer hineinsteckst, nimmst du kaum noch etwas anderes wahr und lässt sie dadurch überdimensional wachsen. Du bist momentan völlig blind für die schönen Seiten des Lebens. Ich kann mir gut vorstellen, dass unsere Lieben in der geistigen Welt ganz besonders empfänglich sind für unsere Energien. Gedanken, mit starken Gefühlen besetzt, sind nun mal Energien, die auch starke Auswirkungen auf sie haben."

„Sie war ja so klein und hatte noch gar nichts vom Leben gesehen", murmelte er bewegt.

„Ich glaube, das fühlt eure Sonja jetzt anders. In den vier Jahren ihres Lebens hat sie all das erlebt, was für ihre Entwicklung wichtig war. Sie hat sich genau die Lebensumstände und auch euch als Familie ausgewählt für ihren Weg zur Vollkommenheit, den wir alle gehen. Es ist eure Trauer, die jetzt schwer ist für sie. Hans, es kann doch nicht angehen, dass Sonja vier Jahre bei euch sein durfte, damit ihr den Rest eures Lebens traurig seid. Meinst du, das wäre der Sinn ihres Lebens gewesen, euch jetzt trauern zu lassen?"

Hans schwieg lange Zeit, bis er in Gedanken versunken sagte: „Gila, deine Worte tun mir gut, aber welchen Sinn hatte ihr Tod?"

„Meinst du nicht auch, es ist besser, wenn du fragst, welchen

Sinn ihr Leben hatte? Sie ist nicht tot – sie lebt, und sie ist sich wahrscheinlich dessen viel mehr bewusst als du! Kann es nicht sein, dass ihr lernen solltet, den Tod als zum Leben gehörend anzusehen? Oder dass du dadurch später in der Lage sein wirst, anderen Rat und Hilfe anzubieten, nachdem du dich jetzt so intensiv mit Sonjas Tod auseinandergesetzt hast? Ich bin übrigens der festen Überzeugung, dass sie jetzt bei uns ist bei diesem Gespräch."

„Manchmal denke ich das ja auch", sagte Hans leise, „aber dann übermannt mich wieder die Verzweiflung, und ich kann an gar nichts mehr denken."

„Hast du schon mal versucht, mit ihr zu sprechen?"

„In Gedanken tue ich das oft", antwortete er und sah mich aufmerksam an.

„Das ist gut. Hör auf mit deiner großen Trauer. Sprich mit ihr in Liebe, und du wirst Antwort bekommen, das verspreche ich dir. Irgendwann muss deine Trauer vorbei sein, dann kann deine Lebensenergie wieder ohne Blockaden in dir fließen. Erst dann, wenn du sie in Liebe loslassen kannst und nicht mehr durch deine Trauer festhältst, wird sie die Möglichkeit haben, sich öfter mit dir oder deiner Frau in Verbindung zu setzen; zum Beispiel durch Intuitionen, die plötzlich bei euch aufkommen. Wenn du so weitermachst, trauerst du dich krank. Denk dran – sie ist da! Wann immer du sie rufst, ist sie da."

Meine Worte schienen zu wirken. Ich glaube, dass sie ihn sehr nachdenklich gemacht hatten.

*

Unsere neuen Küchenmöbel sollten in den nächsten Tagen geliefert werden. Eines morgens saßen wir auf unseren Apfelsinenkisten zusammen beim Frühstück, als Marco fragte:

„Wann kommen eigentlich die restlichen Möbel aus Vancouver?"

„In circa fünf Wochen."

„Und was machen wir bis dahin?"

Mit einem Anflug von Galgenhumor meinte ich: „Außergewöhnliche Menschen leben nun mal in außergewöhnlichen Situationen. Aber echt – du musst schon einiges durchmachen mit mir."

„Dass du es immer so genau triffst ...", sagte Marco grinsend. Ihm schien es trotz unseres Möbelnotstands in Deutschland wieder recht gut zu gehen, obwohl sein Zimmer im Moment nicht viel mehr als eine Matratze aufwies.

Erst durch den aufgenommenen Kredit hatte ich mir ein paar preiswerte Möbelstücke und einen Schlafzimmerschrank anschaffen können. Dadurch verschwand endlich die quer durchs Schlafzimmer gespannte Wäscheleine, auf der unsere gesamte Garderobe hing. Misstrauisch war ich stets an ihr vorbeigegangen, da sie dauernd zu reißen drohte.

Rico saß neben Marco in dem geliehenen Kinderstühlchen und trank sein Fläschchen. Er war noch kein Jahr alt, während sein Bruder mit seinen siebzehn Jahren die Zweimetergrenze bereits knapp überschritten hatte.

Plötzlich wechselte Marco das Thema. „Meinst du, ich habe noch eine Chance mit 'ner Lehrstelle?" Mit seinen braunen Augen sah er mich treuherzig an.

Ich musste unwillkürlich lächeln, als ich die beiden anschaute. Bis auf die dunklen Augen und die lockigen Haare hatten sie wenig Ähnlichkeit miteinander. Rico hatte die schwarzen Haare seines Vaters geerbt, Marcos dagegen waren eher dunkelblond.

„Na klar!" behauptete ich auf seine Frage, obwohl das eigentlich gar nicht so klar war. Es war die Zeit der absoluten Lehrstellenknappheit in Deutschland. Und doch brauchte Marco jetzt dringend eine Tätigkeit. Am liebsten wollte er Kraftfahrzeugmechaniker werden.

„Mom, im August fängt das neue Lehrjahr an – und wir haben schon Ende Juli!“

„Richtig“, gab ich zurück und ließ mich gar nicht beirren, „aber du weißt doch: Was du suchst – sucht auch dich!“

Das schrieb schon Dr. Joseph Murphy in seinem Buch ‘Die Macht Ihres Unterbewusstseins’. Meistens, wenn ich etwas suchte, hatte ich diesen Ausspruch mit Erfolg angewandt; sei es, wenn ich etwas kaufen oder auch verkaufen wollte.

Marco blieb hartnäckig. „Und du meinst, das funktioniert auch innerhalb von drei Tagen?“ Zweifelnd schüttelte er den Kopf und kaute weiter an seinem Brötchen. „Wie willst du das schaffen?“

Er war ein liebenswerter junger Mensch. Ich sah ihn an und glaubte, seiner Frage eine Spur von Bewunderung zu entnehmen, wusste jedoch selbst noch keine Antwort. In solchen Fällen ließ ich mich meistens intuitiv leiten.

Immer wieder hatte ich erfahren, dass die Intuition die Verbindung zu einer Kraft ist, die man rational nicht erklären kann, und doch ist sie da. Wir kennen sie auch als innere Stimme. Plötzlich kommt eine Idee, die vorher noch nicht da war. Die Frage: Warum bin ich bloß nicht eher darauf gekommen? – ist uns allen vertraut.

Intuition ist ein vages und doch so präzises Gefühl. Urplötzlich wird uns etwas klar. Warum, das wissen wir nicht. Wir werden quasi durch eine Eingebung gewarnt oder zu einer Entscheidung gedrängt. Gleichzeitig kann uns auch die Lösung eines scheinbar unlösbaren Problems beschert werden. Doch weil wir heute alle so ‘vernünftig’ sind, haben wir es fast verlernt, auf unsere innere Stimme zu hören. Intuitionen überraschen uns meistens in der Stille. Das ist die Zeit, in der sie gern unangemeldet zu Besuch kommen.

In meinem Fall kam die Lösung nachts in der Idee, mir am nächsten Tag das Branchenverzeichnis unseres Telefonbereichs vorzunehmen.

Gleich am Morgen legte ich los. Sämtliche Kraftfahrzeugwerkstätten im Umkreis rief ich an, um zu fragen, ob nicht doch noch ein Lehrling gebraucht würde. Nachdem lange nur Absagen kamen, trug ich dem Personalchef eines bekannten Autohauses in unserer Nähe mein Anliegen vor.

Er war völlig verblüfft. „Das ist ja eigenartig. Wie kommen Sie denn darauf, dass wir einen Lehrling suchen?"

Wie elektrisiert fragte ich: „Sie suchen wirklich jemanden?"

„Ja, aber erst wieder seit heute", entgegnete er. „Ausgerechnet heute morgen ist ein seit Monaten unterschriebener Lehrvertrag aus Krankheitsgründen annulliert worden. Der junge Mann hätte übermorgen anfangen sollen!"

Das war die Chance! Danke, Vater im Himmel! Ich berichtete ihm von unserer Rückwanderung aus Kanada, meiner Anrufaktion und wie ich dadurch auf seine Firma gestoßen war.

„Na, das nenne ich Zufall!" schloss er, als er mit mir einen Vorstellungstermin für Marco abgestimmt hatte.

War es wirklich Zufall? Ich glaube nicht an Zufälle. Für mich war es eher die Auswirkung des Kausalitätsgesetzes – des Gesetzes von Ursache und Wirkung. Ich hatte mich durch die allgemeine Situation der Lehrstellenknappheit nicht verunsichern lassen und einfach vorausgesetzt, dass ich Erfolg haben würde. Nach diesem Glauben ist mir geschehen. Also habe ich unbewusst die Ursachen im geistigen Bereich gesetzt – die Wirkung erfolgte dann später auf der materiellen Ebene ganz automatisch. Was und woran wir auch immer fest glauben, setzen wir als wahr voraus. Wir sollten nicht auf den Erfolg warten – wir sollten ihn verursachen und daran glauben, dass alles möglich ist, solange wir nicht das Gegenteil erfahren haben.

Nur was wir für erreichbar halten, erreichen wir auch. Wenn wir glauben, wir schaffen etwas nicht, so verbauen wir uns die Chance weiterzukommen. Warum setzen wir uns eigentlich Grenzen? Meiner Meinung nach leiden wir an Begrenzung, nicht weil uns diese vom Schicksal auferlegt wurde, sondern weil wir unsere Freiheit nicht verstehen.

Unser Freund Peter Wenzel, der große Lebenslehrer, hat es mal in wunderbaren Worten ausgedrückt:

Uns geschieht nach unserem Glauben. Wer an ein feindliches Leben glaubt, wer sich vorstellt, seine Zukunft könne nichts anderes sein als in irgendeiner Form die Wiederholung seiner Vergangenheit, auch dem geschieht nach seinem Glauben.

Unser gesamtes Leben ist nichts anderes als die genaue Umsetzung unserer Gedanken – unserer Glaubensinhalte. Wer sagt: Ich kann nicht – der glaubt auch: Ich kann nicht. Und er kann es tatsächlich nicht, weil er es glaubt.

Es ist schon interessant, wenn man sich mal längere Zeit mit einem Menschen unterhält, der sich diese destruktive Bewusstseinshaltung durch und durch zu eigen gemacht hat. Dieser Mensch hat absolut Recht, wenn er sagt: „Es geht im Leben alles schief", weil ihm wirklich alles danebengeht. Erstaunlicherweise wendet er die gleiche Formel an wie der, der behauptet: „Bei mir klappt alles."

Eigentlich müssten doch Welten dazwischen liegen. Das Interessante ist jedoch, dass sich die Lebensformel des Menschen mit der negativen Geisteshaltung von dem mit der positiven in keiner Weise unterscheidet. Es bleibt das Gesetz des Glaubens. Nur die Inhalte als Spiegel seiner Gedanken machen diesen gravierenden Unterschied zwischen dem Leben des einen und dem des anderen aus.

Halten Sie sich für einen Glückspilz oder einen Pechvogel? Sehen Sie sich als konstanten Gewinner oder Verlierer an? Glauben Sie, vom Leben immer nur benachteiligt zu werden, oder rechnen Sie für sich immer mit dem Besten? Das Bild, das Sie von sich haben, entscheidet über Ihr Leben und das Glück und den Reichtum in Ihnen. Ob Sie glauben, Sie sind einer Sache gewachsen, oder ob Sie glauben, Sie sind es nicht: Sie behalten immer Recht!

Unsere Glaubensinhalte – oder besser gesagt unsere Gedanken – sind vorweggenommene geistige Tatsachen. Meine Gedanken sind geistige Wirklichkeiten, die unweigerlich im Äußeren geschehen werden. „Dir geschehe nach deinem Glauben“, sagt die Bibel.

Wenn ich mir Sorgen mache, baue ich gedankliche Energien der Sorgen auf. Um nochmals die Bibel zu zitieren: Was ich befürchtet habe, ist über mich gekommen. Angst – Furcht – Sorgen sind unbewusste, aber dennoch unglaublich kreative Geister. Denken wir in Sorgen an einen Menschen, so zieht auch hier Gleiches Gleiches an.

„Wenn bloß nichts passiert ist ...!“ Erkennen Sie sich wieder in diesem Satz? Ich ja – und zwar zur Genüge. Wie oft habe ich diese Worte früher gehört, wenn irgend jemand in unserer Familie später als verabredet nach Hause kam. Auch in meinen Wortschatz gehörten sie jahrelang. Auch ich habe mir immer wieder Sorgen gemacht, bis ich gelernt hatte, was ich mit meinen Gedanken eigentlich anrichtete.

In dem Augenblick, wo wir uns Sorgen machen, verlassen wir unseren Glauben an das Gute. Viel zu schnell sind wir alle bereit, eine Bedrohung sofort für Angst zu halten. Wir sollten sie nicht immer gleich in Angst übersetzen. Wir sollten diese Bedrohung vielmehr annehmen als eine Aufforderung, uns mit mehr Kraft auszustatten, mit mehr Verständnis, mit mehr Liebe, mit mehr Weisheit, mit mehr Vernunft, damit wir eben auch mit dieser Bedrohung gekonnt und mit Klasse fertig werden.

Der Glaube im positivsten und erhabensten Sinne ist wie eine Hand, die ich der guten, liebenden, vertrauenden, weisen, vernünftigen Schöpferkraft entgegenstrecke. Der Glaube ist die Hand, mit der ich in den Selbstbedienungsladen des Universums gehe und sage: Hier verbinde ich mich, indem ich mit der Glaubenskraft zugreife, mit der Kraft des Friedens in mir.

Um Angst, Sorgen und all das Negative loszulassen, sollten wir, wenn diese Gedanken auftauchen, für Sekunden in ein Gebet hineingehen oder uns die folgende Affirmation geben:

Weil ich Vertrauen habe zu meinem Leben, bin ich in vollkommener Harmonie mit mir. Ich fühle, wie diese Harmonie jede Zelle meines Körpers durchpulst. Ich habe Vertrauen zu meinem Leben. Ich bin dankbar. Alles ist jetzt gut!

Es ist unerheblich, ob Peter Wenzel seine Worte Gebet nennt oder ein anderer Affirmation dazu sagt. Mit diesen konstruktiven Worten verlagern wir unsere ganze Aufmerksamkeit auf die Lösung unseres Problems und geben dem eigentlichen Problem keine Energie mehr. Wir lassen es buchstäblich verhungern. Wenn wir das öfter machen, werden wir erkennen: Das ist bewusste Gedankenkontrolle! Ich bin es selbst, der Gedanken wählen kann! Ich selbst kann entscheiden, welchem Gedanken ich Raum gebe!

Durch die Erkenntnis, dass unsere Gedanken unser Leben

formen, können wir selbst entscheiden, ob überwiegend positive oder negative Gedanken unser Bewusstsein beherrschen. Dadurch haben wir es letztendlich in der Hand, ob unser Leben überwiegend positiv oder negativ verläuft. Also trage ich durch dieses Wissen auch die Verantwortung für den Verlauf meines Lebens!

Mit der Einstellung: „Das kann doch gar nicht klappen! Um eine Lehrstelle muss man sich heutzutage mindestens ein Jahr vorher bewerben, und selbst dann hat man vielleicht noch Pech", hätte ich gar nicht erst die vielen Anrufe getätigt. Und auch ***das*** Ergebnis hätte mir Recht gegeben.

Mit dem Wissen um diese geistigen Gesetze hatte ich in dem besonderen Fall vorausgesetzt, dass Marco eine Lehrstelle findet, obwohl es eigentlich kaum eine Chance gab.

Dem Menschen geschieht nach seinem Glauben.

Drei Tage später konnte Marco beginnen, und eine weitere Hürde unserer Wiedereingliederung in Deutschland war genommen.

Ich hatte mir ein kleines gebrauchtes Auto zugelegt. Jetzt war zwar nicht mehr viel Geld vorhanden, doch der Wunsch in mir wurde immer stärker, einen Computer zu erwerben. Die Diskette mit dem Manuskript meines Buches „... nicht heulen, Husky!", das dann später erscheinen sollte, hatte ich aus Vancouver mitgenommen. Dort hatte ich begonnen, mit Axels Computer zu arbeiten, war aber ein völliger Neuling auf dem Gebiet. Natürlich wusste ich nicht, mit welchem Textverarbeitungsprogramm ich gearbeitet hatte. Kaum, dass ich zu der Zeit den Begriff Hardware von Software unterscheiden konnte. Axel mochte ich nicht anrufen. Alles tat noch zu weh.

Und doch wollte ich weiterschreiben; nein, es war eigentlich kein Wollen, es war, als ob mich jemand zum Computer hinschöbe. In Vancouver war mir das auch schon aufgefallen. Nachdem ich damals im Januar 1987 angefangen hatte, all die Erlebnisse der vergangenen Jahre für meine Kinder aufzuschreiben, zog es mich immer wieder magisch zum Computer hin, als wenn mir jemand sagen wollte: „Tu es! Das ist deine Aufgabe!“

Eine schwierige Aufgabe, so schien es mir. Wie sollte ich herausbekommen, welches Textprogramm für meine Diskette verwendet wurde? Diverse Softwarespezialisten hatte ich schon bemüht, aber ohne Erfolg. Sie fanden das Ganze wohl zu zeitintensiv. Nun gut, ich hätte das Manuskript nochmals abschreiben können, aber es war in der Zwischenzeit doch sehr umfangreich geworden.

Die Lösung nahte in Form von Werner, einem echten Computerfreak. Obwohl ich meine Geräte zu seinem und auch zu meinem Leidwesen woanders gekauft hatte, war er es, der mir half, meinen Computer so einzurichten, dass ich weiterschreiben konnte. Als ich ihn dann abschließend nach der Höhe seines Honorars fragte, meinte er bescheiden: „Ach, das habe ich gern getan. Es war auch für mich eine Herausforderung. Dafür brauchen Sie mir nicht viel zu geben.“

War ich auch damals noch nicht in der Lage, mich durch Umsatz bei ihm erkenntlich zu zeigen, so sollte es doch in den Folgejahren immer wieder Möglichkeiten geben, mein Büro und auch die Büros meiner späteren Mitarbeiter durch ihn einrichten zu lassen.

Es begann eine Zeit, in der ich kaum zum Nachdenken, geschweige denn zum bewussten Planen meines weiteren Lebens kam. Die Renovierung des Hauses neben der Betreuung meiner beiden kleinen Kinder nahm mich voll in Anspruch. Von Zimmer zu Zimmer arbeitete ich mich vor, bis ich nach ungefähr sechs Wochen alles geschafft hatte. Mein Rücken schmerzte. Voller Selbstmitleid betrachtete ich meine geschundenen Knie, die beim ungewohnten Legen und Schneiden des Teppichbodens sehr gelitten hatten.

Ab und zu sah Marianne nach mir. Sie war in der damaligen Zeit sehr wichtig in meinem Leben.

Eines abends hatten wir es uns im Wohnzimmer gemütlich gemacht. Rico, der erst ein paar Tage zuvor Laufen gelernt hatte, wackelte noch etwas unbeholfen durch die Wohnung und versuchte immer wieder, dieser neuen Perspektive Herr zu werden.

Dana saß bei Marianne auf dem Schoß und meinte ganz stolz: „Hast du schon gesehen? Vorgestern sind unsere Möbel aus Vancouver gekommen."

„Ja, das habe ich sofort entdeckt. Jetzt ist's wieder so richtig gemütlich bei euch. Waren von dir denn auch noch Sachen dabei?" fragte Marianne.

„Nee", antwortete Dana, „meine Sachen hat Mama alle im Koffer mitgebracht. Und unser neues Kinderzimmer ist auch schon aufgebaut. Liest du uns gleich noch eine Geschichte vor, wenn du uns ins Bett bringst?"

Es war schön zu sehen, wie Marianne auf die Kleinen einging, als sie die beiden später zu Bett brachte.

Nachdem dann Ruhe eingekehrt war, meinte Marianne: „Es sieht wieder gut aus bei dir – alle Lampen hängen, die Schränke sind aufgebaut. Du hast viel Arbeit gehabt, nicht?"

„Das kannst du laut sagen. Ich habe selten so viel gearbeitet wie in den letzten Wochen", stellte ich fest. „Hast du übrigens schon gesehen, dass mein russischer Wein sich wieder erholt hat? Er zeigt die ersten frischen Triebe."

Marianne schüttelte lachend den Kopf. „So etwas Verrücktes kann auch wohl nur dir passieren, eine Pflanze mit nach Kanada und wieder zurück zu nehmen! Aber was anderes: Wie geht es nun eigentlich beruflich bei dir weiter?"

„Alle finanziellen Reserven sind jetzt aufgebraucht, und ich muss mich nun dringend entscheiden, was ich beruflich mache und wie ich unsere Familie ernähren kann. Für mich kommt eigentlich nur wieder eine Tätigkeit in der Versicherungsbranche in Frage."

Marianne überlegte. „Das hat den Vorteil, dass du nur in den Nachmittags- und Abendstunden unterwegs bist. Du warst immer sehr erfolgreich in der Branche und hast dort die besten Chancen, deinen Lebensunterhalt zu verdienen. Ich glaube auch, das ist das Beste."

Und dann klappte es mit der neuen Tätigkeit im Außendienst. Ich konnte mir die Zeit frei einteilen und tagsüber bei den Kindern sein. Für Dana hatte ich inzwischen einen Kindergartenplatz gefunden. Schade, dass sie ihr Englisch nicht mehr anwenden konnte. In Vancouver hatte sie es fließend gesprochen.

Außerdem hatte ich eine Haushaltshilfe gefunden, die – zwar schon etwas betagt – als ehemalige Hauswirtschaftslehrerin noch ganz flott war. Sie blieb jedoch nur ein paar Monate bei uns. Dann hatte Rico sie geschafft. Hochroten Kopfes erklärte sie mir eines Abends ihren Abschied. Sie würde mit dem Kind nicht mehr fertig.

Insgeheim konnte ich sie sogar verstehen. Rico war ein richtiges Schreibaby. Nur bei mir war er ruhig. Sobald ich mich aber außer Sichtweite befand, ging das Theater los. Auch Axel hatte die gleichen Schwierigkeiten in Vancouver mit ihm gehabt. Warum schrie er bloß dauernd? Wir hatten ihn doch alle sehr lieb!

Rico war noch kein Jahr alt, als ich eines Tages eine enorme Schwellung bei ihm in der Leistengegend entdeckte. Er hatte sich buchstäblich einen Leistenbruch geschrieen! Umgehend musste er operiert werden.

Für nachmittags hatte ich jetzt ein junges Mädchen namens Manuela, das auch erstaunlicherweise mit Rico recht gut fertig wurde, eingestellt. So verlief langsam alles wieder in geregelten Bahnen.

*

Wie schon vorher erwähnt, sah das frisch renovierte Haus nach drei Monaten mit meinen Möbeln aus Vancouver aus wie ein Puppenstübchen. Alles schien wieder in Ordnung zu sein. Marco hatte seine Lehrstelle, Dana einen Kindergartenplatz, meine Kinder und mein Haushalt waren gut versorgt. Ich verdiente recht gut in meinem neuen Job und konnte fleißig meinen Kredit abzahlen.

Alles lief gut – bis ich auf den Tag genau drei Monate nach meinem Einzug die Kündigung von dem Vermieter wegen Eigenbedarfs erhielt.

Ich war in meinen Grundfesten erschüttert und rief umgehend Marianne an. Sie versprach mir, am gleichen Abend noch zu kommen. Es tat gut zu wissen, dass jemand da war, der die Angelegenheit vielleicht mit weniger Emotionen betrachtete als ich momentan.

Aufgeregt berichtete ich ihr abends von dem Ereignis. „Durch Boten mit Rückschein hat er uns die Kündigung überbringen lassen. Nach allem, was wir in dieses Haus investiert haben! Fast die Hälfte meines aufgenommenen Kredits ist dabei draufgegangen!“

Verständnislos meinte Marianne: „Das kann doch wohl nicht wahr sein! Hört diese Odyssee bei euch denn überhaupt nicht auf? Hast du mit dem Vermieter schon gesprochen?“

„Na klar. Ich habe ihn sofort zur Rede gestellt. Wir wohnen jetzt genau drei Monate hier, haben immense Kosten gehabt und das Haus in liebevoller Kleinarbeit überhaupt erst bewohnbar gemacht. Er kann doch jetzt nicht kündigen! Und dann wegen Eigenbedarfs! Seine Kinder gehen noch zur Schule – und er hat selbst ein eigenes Haus! Warum also diese Kündigung?"

„Und? Wie hat er reagiert?"

„Ohne auf meine Argumente einzugehen, meinte er lapidar, ich hätte ja nur einen Mietvertrag mit gesetzlicher Kündigung. Deshalb bäte er mich nochmals, in drei Monaten auszuziehen. Einer Ablösung für die Renovierung könne er leider nicht zustimmen."

Marianne war fassungslos. „Das gibt's doch gar nicht."

Es war der reinste Albtraum für mich, und ich lehnte mich mit ganzer Kraft dagegen auf. „Warum muss ich hier wieder raus? Was will mir mein Leben damit sagen? Alles, was uns im Leben geschieht, will uns fördern, heißt es, und das ist auch meine Devise, aber wo um Himmels willen kann ich hier eine Förderung entdecken?"

Mir fiel plötzlich auf, dass ich anderen Menschen in solchen Situationen immer so abgeklärt gute Ratschläge erteilte, aber jetzt steckte ich selbst in so einer Problematik ...

Da ich in rechtlichen Dingen nicht sehr bewandert war, sondern mich eher von dem Gefühl der inneren Gerechtigkeit leiten ließ, nahm ich am nächsten Tag Rücksprache mit einem Rechtsanwalt. Laut Gesetz hatten wir wahrhaftig keine Ansprüche auf eine Rückzahlung unserer Investitionen. Obwohl es völlig unlogisch klang, befand sich der Vermieter im Recht. Aber er musste den Eigenbedarf nachweisen, was er mit Sicherheit nicht schaffen würde. Also war die Kündigung nicht rechtens.

Meine Nachbarin war auch von der Situation betroffen und meinte am nächsten Morgen hilflos: „Ich habe gehört, er will das Anwesen wohl wieder verkaufen. Er hat sich mit seinem Vorhaben, die Halle zu Ausstellungszwecken zu vermieten, offensichtlich stark übernommen. Sämtliche Anstrengungen seinerseits, Mieter zu finden, sind bisher erfolglos geblieben."

Ich war fassungslos. „Aber er kann uns doch nicht ein Haus in so einem Zustand vermieten, es auf unsere Kosten voll renovieren lassen und dann sagen: Danke fürs Renovieren, aber jetzt müssen Sie wieder ausziehen!"

Da die Kündigung unseres Hauses der gesetzlichen Grundlage entbehrte, forderte mein Rechtsanwalt den Vermieter auf, den Eigenbedarf nachzuweisen. Damit aber ging das Theater erst richtig los.

Es begann damit, dass er unser Haus mit einem Interessenten besichtigen wollte, ich aber zu dem angesetzten Termin nicht zu Hause war. Und den Schlüssel, um die Wohnung zu besichtigen, wollte ich ihm unter den besagten Umständen nun wirklich nicht gern anvertrauen, ohne dass jemand von uns anwesend war.

Als der Vermieter daraufhin wütend wurde und anfing, wüste Drohungen auszustoßen, merkte ich endgültig, dass dieser Mensch wohl innerlich sehr viel Frust mit sich herumschleppte. Ich ahnte, dass uns noch einiges bevorstehen könnte.

„Warum?" fragte ich immer wieder aufgewühlt. „Warum können wir hier keine Ruhe finden?"

Obwohl ich es eigentlich hätte wissen müssen, war ich zu der Zeit noch so gezeichnet von meinen beiden Auswanderungen und den vielen Umzügen innerhalb der letzten Jahre, dass ich den Sinn dieses nochmaligen Umzugs, der hinter diesem Ereignis steckte, gar nicht erkennen konnte. Ich wollte es vielleicht auch gar nicht einsehen, dass sich dahinter ein gütiges Schicksal verbarg. Ich war noch nicht soweit – und es ging weiter.

Die Spannungen ließen nicht nach. Schweren Herzens wäre

ich mit der Kündigung einverstanden gewesen, wenn der Vermieter sich zur Zahlung einer Abstandssumme bereit erklärt hätte. Das aber lehnte er schlichtweg ab. Nur gut, dass er nicht in der Nähe wohnte. So begegneten wir ihm nicht allzu oft. Er hatte offensichtlich noch an unserem Widerspruch zu kauen.

Wenig später erhielten wir von ihm das Verbot, den direkten Parkplatz vor unserem Haus zu benutzen. Wir sollten auf der 160 Meter entfernten Hauptstraße vor dem Rolltor des Anwesens parken. Wir merkten schnell, welche Provokation sich dahinter verbarg.

Noch immer wurde mir nicht bewusst, dass wir hier nicht hingehörten. Durch eine einstweilige Verfügung des Gerichtes musste der Vermieter dieses Verbot wieder zurücknehmen.

Alles in allem spitzte sich die Situation mehr und mehr zu. Immer wieder fragte ich mich: Was will mir dieses Ereignis sagen? Was nur? Warum sollen wir wieder aus unserem so liebevoll eingerichteten Haus ausziehen? Vater im Himmel, bitte gib mir die Antwort, wo wir hingehören – bitte!

Weihnachten 1987

Seit drei Monaten lebten wir jetzt wie auf einem Pulverfass. Mein Bedürfnis nach Ruhe und familiärer Stabilität war unbeschreiblich.

Dana war jetzt fünf und Rico ein Jahr alt. Marco mit seinen siebzehn Jahren pubertierte fleißig und brachte seine erste Freundin mit nach Hause. Die Telefonrechnung nahm astronomische Höhen an. Dem konnte ich nur abhelfen, indem Marco sein eigenes Telefon erhielt, dessen Kosten er von seinem Lehrlingsgehalt auch selbst tragen musste.

Wehmütig dachte ich bei den Weihnachtsvorbereitungen daran zurück, wie wir vor einem Jahr voller Glück bei Axels Eltern in Köln Weihnachten gefeiert hatten: War das wirklich erst ein Jahr her? Welten schienen für mich zwischen diesen beiden Festen zu liegen. Sechs Monate hatte die liebevolle Verbindung zu Axel gedauert. Wie ein Märchen hatte sie begonnen. Es war einmal ...

Ach was, dachte ich, ich muss in die Zukunft schauen, nicht der Vergangenheit nachtrauern. Ich brauche meine Kraft für mich und meine Kinder. Leicht war es nicht, uns in dieser Zeit allein durchzubringen. Und dennoch sollte keines der Kinder unter dieser von mir selbst verursachten Misere leiden.

Es war in der Nacht zum Heiligen Abend. Gegen drei Uhr morgens riss mich das laute Schellen des Telefons abrupt aus dem Schlaf. Ich tastete nach dem Lichtschalter. Benommen griff ich zum Hörer.

„Ja?“ meldete ich mich verschlafen.

Ein Stöhnen.

„Hallo?“ sagte ich nochmals und versuchte, wach zu werden.

Mit völlig entstellter Stimme flüsterte Marco: „Mom?“

„Marco?“ rief ich. Er konnte es gar nicht sein – er war doch zu Hause!

„Mom, mir geht’s ganz schlecht. Ich habe wahnsinnige Schmerzen im Bauch. Bitte, komm rauf!“ stöhnte er mit schmerzverzerrter Stimme, und jedes Wort schien ihn anzustrengen. „Bitte, komm schnell!“

Ich begriff plötzlich, dass er mich offensichtlich aus seinem Schlafzimmer in der oberen Etage anrief, und stürzte nach oben.

Steif wie ein Brett lag er auf seinem Bett.

„Ich kann nicht aufstehen“, stöhnte er. „Mein Bauch!“

Ganz vorsichtig versuchte ich, Marcos Bauch abzutasten. Bei der geringsten Berührung schrie er auf.

Ich tippte sofort auf Blinddarmdurchbruch. Auch das noch! Mit zitternden Fingern rief ich das Krankenhaus an. Man wollte sofort einen Krankenwagen schicken.

Marco jammerte: „Ganz plötzlich traten diese entsetzlichen Schmerzen auf. Wie gut, dass ich mein Telefon am Bett hatte. Ich hätte es gar nicht mehr geschafft zu dir in die untere Etage."

Siedendheiß fiel mir ein, dass ich Marco im Krankenwagen gar nicht begleiten konnte, da sonst die beiden Kleinen allein waren. Hastig packte ich Marcos Tasche. Kaum war ich fertig, läutete auch schon die Haustürklingel.

Ich öffnete. Mit geübten Griffen hoben die beiden Sanitäter den stöhnenden Marco kurze Zeit später auf die Trage, und ich begleitete sie zum Krankenwagen.

Als die Trage behutsam in den Wagen geschoben wurde, versprach ich Marco: „Sobald ich jemanden für die Kleinen habe, komme ich nach."

Ich sah, wie die roten Rücklichter des Krankenwagens hinter unserer Ausfahrt verschwanden, und atmete einmal tief durch. Lieber Himmel, dachte ich, auch das noch! Eigentlich hätte es doch ein ruhiges Fest werden sollen.

Ich hatte keine Zeit mehr, auf den Babysitter zu warten, denn kurze Zeit später rief ein Arzt aus dem Krankenhaus an. Es war in der Tat ein Blinddarmdurchbruch, und ich sollte sofort kommen, um meine Unterschrift als Einwilligung zur Operation für Marco zu geben. Durch seine enorme Größe hatten ihn die Sanitäter für volljährig gehalten.

„Natürlich bin ich mit der Operation einverstanden!" argumentierte ich heftig.

„Und trotzdem brauchen wir Ihre persönliche Unterschrift", entgegnete der Arzt. „Mein Kollege darf vorher nicht operieren. Bitte, beeilen Sie sich. Ihr Sohn hat sehr starke Schmerzen."

Selbst heiße Diskussionen änderten nichts an der Tatsache,

dass ich meine Unterschrift geben musste, bevor Marco operiert werden durfte. Verständnislos schüttelte ich den Kopf. Was wäre passiert, wenn ich nicht zu erreichen gewesen wäre? dachte ich, während ich mitten in der Nacht die beiden Kleinen weckte, sie anzog und mitnahm zum Krankenhaus.

Nun gut. Nachdem ich mit einem unguten Gefühl, der Bürokratie so hilflos ausgeliefert zu sein, meine schriftliche Einwilligung zur Operation gegeben hatte, ging ich noch kurz zu Marco ins Zimmer. Der OP-Arzt kam herein.

Vor ein paar Wochen hatte er den kleinen Rico mit demselben Nachnamen operiert. Nun lag der über zwei Meter lange Marco auf seiner Station. „Ach, das ist der Bruder?" stellte er grinsend fest, wohl im Hinblick auf Ricos Leistenbruch. „Ich dachte schon, der Kleine wäre so schnell gewachsen. Es scheint ja einiges bei Ihnen los zu sein, wie?"

Was war wirklich los bei uns? dachte ich auf der Rückfahrt im Auto. Warum diese Häufung von scheinbar unglücklichen Ereignissen, die ich eigentlich gar nicht beeinflussen konnte? Oder doch? Und ich begann, wenn auch langsam, zu begreifen, dass auch hinter diesen Begebenheiten eine Botschaft lag.

Marco wurde sofort nach meiner Unterschrift operiert. Kurze Zeit sagte man mir am Telefon, es gehe ihm den Umständen entsprechend gut.

Trotz dieser Turbulenzen wurde es ein ruhiges Weihnachtsfest. Marco fehlte uns überall. Nicht nur, dass ich Schwierigkeiten hatte, den von den beiden Kleinen so bewunderten Tannenbaum allein aufzustellen, nein, irgendwie wollte bei mir ohne Marco so recht keine Weihnachtsstimmung aufkommen. Ich war nur froh, dass es ihm von Tag zu Tag besser ging und alles so glimpflich abgelaufen war. Es hätte schlimmer kommen können!

Abends im Bett schweiften meine Gedanken zu den Ereignissen der letzten Monate. Die Spannung zwischen dem Vermieter und mir stieg von Tag zu Tag. Es war kaum noch auszuhalten. Wo er uns eins auswischen konnte, da tat er es. Alles wies darauf hin: Wir mussten hier heraus – aber wohin? Ich dachte darüber nach, was sich in den letzten vier Jahren ereignet hatte, aber auch daran, dass mir das Leben letztlich immer den richtigen Weg gezeigt hatte, selbst wenn ich glaubte, auf dem Irrweg zu sein.

Drei Männer hatten in meinem Leben bisher eine größere Rolle gespielt. Da war die Ehe mit Achim, der Vater von André und Marco. Einigermaßen friedlich war dann nach sechzehn Jahren die Trennung von ihm erfolgt, um mit Rainer und seinen dreizehn Huskies zusammenzuleben. Das klingt noch verhältnismäßig simpel, war es aber keineswegs.

Rainer wiederum ist der Vater von Dana und Rico und war der Mann meiner besten Freundin. Ohne ihr Wissen war ich im September 1985 mit ihm und den Kindern nach Kanada ausgewandert. Kurze Zeit später hatte mich meine innere Stimme dazu geführt, mit Dana nach Deutschland zurückzukehren. Marco und André wollten bei Rainer bleiben, um in Kanada ihre Schulausbildung zu beenden. Da Rainer finanziell auf Dauer jedoch in Kanada keine Existenzmöglichkeit mehr sah, war er mit Marco im März 1986 nach Deutschland zu mir zurückgekehrt. André dagegen war mit keinem Argument zu überzeugen, Kanada wieder zu verlassen. Er blieb dort.

Inzwischen war ich schwanger mit Rico. Drei Monate vor der Geburt hatten Rainer und ich uns dann endgültig getrennt, weil er für immer in Kanada leben wollte.

Kurz vor Ricos Geburt hatte ich durch einen Brief Axel aus Vancouver kennen gelernt. Nachdem Rico geboren war, besuchte er uns zum ersten Mal. Weihnachten 1986 holte er mich mit meinen drei Kindern Marco, Dana und Rico zu sich nach Vancouver. Ein halbes Jahr später bekam ich dann endgültig vom Schicksal die rote Karte für Kanada und kehrte mit meinen Kindern nach Deutschland zurück. Und nun saß ich in einem frisch renovierten Haus mit einer Kündigung und wusste nicht wohin – ein absolutes Chaos in der damaligen Zeit!

Kapitel 2

Die Menschen, denen wir eine Stütze sind,
geben uns oft den Halt im Leben.
(Marie von Ebner-Eschenbach)

Was haben wir eigentlich davon, wenn wir anderen helfen? Das Ungleichgewicht in menschlichen Beziehungen ist eine Täuschung, denn alles Geben ist zugleich Nehmen. Was wir für andere tun, tun wir immer zugleich auch für uns, und was wir anderen antun, das trifft uns auch selbst. Jemand ist nicht haltlos, weil ***ihm*** niemand Halt gibt, sondern weil ***er*** niemandem Halt gibt.

So ähnlich ging es mir auch mit meiner Freundschaft zu Marianne. Wir hielten ständig Kontakt und besuchten uns regelmäßig.

Eines abends hatten wir es uns mal wieder im Wohnzimmer gemütlich gemacht. Der Kamin zog nicht gut ab und qualmte ein wenig. Ich legte ein paar Scheite Holz in die Glut, und die Flammen loderten auf. Da die beiden Kleinen bereits im Bett lagen, genossen wir die Ruhe. Marianne schenkte uns ein Glas Wein ein.

Während ich dem Spiel der Flammen zuschaute, begann ich zu philosophieren: „Wenn ich daran denke, wie anstrengend, aber auch wie wunderbar das Leben mit zwei kleinen Kindern ist, und dass man diese Momente des gemeinsamen Lachens und der Liebe nicht mit einem Partner teilen kann, so macht mich das schon manchmal etwas wehmütig. Oft bleibt mir das

Lachen im Hals stecken, wenn ich wieder eine urkomische Situation mit den beiden Kleinen erlebe und daran denke, dass niemand daran teilhaben kann.“

„Du tust so“, spottete Marianne lächelnd, „als ob du dein Leben fortan allein fristen müsstest.“

Ich verzog ein wenig das Gesicht und warf ein: „Das meine ich nicht. Weißt du, als damals der Gedanke zwischen Rainer und mir aufkam, noch ein Baby zu bekommen, habe ich im Traum nicht daran gedacht, die Kinder allein großzuziehen.“

„Gila, sei froh, dass du bisher alles so gut geschafft hast. Wenn ich daran denke, wie du aus Kanada zurückkamst ...! Du liefst ja nur noch auf Automatik.“

„Und doch war alles richtig, was geschehen ist. Ich habe Rainer einfach losgelassen, als er in unserer Verbindung unglücklich war, und er ist friedlich aus unserem Leben geschieden.“

„Von wegen friedlich aus deinem Leben geschieden! Er war froh, dass er sich verdrücken konnte!“ meinte Marianne mit einer Spur von Ironie in der Stimme. Inzwischen sah ich die Dinge, die mir damals gar nicht so lächerlich vorgekommen waren, mit gewissem Abstand auch etwas realistischer.

In Gedanken versunken antwortete ich: „Manchmal habe ich ein immenses Bedürfnis nach Ruhe. Ich möchte so gern mein Manuskript weiterschreiben und muss zugeben, dass ich mir so manches Mal einen Partner wünsche, der mir zur Seite steht und mir einfach ein wenig Verantwortung abnimmt.“

„Meinst du nicht, dass du diese Phase des Alleinseins brauchst, um alles zu verarbeiten und zu verkraften?“

Ich dachte einen Moment nach, ehe ich antwortete. „Vielleicht soll ich dadurch begreifen, dass man erst wieder reif für eine Partnerschaft ist, wenn man eigentlich keinen Partner mehr braucht. Suchen wir nicht in erster Linie jemanden, der unsere Schwachstellen ausgleicht? Im Grunde genommen meinen wir:

Ich mag dich, weil du so praktisch veranlagt bist – weil du ein As am Computer bist – weil du mit den Kindern so gut umgehen kannst, und so weiter. Ehrlicher wäre es zu sagen: Ich mag dich, und nicht nur deine Fähigkeiten. Wir sollten die Erwartungshaltung anderen Menschen gegenüber aufgeben und uns und unsere Fähigkeiten in die Partnerschaft eingeben, ohne zu fragen: Was bekomme ich dafür zurück?“

Marianne schaute mich aufmerksam an und fragte: „Du sagst, du willst auf Dauer nicht allein leben. Bist du manchmal ungeduldig, was einen neuen Partner angeht?“

Ich liebte diese offenen Gespräche zwischen uns und antwortete: „Ja, ich glaube, es ist schon eine gewisse Ungeduld da. Seit acht Monaten lebe ich nun allein mit meinen Kindern. Es wäre sicher schöner, wieder einen Mann an meiner Seite zu haben.“

Später habe ich diese Zeit immer als dunkel bezeichnet, wenn die Rede darauf kam. Damals erschien mir diese Phase meines Lebens wirklich so, obwohl die Ereignisse genau zur rechten Zeit eintrafen, um mich dann zu meinem eigentlichen Zuhause hinzuführen. Ich hätte damals mehr Vertrauen zu meinem Leben und zu meiner geistigen Führung haben sollen. Doch ich versuchte krampfhaft, die Situation durch eigene Lösungen zu kontrollieren und in den Griff zu bekommen.

Aber ist Kontrolle wirklich besser als Vertrauen? Wenn man von dieser These überzeugt ist, hat man dann das Vertrauen nicht bereits verloren? Wahres Vertrauen bestätigt sich immer wieder. Sicherlich sind Kontrollen nötig, um Irrtümer auszuschließen. Sonst aber sollte man das Vertrauen über das verstandesmäßige Denken stellen. Der Verstand suggeriert Sicherheitsdenken, die Größe des Herzens aber ist die innere Freiheit, vorbehaltlos zu vertrauen.

Ich lachte leise vor mich hin, als ich auf Mariannes Frage, was ich denn nun zu tun gedächte, antwortete: „Mir fällt gerade der Vergleich ein, dass unser Verstand oft einem Kamel gleicht, das schwerfällig dem ewig gleichen Trott ergeben ist. Es ist doch wirklich besser, der göttlichen Führung zu vertrauen, als immer alles mit dem Verstand kontrollieren zu wollen. Darum habe ich mich entschieden, Vertrauen zu meinem Leben zu haben und vorerst in dem Haus wohnen zu bleiben."

„Gila, das bedeutet Kampf! Du musst hier raus! Es ist unmöglich, was der Typ mit euch anstellt. Ich hätte keine ruhige Minute mehr in diesem Haus."

„Du hast ja Recht", gab ich zu. „Aber ich bin gerade dabei, meinen Kredit bei der Bank abzuzahlen. Über Geldreserven verfüge ich nicht mehr. Mein Verdienst ist gerade so hoch, dass ich meine Kosten decken kann."

„Der größte Kostenfaktor ist sicherlich dein Hausmädchen", überlegte sie. „Aber ich sehe ein – du brauchst es. Wenn du wenigstens Unterhalt für die Kinder bekämst ..."

Ich versuchte ein mattes Grinsen, als ich entgegnete: „Der einzige, der mich beim Start in Deutschland unterstützt hat, war Axel, obwohl er mit meinen Kindern eigentlich gar nichts zu tun hat."

„Aber das war eine einmalige Sache. Und außerdem ist das Geld schon in den ersten Wochen für neue Möbel draufgegangen", meinte Marianne. „Doch um wieder auf das Haus zurückzukommen: Ich denke, du solltest so schnell wie möglich hier raus."

„Wir können ja wieder mit Sack und Pack zu dir ziehen ...", drohte ich ihr an.

„Na ja, das muss ja auch nicht gerade sein", winkte sie ab. „Wenn ich bloß eine Lösung für euch wüsste! Alles ist ja auch irgendwie eine Kostensache."

Plötzlich – ehe ich überhaupt darüber nachdachte, was ich

sagte – kam der Satz aus mir heraus: „Marianne, wenn ich hier ausziehe, dann ziehe ich mit meinen Kindern wieder in ein eigenes Haus. Das steht für mich fest. Nie wieder will ich der Willkür eines solchen Menschen ausgesetzt sein. Da ich momentan finanziell aber nicht so weit bin, werden wir wohl oder übel noch etwas warten müssen mit dem Auszug.“

Damals ahnte ich noch nicht, welche Tragweite dieser Ausspruch für mich haben sollte. Mit meiner Entschiedenheit gab ich meinem Unterbewusstsein einen ganz bestimmten Auftrag, den es annahm und ausführen musste.

So legte ich damals unbewusst den Grundstein für mein eigenes Haus.

*

Anfang Februar 1988, nachdem wir genau ein halbes Jahr in dem Haus gewohnt hatten, geschah dann folgendes:

Eines nachts gegen drei Uhr wurde ich durch ein aufgeregtes Rufen geweckt. Irgend jemand schlug wie wild gegen unsere Haustür, die sich im Erdgeschoss befand. Da unsere Schlafzimmer im Untergeschoss lagen, hatte ich diese Geräusche im Schlaf anfangs nur sehr vage wahrgenommen.

Mit klopfendem Herzen sprang ich aus dem Bett. Während ich die Treppe hinaufstürzte, rief ich: „Ja, ich komme schon!“

Unsere Nachbarin schlug mit den Fäusten gegen unsere Haustür. Immer wieder schrie sie: „Es brennt! Unser Haus – die ganze Halle brennt! Bitte, machen Sie auf!“

Aufgeregt öffnete ich ihr. „O nein!“ rief ich entsetzt, als ich die hohen Flammen sah, die aus der fünfzig Meter entfernt liegenden Halle schlugen.

„Die Feuerwehr! Schnell die Feuerwehr! Unsere Telefonleitung ist bereits durchgeschmort!“

Ich stürzte zum Telefon, wählte mit zitternden Fingern den Notruf und gab der Feuerwehr unsere genaue Adresse durch.

Völlig außer sich berichtete die Nachbarin dann, sie und ihr Mann seien durch das Geräusch von splitterndem Glas geweckt worden. Ein Stein habe ihr Schlafzimmerfenster zerschlagen. Sie habe sofort das Gefühl gehabt, dass sie irgend jemand warnen wollte. Dann habe sie auch schon die Flammen bemerkt.

Am ganzen Leibe zitternd rief sie beim Vermieter an, um ihn von dem Brand in Kenntnis zu setzen. Verschlafen meldete sich seine Frau.

„Mein Mann ist im Moment nicht da“, entgegnete sie verstört. „Aber wir kommen so schnell wie möglich!“

Noch nie vorher hatte ich ein brennendes Gebäude gesehen. Ich muss zugeben, es nahm mich ganz schön mit: die von der Hitze berstenden Scheiben – die mächtigen Tannen rund um das Gebäude in voller Glut! Riesige Flammen schossen in den Himmel. Überall Knallen und Prasseln – umherfliegende Dachziegel! Die inzwischen eingetroffenen Feuerwehrmänner gaben ihr Bestes.

Angst kam in mir auf, ob die Flammen auch auf unser Haus übergreifen könnten. Doch die Feuerwehrleute beruhigten mich. „Ich glaube, Sie haben Glück. Der Wind schlägt in die entgegengesetzte Richtung.“

„Gott sei Dank!“ Das war alles, was ich sagen konnte.

„Uns wollte jemand warnen!“ Von diesem Gedanken war die Nachbarin nicht mehr abzubringen. Auch die Kripo schloss sich dieser Vermutung an, weil sie von Brandstiftung ausging. Der Brandherd befand sich, wie später festgestellt wurde, in der oberen Etage, also weit entfernt vom Schlafzimmer der Nachbarsfamilie. So war klar, dass nicht die Hitze das Schlafzimmerfenster hatte platzen lassen, sondern dass tatsächlich eine Warnung erfolgt war.

Kurze Zeit später kamen die Vermieter dann bei der lodernden Halle an. Nichts war mehr zu retten. Es war schrecklich, mit ansehen zu müssen, wie alles in Schutt und Asche versank.

Die Frau des Vermieters weinte, während er mit steinernem Gesicht den Löscharbeiten zusah. Irgendwie taten sie mir leid, wie sie so dastanden. Auch die Kripo würde sicher noch einige Fragen an sie haben.

Für mich war der Brand eine willkommene Gelegenheit, diesen Menschen wieder etwas näher zu rücken. Ich dachte an das Gesetz: Alles, was ihr wollt, das euch getan wird, müsst ihr erst für andere tun. Sympathie lässt sich zwar nicht erzwingen. Es kommt darauf an, wer anfängt, dem anderen Gutes zu tun. Wer einen Menschen hasst, wird ebenfalls gehasst und nicht geliebt werden. Darauf fußt ja die Forderung: Liebet eure Feinde! Wie lange muss – wie lange kann man seine Feinde lieben? Nur sehr kurz; dann sind sie schon zu Freunden geworden. Gefühle, die man sich von anderen wünscht, sind bereits in einem selbst angelegt. Man muss ihnen nur Raum zur Entfaltung geben, anstatt auf Nummer Sicher den ersten Schritt des anderen abzuwarten.

Während die Feuerwehrleute bereits seit Stunden ihren gefährlichen Job versahen und noch immer mit riesigen Wasserfontänen gegen die prasselnden Flammen ankämpften, ging ich zu unserem Haus und kochte literweise Kaffee für sie – und auch für unsere Vermieter.

Nachdem der Brand gegen Morgen einigermaßen unter Kontrolle war, bat ich das Vermieterehepaar und die Nachbarsfamilie, deren Kinder in unserer Obhut waren, zu mir ins Haus und deckte für alle den Frühstückstisch. Vielleicht konnte ich mit dieser nachbarschaftlichen Geste ein wenig Entspannung in unsere Mietsituation hineinbringen.

Kurze Zeit später fragte der Kripobeamte Marco und mich: „Haben Sie irgend etwas Verdächtiges gesehen?“

Ich gab ihm zu verstehen, dass wir den Brand erst bemerkt hätten, als uns unsere Nachbarin weckte. Auch Marco war nichts Verdächtiges aufgefallen.

„Wenn sich irgend etwas Ungewöhnliches ereignet, benachrichtigen Sie bitte sofort die Polizei. Wir müssen hier wirklich von Brandstiftung ausgehen. Seien Sie bitte vorsichtig!“ sagte der Kripobeamte, bevor er ging.

Sehr ermutigend klang das nicht gerade.

Immer wieder sah ich die Bilder des brennenden Gebäudes in meiner Vorstellung vor mir. Sie hatten sich tief in mein Unterbewusstsein eingegraben. Beim Anblick der schwelenden Trümmer war mir selbst am nächsten Tag noch, als höre ich das Geräusch der vor Hitze berstenden Scheiben und das Prasseln der Flammen.

Ich dankte Gott dafür, dass keine Menschen zu Schaden gekommen waren. Die Wohnung der Nachbarn hatte zwar stark durch das Löschwasser gelitten, aber da sie sich im Untergeschoss befand, schien sie noch einigermaßen bewohnbar zu sein.

Viele Elektrokabel waren durchgeschmort. Unsere elektrische Versorgung lief auch über die Halle, aber über einen anderen Zähler, der vom Brand verschont geblieben war. So konnten wir unseren Nachbarn durch eine provisorische Stromversorgung erst einmal helfen, bis deren Zähler wieder repariert sein würden.

Genau eine Nacht später geschah es dann.

Ein mehrmaliges Klopfen auf Holz! Ich saß senkrecht im Bett. Mir standen die Haare zu Berge. Wie elektrisiert starrte ich auf den Wecker: 0.28 Uhr!

Da! Wieder das gleiche Klopfen! Als wenn jemand mit dem Stock auf die Wände unseres Blockhauses klopfte. Panik kam in mir auf. Da will uns jemand warnen! Gleich brennt es, dachte ich voller Angst. Die Kinder! Mein Gott, die Kinder!

Ich sprang aus dem Bett, machte aber kein Licht an. Mit klopfendem Herzen lief ich die Treppe hoch in die obere Etage und versuchte, im Dunkeln etwas auszumachen.

Nein, dachte ich, allein gehe ich nicht vor die Tür. Ich bin zwar mutig, aber nicht lebensmüde. Außerdem muss ich meine Kinder retten, wenn es brennt. Was hatte der Kripobeamte gesagt? Wenn ich irgend etwas Verdächtiges bemerkte, dann sollte ich anrufen. Auch um ein Uhr nachts? Auch dann, ja!

Die Polizeidienststelle meldete sich sofort. Mit zitternder Stimme berichtete ich von dem Vorfall: „Es hat sich angehört, als ob auch uns jemand warnen will. Ganz deutlich habe ich gehört, wie jemand mehrmals auf Holz geklopft hat. Und wir wohnen in einem Blockhaus. Bitte, kommen Sie schnell!“

Der Beamte gab mir den Rat: „Wenn es wirklich brennen sollte, gehen Sie mit Ihren Kindern sofort ins Freie. Andernfalls bleiben Sie bitte unbedingt im Haus und öffnen Sie nur unseren Kollegen. Sie sind in circa zwanzig Minuten bei Ihnen und klingeln an Ihrer Tür. Und haben Sie keine Angst. Wir kommen!“

Danke, dass ich nicht allein bin und jemand kommt, dachte ich und fröstelte. Wieder und wieder lief ich im Dunkeln durch das Haus, um einen etwaigen Brandherd auszumachen. Aber es war alles ruhig. Ich ging hinunter in das Kinderzimmer. Dana schlief fest, während Rico auf dem Bauch lag und sich bloßgestrampelt hatte. Ich deckte ihn zu.

Voller innerer Unruhe tastete ich mich in der Dunkelheit wieder hoch in unser Wohnzimmer. Unser Blockhaus lag sehr einsam im Wald, von hohen Tannen umgeben. Eigentlich bin ich kein ängstlicher Typ, doch der Brand und die vermutliche Brandstiftung hatten mich sensibilisiert.

Es war fast halb zwei, als mich die Türklingel zusammenzucken ließ. Ja, die Zeit stimmte. Es mussten die Polizeibeamten sein. Vorsichtig öffnete ich die Tür und ließ die beiden Beamten, die Taschenlampen in der Hand hielten, ein.

„Bleiben Sie bitte im Haus", riet mir einer der beiden. „Wir suchen die ganze Umgebung ab. Machen Sie sich keine Sorgen. Wir sind da. Jetzt kann nichts mehr passieren."

Es war wirklich sehr tröstlich für mich. Sie hatten wohl gemerkt, wie verstört ich war, als ich die Begebenheit nochmals schilderte und wieder angefangen hatte zu zittern.

„Machen Sie kein Licht an, bis wir wieder bei Ihnen klingeln", meinte einer der beiden.

Nach fast einer halben Stunde kamen sie zurück. Der Ältere gab mir schulterzuckend zu verstehen: „Wir haben das ganze Gelände abgesucht, aber nichts Verdächtiges finden können. Gehen Sie ruhig zu Bett. Aber scheuen Sie sich nicht, uns anzurufen, wenn Sie wieder irgend etwas bemerken sollten."

„Wissen Sie", verteidigte ich nochmals die Situation, „ich bin absolut kein ängstlicher Typ. Es ist völlig atypisch für mich, dass ich um diese Zeit die Polizei rufe."

„Sie brauchen sich nicht zu entschuldigen, dafür sind wir da", versicherte mir der ältere Beamte väterlich.

Die beiden verabschiedeten sich, nachdem ich mich ausgiebig bei ihnen bedankt hatte. Ob sie mich wohl für hysterisch hielten?

Obwohl noch hellwach, ging ich wieder zu Bett. Es war inzwischen fast halb drei geworden. Langsam wurde ich ruhiger und ließ diese ganze Begebenheit nochmals an mir vorüberziehen. Dann wurde ich müde.

Da! – Da war es wieder! Die Warnung! Klopf – klopf – klopf. Wie ein Blitz sprang ich aus dem Bett. Klopf – klopf – klopf! Woher? In der Nähe des Kinderzimmers!

Ich rannte zu den beiden Kleinen, riss die Tür auf – und dann sah ich die Bescherung: Da lag mein Rico auf dem Bauch und wiegte sich mit rhythmischen Bewegungen in den Schlaf, leise vor sich hin summend! Dabei schlug er mit seinem Köpfchen im Takt gegen sein Holzbettchen! Klopf – klopf – klopf! O Himmel!

Der Schreck saß viel zu tief, um spontane Erleichterung zu empfinden. Erst als ich den Kleinen auf die Seite gelegt, ihn zugedeckt und ein paar Mal tief durchgeatmet hatte, wurde mir die Komik der Situation bewusst. Wie sollte ich das bloß der Polizei klarmachen?

Am nächsten Morgen rief ich kleinlaut bei der Dienststelle an und druckste ein wenig herum, als ich zu erklären versuchte, weshalb die beiden Kollegen nachts im Einsatz waren und den Wald abgesucht hatten. Mich beschlich das leise Gefühl, dass man mich nicht ganz ernst nahm.

Trotz der Annäherung in der Nacht des Brandes nahmen die Spannungen mit unserem Vermieter wieder zu. Die Halle war kurz zuvor hoch versichert worden. Den Brandstifter hatte man nicht ermitteln können, und nach einiger Zeit stellte die Kripo ihre Nachforschungen ein. Da die Versicherungssumme an unseren Vermieter ausgezahlt wurde, konnte nun der restliche Besitz mit dem von uns bewohnten Haus weit unter Preis angeboten werden. Sehr schnell wurde ein Käufer gefunden, der verständlicherweise auf unseren baldigen Auszug drängte.

Aber wir hatten weder Geld, um einen Auszug zu bewerkstelligen, noch eine neue Bleibe in Aussicht. Auch dem neuen Besitzer signalisierten wir Bereitschaft, uns ein neues Zuhause zu suchen, wenn wir eine gewisse Abstandssumme für den bevorstehenden Umzug erhielten. Doch auch er lehnte das rigoros ab.

Was wollte mir diese Situation sagen? Immer mehr erkannte

ich, dass wir hier trotz der mageren Finanzen nicht bleiben konnten. Es gab im Grunde nur einen Ausweg, wieder etwas Eigenes zu erwerben. Doch mit welchem Geld? In einigen Monaten war mein Kredit abgezahlt, dann erst stand mein Konto wieder glatt. Und Ersparnisse hatte ich keine. Womit sollte ich also ein Haus erwerben?

„Vater, bitte, gib mir die Antwort“, betete ich. „Gib mir ein Zeichen, wohin mein Weg führt.“

*

Kurz vor dem Schlafengehen blätterte ich eines abends in einer Broschüre der SOS-Kinderdorf-Organisation, die ich tags zuvor mit der Post erhalten hatte. Dabei stieß ich auf einen Bericht, der mich zutiefst erschütterte. Irgendwo in Ostasien hatte man einen kleinen Jungen von anderthalb Jahren, im gleichen Alter wie Rico, jämmerlich weinend, völlig abgemagert und verletzt auf einer Müllkippe gefunden. Dieser kleine Junge wurde in das nächstliegende Kinderdorf gebracht, wo man ihn liebevoll aufnahm.

Ich kann gar nicht beschreiben, wie sehr mir dieser Bericht zu Herzen ging. Wahrscheinlich war ich besonders sensibel, weil ich ein Kind im gleichen Alter hatte. Deutlich erinnere ich mich noch daran, dass mir beim Lesen die Tränen in die Augen traten, und urplötzlich verspürte ich den immensen Wunsch, etwas zu tun. Aber was?

Die einzige Möglichkeit für mich bestand darin, mit Geld zu helfen. Am nächsten Tag wollte ich meiner Bank einen monatlichen Dauerauftrag geben, damit mehr für diese von ihren Familien verlassenen Kinder getan werden konnte. Ja, dachte ich, das ist gut, und schlief zufrieden ein. Obwohl mein Konto noch ziemlich im Minus stand, machte ich mein Vorhaben am nächsten Tag wahr.

Nichtsahnend gab ich damals mit tiefen inneren Gefühlen meinem Unterbewusstsein den Auftrag, mit Geld, das ich mir zwar selbst leihen musste, für andere zu sorgen. Damit setzte ich unbewusst die geistige Ursache, dass einem jederzeit ein Vielfaches gegeben wird, wenn man es braucht.

Erst vor einiger Zeit las ich in der von K. O. Schmidt geschriebenen Biographie des großen amerikanischen Philosophen Prentice Mulford, 'Einer, der es wagt', wie dieser die Bedeutung der Abgabe des Zehnten sah, die in vielen Hochreligionen selbstverständlich ist.

Dort wird beschrieben, wie Prentice Mulford mit einem Freund über die Ursachen des Reichtums der Rockefellers diskutierte. Rockefeller war Baptist und Zeit seines Lebens dazu erzogen, einen Teil seiner Einkünfte für kirchliche oder soziale Zwecke zu opfern. Er folgte diesem Gebot in einem beträchtlichen Ausmaß. Die andere Seite, dass die von ihm Beschenkten ihn zwar lobten, die zahlreichen Opfer seiner dubiosen Geschäftsmethoden ihn jedoch verfluchten, soll hier jetzt nicht beleuchtet werden.

Rockefeller selbst führte das Wachstum seines Vermögens auf die Folge jener Gewohnheit zurück. Er war der Überzeugung, dass die Abgabe eines Zehntels für Menschen, die in Not waren, die Vervielfachung der verbleibenden neun Zehntel zur Folge hat. Dadurch, dass er einen Teil seiner Einnahmen spendete, brachte er das Gesetz der Fülle zur Auslösung.

Die Gabe des Zehnten wird von Prentice Mulford als goldene Erfolgsregel empfohlen. Sie ist ein ebenso einfaches wie sicheres Mittel zum Erlangen der Fülle. Wer dem Göttlichen als der Quelle seiner Kraft und seiner Erfolge einen Teil seines Einkommens opfert, indem er diesen Teil mit Freude einer guten Sache zur Verfügung stellt, der erntet früher oder später entsprechenden Gewinn.

Es ist eine uralte Erfahrung, dass es denen am besten geht, die freiwillig einen Teil ihres Besitzes dem Wohl des Ganzen opfern. Sie geben dadurch dem Rest ihres Vermögens eine erhöhte Anziehungskraft auf den Reichtum der Welt. Es ist Gesetz, dass jede Gabe den Zustrom einer göttlichen Fülle von dem bewirkt, was wir geben.

Und wenn es uns gar zur Gewohnheit wird, ein Zehntel unseres Einkommens in den Dienst des Guten zu stellen, strömt nach dem Gesetz der Fülle immerfort wachsender Reichtum in unser Leben ein. Welcher Art dieser Reichtum ist, hängt jedoch von der Richtung unseres Denkens ab.

Was dann in der Zeit nach meiner Entscheidung, einen monatlichen Betrag an die SOS-Kinderdorf-Organisation zu spenden, passierte, erschien mir damals wie ein Wunder. Ich spürte, was ich damit ausgelöst hatte, und mein Vertrauen zu diesen Gesetzen wuchs immer mehr. Auch später hat es mich nie getrogen: So oft ich das Letzte mit der Einstellung gab, dass ich eine neue hochverzinsliche Einlage bei der Erfolgsbank des Kosmos einzahle, kam jedes Mal bald darauf das Mehrfache dessen, was ich fortgegeben hatte, zu mir zurück – unerwartet und scheinbar aus dem Nichts.

Es war unfassbar – als ob die geistige Welt nur auf meinen Einsatz für das Spiel des Lebens gewartet hätte! Plötzlich kamen von allen Seiten her Möglichkeiten auf mich zu, nach denen ich immer gesucht hatte. Dinge geschahen wie von selbst, die ich mir sehnlichst gewünscht hatte. Verwundert fragte ich mich damals, warum jetzt auf einmal der Knoten geplatzt war. Sollte es etwas damit zu tun haben, dass ich andere finanziell unterstützte, obwohl ich selbst dringend Geld brauchte? Dieser Gedanke ging mir nicht mehr aus dem Kopf.

Ein weiterer Aspekt, der mich zu der Zeit bedrückte, war die

Tatsache, dass mich meine Tätigkeit in der Versicherungsbranche nicht mehr ausfüllte. Abend für Abend war ich bisher unterwegs gewesen, kam oft erst nach Hause, wenn meine beiden Kleinen bereits von Manuela ins Bett gebracht worden waren und schon schliefen. Zwar brauchte ich dafür auch erst gegen 16.00 Uhr das Haus zu verlassen, doch ich wünschte mir seit langem, die Abende zu Hause verbringen zu können. Bisher hatte ich wegen der guten Verdienstmöglichkeiten jedoch von einem Wechsel abgesehen.

Ich merkte, dass ich hier etwas ändern musste, und gab immer wieder meinem Unterbewusstsein die Worte ein:

„Ich bin dankbar für die Tätigkeit, die mich ausfüllt und die mir finanzielle Unabhängigkeit und Zeit für meine Kinder gibt. Danke, Vater."

Ganz bewusst gab ich diese Affirmationen morgens vor dem Aufstehen und abends kurz vor dem Schlafengehen an mein Unterbewusstsein weiter. Durch die Seminare, die ich besucht hatte, wusste ich, dass man Dinge damit beeinflusst, die der Verstand bewusst nicht nachvollziehen kann. Durch die ständige Beeinflussung des Unterbewusstseins entwickelt sich nach und nach ein verhaltensbestimmendes Programm. Wenn wir schläfrig werden oder schon im Halbschlaf liegen, ist unser Unterbewusstsein besonders leicht zugänglich, es ist dann äußerst sensibilisiert und empfänglich. Gedanken und Gefühle, die wir vor dem Einschlafen haben, werden sofort an unser Unterbewusstsein weitergeleitet, und dieses beginnt auf unseren Wunsch oder Bitte um Führung zu reagieren.

Wir sollten immer wieder daran denken, dass unser Unterbewusstsein kritiklos ist und nicht auswählen kann – es akzeptiert sowohl unsere negativen, von Angst, Zweifel und Hass erfüllten

Gedanken, als auch unsere liebevollen, guten Gedanken – und handelt entsprechend. Das Unterbewusstsein vergrößert und multipliziert alles, was wir in ihm ablegen und ihm einprägen – sei dies nun gut oder schlecht.

Glücklicherweise wird uns immer mehr bewusst, welche Möglichkeiten uns gegeben sind, unsere Gedanken gezielt über unser Unterbewusstsein zu steuern und damit auch unser Lebensschicksal zu beeinflussen. Wir bekommen Zeichen, wenn wir bereit sind, auf unsere innere Stimme zu hören.

Unser Unterbewusstsein wird oft mit einem Computer verglichen. Die Programmierer sind die Gedanken und die Gefühle. Aber wie ein Computer nur das verarbeiten kann, was gespeichert wurde, kann auch das Unterbewusstsein nur das zum Leben beisteuern, was ihm eingegeben wurde. Wie eine programmgesteuerte Maschine verarbeitet es alle Befehle ebenso kommentarlos und beeinflusst dementsprechend unser Verhalten.

Wenn uns zum Beispiel in der Kindheit eingegeben wurde: „Du bist ein Versager“, so werden wir immer wieder in Situationen geführt, die uns dieses Programm vor Augen führen, und wir werden uns versagensorientiert verhalten. Aber wie das Programm eines Computers jederzeit geändert werden kann, so ist es auch möglich, die bestehenden Programme in unserem Unterbewusstsein zu verändern und zu korrigieren.

Erlebnisse, an die wir uns bewusst nicht mehr erinnern, oder Ereignisse aus früheren Inkarnationen können unser Leben nachhaltig stören. Zwar kann hier die Psychotherapie helfen, indem sie diese Traumata durch Bewusstmachung, sei es durch verschiedene Arten der Hypnose oder durch Entspannung, auflöst. Das kann zwar manchmal Jahre dauern, aber so mancher Mensch wird damit von seiner Fehlprogrammierung erlöst. Wenn wir erkannt haben, was wir ändern möchten, dann versuchen wir natürlich immer, uns richtig zu verhalten. Fallen wir aber dennoch wieder in alte Gewohnheiten zurück, so ist das Programm unseres Unterbewusstseins zu stark, um das Fehlverhalten abzubauen. In dem Fall können wir die Programmierung durch die folgende Methode bewusst ändern:

Durch ständige Suggestionen und durch das Visualisieren als Mentaltraining ist uns die Möglichkeit gegeben, uns auf der Ebene der Phantasie vorzustellen, wie wir uns richtig verhalten. Wir sind es, die in diesen Phantasiereisen die Ereignisse bestimmen, und brauchen uns nicht mehr, wie zum Beispiel in unserer Kindheit, von anderen Menschen bestimmen oder sogar manipulieren zu lassen. Je konzentrierter wir dieses Erleben planen und vor unserem geistigen Auge ablaufen lassen, um so stärker wird die Programmierung gesetzt.

Ich habe gute Erfahrungen damit gemacht, dass ich neben meiner geistigen Vorstellung Sätze oder Ereignisse für meine Lebensplanung aufgeschrieben habe. Ganz wichtig war für mich auch beim Programmieren, dass ich meine Aufmerksamkeit wirklich nur auf den gewünschten Zustand richtete und nicht abschweifte zu meinem Problem, denn indem ich diesem meine Energie gäbe, wäre nicht die Lösung, sondern das Problem wieder programmiert worden.

Ganz genau studierte ich jetzt jeden Samstag den Stellenmarkt der Tageszeitung und bewarb mich auch auf einige Angebote. Mein neu erwachtes Computerinteresse ließ mich sogar ganz übermütig zwei Bewerbungen schreiben als EDV-Repräsentantin. Doch das schien nicht meine Aufgabe zu sein, denn ich wurde abgelehnt. Und was hatte ich gelernt? Wenn eine Absage kommt, heißt das, dass das Bessere noch auf mich wartet.

Bis ich dann eines Samstags eine Anzeige entdeckte, die mich auch innerlich ansprach. Für einen Münchner Verlag wurde ein

Gebietsrepräsentant, der Werbung für einige hochwertige und sehr bekannte Publikationen akquirieren sollte, für den gesamten ostwestfälischen Raum gesucht.

Ich spürte deutlich, das war meine Chance! Trotz vieler Mitbewerber bekam ich kurze Zeit später den Job. Ich hatte fest daran geglaubt und mich schon vorher auf diese Tätigkeit gefreut. Hier sollte ich die Chance bekommen, nach einer Einarbeitungszeit von einigen Monaten im Außendienst sogar später von zu Hause aus tätig zu werden.

Gleichzeitig machte mich diese Tätigkeit finanziell so unabhängig, dass ich mutig begann, mich gedanklich mit einem eigenen Haus zu befassen. Hatte ich nicht durch die Erkenntnisse der Seminare gelernt: Vorstellung schafft Wirklichkeit? Ich brauchte mir nur ganz fest etwas zu wünschen, fest daran zu glauben und mir den gewünschten Zustand mit vielen guten Gefühlen und großer Dankbarkeit für die Erfüllung des Wunsches vorzustellen, bis diese Idee zu einer vorherrschenden geistigen Vorstellung geworden war. Jeder Gedanke, der immer wieder zuerst unser Bewusstsein und dann unser Unterbewusstsein durchdringt, strebt zu seiner Verwirklichung und nimmt bald reale Dimensionen an.

Glaubt, dass ihr empfangen habt – und ihr werdet empfangen ...

Inzwischen glaube ich fest daran, dass uns niemals ein Wunsch eingegeben wird, ohne dass uns auch die Kraft dazu verliehen würde, ihn zu verwirklichen. Es mag allerdings sein, dass wir uns dafür anstrengen müssen. Wir können uns nicht etwas wünschen, dessen Verwirklichung nicht irgendwo in dieser Welt möglich ist. Ich habe erfahren: Je inniger und intensiver das Verlangen der Verwirklichung des Wunsches ist, desto schneller wird er erfüllt.

Jetzt wurde mir klar, dass mir die gespannte Mietsituation

etwas sagen wollte und das ganze Spektakel mit der Kündigung doch einen Sinn gehabt hatte. Die Erkenntnis, dass jeder scheinbare Misserfolg stets den Keim eines neuen Erfolgs in sich trägt, sollte mir später immer wieder weiterhelfen.

Ohne einen Pfennig auf meinem Sparkonto zu haben, träumte ich von meinem Haus – ein Haus im Grünen, mit einem großen Grundstück und viel Platz für meine beiden Kleinen, ohne dass uns ein Vermieter wieder vor die Tür setzen konnte.

Ich ließ mir einen Versteigerungskalender schicken, in dem Objekte in unserer näheren Umgebung aufgeführt waren. Dauernd war ich jetzt in meiner Freizeit mit meinen Kindern unterwegs, um nach günstigen Häusern Ausschau zu halten. Aber es war nichts dabei, was mich einigermaßen ansprach. Der Gedanke kam bei mir auf, ob es wohl daran liegen könnte, dass nur Objekte in Orten, in denen ich mich nicht so zu Hause fühlte, angeboten wurden. Vielleicht hatte sich auch eine Spur Heimweh nach Bielefelds näherer Umgebung in mir breit gemacht. Ob ich mal beim Amtsgericht in meiner alten Heimat in Westfalen nachfragen sollte, ob dort Häuser zur Versteigerung angeboten wurden?

Als ich dort anrief, teilte man mir mit, am gleichen Morgen sei ein neues Objekt eingetragen worden in einer kleinen Ortschaft, sehr ländlich im Außenbereich gelegen. Ländlich? Das war gut!

Mehr beiläufig erkundigte ich mich nach der Adresse des Besitzers. Der Schreck fuhr mir in die Glieder, als ich erfuhr, dass es sich um genau das Haus handelte, das ein geschäftlicher Bekannter von mir in jahrelanger liebevoller Kleinarbeit umgebaut hatte. Jetzt aber war ihm das Geld ausgegangen, und die Banken saßen ihm auf den Fersen. Ich kannte das Haus durch mehrere Besuche – sogar von innen.

Nein, dachte ich betroffen, das kann nicht wahr sein, dass

dieses wunderschöne Haus versteigert werden muss! Das traumhaft große Grundstück mit dem Teich, den er mir damals so stolz gezeigt hatte! Die vielen alten Eichen, die das Grundstück so liebevoll zu beschützen schienen! Sogar zu Ricos Geburt hatte mir Bert, der jetzige Besitzer, eine Karte geschrieben.

Ich fasste mir ein Herz und rief ihn an.

„Gila?“ fragte er ungläubig, als er meine Stimme erkannte. „Sag bloß, du bist schon wieder aus Kanada zurück – oder bist du zu Besuch hier?“

In kurzen Worten berichtete ich ihm von den Ereignissen der vergangenen Monate. Und dann erzählte ich ihm freimütig von meinem Anruf beim Amtsgericht.

„Ich bin sehr traurig über deine Situation, Bert“, schloss ich mit ehrlichem Mitgefühl, das in dem Moment mein Interesse völlig überlagerte. Auch wenn mich das Haus interessierte, konnte ich mich sehr gut in seine Lage hineinfühlen.

Noch am gleichen Tag besuchte er mich und redete sich alles von der Seele, was ihn bedrückte. „Ich will versuchen, mein Haus noch vor dem angesetzten Termin zu verkaufen“, sagte er, als er bei mir im Wohnzimmer saß und meinen frischgebackenen Apfelkuchen aß. „Wenn mir bloß die Banken das Geld nicht plötzlich gesperrt hätten ...“

Ich nickte. „Das würde ich auf alle Fälle auch versuchen. Ein Verkauf ist doch etwas anderes als eine Versteigerung.“

Als er mir dann jedoch seine Preisvorstellung nannte, meinte ich zögernd, jedoch völlig losgelöst von eigenen Interessen: „Bert, das könnte schwierig werden, weil die Versteigerung inzwischen bekannt ist und deine Vorstellung fast das Doppelte des angesetzten Verkehrswertes ausmacht.“

„Gila, du hast dein Haus doch damals auch zu einem ähnlichen Preis verkauft“, argumentierte er. „Meinst du wirklich, mein Haus ist weniger wert?“

Er spielte auf die Situation an, dass es mir dank meiner geistigen Vorstellung gelungen war, mein damaliges Haus vor meiner ersten Auswanderung nach Kanada zu einem hervorragenden Preis zu verkaufen – obwohl die Immobilienpreise im September 1984 ihren Tiefststand erreicht hatten.

„Sicher nicht", entgegnete ich überzeugt, „für dich ist es unbezahlbar, und auch ich finde es wunderschön. Selten habe ich ein so wunderbares Haus in einer so herrlichen Lage gesehen. So hell und lichtdurchflutet! Ich liebe dein Haus, und glaube mir, Bert – ich würde es dir von ganzem Herzen wünschen, dass du es behalten kannst. Aber es ist nur zu einem Drittel ausgebaut, meines dagegen war damals komplett fertig, als wir es verkauften."

Dieses Gespräch hatte sich im Februar 1988 abgespielt. Die endgültige Versteigerung war auf Anfang Mai angesetzt. Mit zwiespältigen Gefühlen fragte ich mich, ob das die Antwort auf meine Gebete war, denn ich hatte mir vorgenommen, nur noch Dinge für mein Leben zu planen, die nicht auf Kosten anderer Menschen gingen. War es unter diesen Voraussetzungen überhaupt richtig, dass ich mir jetzt Hoffnungen auf das Haus machte?

Lange dachte ich über diese Fragen nach. Konnte die Versteigerung des Anwesens, die Bert momentan sicherlich als Katastrophe ansah, für ihn nicht auch der Anfang für einen neuen Lebensabschnitt sein? Vermochte ich das zu beurteilen? Nein, sicher nicht. Aber wie erreichte ich, dass ich mir keinerlei Vorteile auf seine Kosten verschaffte?

Um Klarheit in die Angelegenheit zu bringen, hielt ich des öfteren Kontakt mit Bert und auch mit seiner Bank, ob eine Versteigerung wirklich nicht zu verhindern war. Sie hatten nicht viel Hoffnung, dass noch Gelder zur Abwendung dieses Termins aufgetrieben werden konnten. Für mich war es eine Beruhigung, dass meine Absicht nicht ausschlaggebend für die Versteigerung war.

Ich dachte an die Lehrsätze aus den Seminaren, an das Gesetz der Einheit allen Lebens, und gab mir die folgenden Affirmationen ein:

> *Nur wenn es für Berts Leben gut ist, dass er sein Haus verlassen soll, dann möchte ich dieses Haus haben. Wir brauchen ein Zuhause. Dana kommt zur Schule, und ich weiß dann, wo ich sie anmelden kann. Das Haus, in dem wir jetzt leben, werden wir bald verlassen. Ich weiß, dass ich Mittel und Wege finde, das neue Haus auch zu bezahlen. Ich glaube an die göttliche Versorgung. Ich bin dankbar, dass es so ist.*

Unwillkürlich musste ich an die Bibelstelle denken, als Jesus sagt: „Euer Vater weiß, was euch fehlt, noch ehe ihr ihn bittet." Immer wieder gingen mir diese Worte durch den Kopf.

Wer mich kennt, ahnt, dass nun trotz der sich abzeichnenden Möglichkeit eines neuen Zuhauses keine leichte Zeit für mich begann. Obwohl ich sicher auch einige Tugenden habe, ist Ungeduld meine größte Schwäche. Am liebsten wäre mir gewesen, der Sachbearbeiter des Gerichts hätte den Versteigerungstermin auf den Tag nach meinem Anruf festgesetzt. Was konnte nicht alles in der Zwischenzeit geschehen? Wie viele Menschen mochten sich für dieses wunderschöne Anwesen begeistern und mitsteigern – oder was noch wahrscheinlicher war, es vorher käuflich erwerben? Vor allem Käufer oder Interessenten, die im Gegensatz zu mir Geld auf ihrem Konto hatten!

Und dennoch war ich froh über die ehrliche Resonanz in mir, dass ich Bert den Verkauf seines Hauses zu einem guten Preis vor dem angesetzten Termin wünschte. Ich hätte dann auch für uns akzeptiert, dass sein Haus nicht für uns gedacht war. Mit dem Gedanken hätte ich mich dann um ein anderes Objekt gekümmert.

Aber ich litt, wenn ich an die Versteigerung dachte! Dabei hatte ich doch in den Seminaren gelernt, dass Zweifel Blockaden sind und uns zurückwerfen! Wie vielen Menschen, die mich in der Zwischenzeit um meinen Rat gebeten hatten, hatte ich diese Leitsätze – völlig überzeugt von deren Richtigkeit – mit auf den Weg gegeben. Was konnte ich bloß tun, um in Ruhe abwarten zu können?

Ich versuchte mich zu erinnern, wie ich sonst an Probleme herangegangen war. Mentales Training heißt es in der modernen Sprache für die einen – Gebet ist es für viele andere Menschen. Ich habe mich in der damaligen Zeit der Not für den Ausdruck Gebet entschieden, also möchte ich dabei bleiben. Gebet ist das Atemholen der Seele, hat Goethe einmal gesagt.

Durch die Seminare, über die ich in meinem Buch '... nicht heulen, Husky!' im Detail berichtet habe, hatte ich gelernt, dass wir Menschen durch die Kraft unserer Gedanken die Möglichkeit haben, Ereignisse in unserem Leben zu beeinflussen. Gedanken sind die geistigen Ursachen für alle Wirkungen unseres Lebens.

Doch sollte man diese Erkenntnis weise und zum Wohle aller Menschen einsetzen. Wenn unser Gemüt dagegen mit Feindseligkeit und Widerständen angefüllt ist, werden es andere Menschen fühlen, unabhängig davon, ob der Betreffende etwas sagt oder nicht. Seine Feindseligkeit erweckt in anderen, die ebenfalls Widerstände in sich tragen, ein ähnliches Gefühl. Seine Gedanken schwingen gleich mit ihren, und ihre Gedanken antworten unverzüglich, indem sie zu ihm zurückfließen. Das eine verstärkt das andere.

Ich wusste um diese Gesetzmäßigkeiten und programmierte

mich, sooft sich mir die Möglichkeit dazu bot. Unterwegs zu meinen Kunden sagte ich ständig laut meinen Namen, verbunden mit der neuen Anschrift des Hauses, vor mich hin – als Suggestion für mein Unterbewusstsein. Immer wieder – und immer wieder! Nur gut, dass ich allein im Auto saß! Aber stets setzte ich an den Schluss: „Herr, wenn es Dein Wille ist."

Bert hatte mir vor kurzem noch gesagt: „Ich glaube nicht mehr, dass ich das Haus halten kann. Doch das Gute an der Versteigerung ist natürlich, dass ich das über mir hängende Damoklesschwert endlich los bin." Er schien sich mit der Situation endgültig abgefunden zu haben, nicht zuletzt weil er die Möglichkeit hatte, bei seiner Freundin zu wohnen.

Dadurch wurde es etwas leichter für mich, mir vorzustellen, dass sein Haus doch für uns gedacht war. Mit dem Wissen um die geistigen Gesetze malte ich mir aus, wie glücklich und zufrieden ich mit meinen beiden Kleinen Weihnachten im neuen Haus feierte, das genug Raum hergab, um es nach und nach noch auszubauen, sogar eine Einliegerwohnung war eingeplant.

Nicht nur um meine Ungeduld zu mildern, sondern auch, um Bert ein besseres Gefühl zu geben, hatte ich ihm angeboten, sein Haus zu einem Preis zu kaufen, der dem Verkehrswert gleichkam. Aus irgend einem Grunde hatte er sich jedoch entschieden, lieber den Termin abzuwarten als zu verkaufen. Darum musste ich mehr oder weniger geduldig bis zum Versteigerungstermin warten.

*

In der Zwischenzeit hatte sich das Verhältnis zu unserem Vermieter weiter verschlechtert. Er hatte die Kündigung wegen Eigenbedarfs zurücknehmen müssen und versuchte jetzt, uns mit härteren Bandagen aus dem Haus zu vergraulen.

Eines Nachmittags hörte ich Stimmen in unserem Garten. Ich schaute aus dem Fenster und erblickte auf unserer Terrasse einige mir unbekannte Leute, die sich laut unterhielten. Wenige Minuten später kam auch das Vermieterehepaar dazu. Dachte ich anfangs noch, es handele sich um ein Gespräch zwischen dem Vermieter und dem neuen Käufer, der sich inzwischen auch auf unserer Terrasse eingefunden hatte, so wurde ich bald eines Besseren belehrt.

Ohne Hemmungen schleppte man einige Tische und Stühle an und packte Kaffee und Kuchen aus. Lautstark feierte man nun auf unserer direkt vor meinem Schlafzimmerfenster liegenden Terrasse ein geselliges Beisammensein. Auch unsere Nachbarn waren in der fröhlichen Runde anwesend; diese saßen jedoch – sichtlich verlegen – etwas abseits der Szene.

Als ich die ungebetenen Gäste aufforderte, meine Terrasse zu verlassen, widersetzte man sich meinem Wunsch laut lachend. Der Vermieter, der mich damit offensichtlich provozieren wollte, meinte, mein Mietvertrag enthielte zwar die Vermietung des Hauses und des Gartens, doch von der Terrasse sei nichts vermerkt.

Ich ließ sie gewähren, muss aber zugeben, dass insgeheim Ärger in mir aufkam. Wegen der einstweiligen Verfügung bezüglich des freien Durchgangs zu unserem Haus war die Sache sowieso schon zum Rechtsfall geworden. So wusste ich mir nicht anders zu helfen, als am nächsten Tag meinen Rechtsanwalt in dieser Sache um Rat zu fragen.

Er fragte mich: „Sie haben die Leute nicht zufällig fotografiert?"

„Leider nein", antwortete ich. „Aber sie haben ja auch nicht abgestritten, dass sie die Terrasse besetzt haben!"

„Das ist zwar richtig", entgegnete er, „nur wäre es in Zukunft besser, wenn Sie stets einen Fotoapparat im Haus hätten, um einen Beweis zu liefern, wenn wieder etwas Derartiges geschieht. Ich werde jetzt eine erneute einstweilige Verfügung beantragen, damit man Sie in Ruhe lässt und in Zukunft auch Ihre Terrasse nicht mehr ohne Ihre Einwilligung betritt."

Von Tag zu Tag fühlte ich mich in dem Haus unwohler. Jetzt hatten schon weitere Verbote eingesetzt, die mehr oder weniger Schikanen glichen. Dana durfte den großen Vorplatz vor unserem Haus mit dem Fahrrad nicht mehr befahren, meinen Gästen wurde das Rolltor nicht mehr geöffnet und dergleichen mehr.

Ich spürte immer deutlicher: Ich muss hier raus, und zwar so schnell wie möglich. Nun gut, wenigstens schienen wir nach der einstweiligen Verfügung Ruhe zu haben, was die Terrasse betraf.

Doch Ostersonntag gegen Abend ging es wieder los.

„Das darf doch nicht wahr sein!" sagte ich zu Marco, als sich dieses Mal sogar neben den bereits bekannten Gesichtern viele mir unbekannte Menschen nach und nach auf meiner Terrasse einfanden, lärmend mitgebrachte Grillgeräte auspackten und sich unter lautstarker Begleitung eines Kofferradios offensichtlich auf eine Party vor meinem Schlafzimmerfenster vorbereiteten. Ich konnte es einfach nicht fassen.

„Reg dich nicht auf, Mom", meinte Marco seelenruhig, „wir haben ja die Kamera. Pass auf, was die für Superfotos macht! Jetzt sind sie geliefert!"

Als Marco die Gesellschaft aus dem zu ebener Erde liegenden Schlafzimmerfenster fotografierte und dann noch einige Fotos vom Balkon schoss, winkten ihm die Leute zu und forderten sogar noch Stargagen. Es war mir unbegreiflich, wie sie so dreist sein konnten, sich bei einer Straftat derart unbekümmert fotografieren zu lassen.

Die Fete auf meiner Terrasse ging bis weit nach Mitternacht. Entmietung nennt man so etwas inzwischen. Damals kannte ich diesen Ausdruck noch nicht. Meine Geduld war am Ende. Meine Nerven vibrierten.

Selbst die Tatsache, dass wir die Fotos als Beweis gemacht hatten, um die einstweilige Verfügung durchzusetzen, machte mich nicht froh. Ich durfte meine Kraft, die ich so dringend für wesentlichere Dinge brauchte, nicht auf Nebenkriegsschauplätzen vergeuden.

Am Ostermontag wollte ich mit den beiden Kleinen zu dem in der Nähe liegenden Tierpark fahren. Morgens hatte ich noch eine kurze Zeit im Büro verbracht, um alle Unterlagen – wie Verdienstbescheinigungen der letzten Monate und ähnliches – in einem Ordner abzuheften, denn am nächsten Morgen hatte ich einen Termin bei Berts Bank vereinbart. Ich wollte mich vorher genauestens über die auf dem Haus liegenden Belastungen informieren.

Gegen elf Uhr morgens verließ ich mit meinen beiden Kleinen das Haus, während Marco das Osterfest bei seinen Freunden in Hannover verbrachte.

Als ich nachmittags gegen vierzehn Uhr wieder zurückkehrte und mit meinem Auto in unsere Einfahrt einbiegen wollte, stand der Wagen des Vermieters quer davor. Ich hupte kurz. Nichts tat sich. Nach ein paar Minuten hupte ich noch mal. Es dauerte längere Zeit, ehe der Vermieter aus unserem Garten kam und sein Auto zur Seite fuhr.

Eigenartig, dachte ich, was hat der Typ in unserem Garten zu tun? Will er vielleicht wieder eine Fete feiern? Allein der Gedanke daran verursachte mir eine Gänsehaut.

Doch als ich kurze Zeit später ins Haus ging und auf die Terrasse schaute, war niemand zu sehen. „Gott sei Dank“, murmelte ich, als ich Rico absetzte. Das hätte ich kaum noch eine Nacht ausgehalten.

Abends, als ich die Kinder ins Bett gebracht hatte, ging ich ins Büro, um noch weitere Belege für den Termin am nächsten Tag herauszusuchen und in der Mappe abzuheften.

Ich wunderte mich über die Unordnung, die in meinem Büro herrschte. Warum lagen alle Disketten meines Computers am Boden? Na, das konnte doch wohl nur der Rico gewesen sein. Dieser Schlingel! War er wieder heimlich ins Büro gekrabbelt!

Wo war nur der Ordner hingekommen? Ich suchte und suchte. Nichts! Hatte ich ihn versehentlich mitgenommen ins Wohnzimmer? Aber da hatte ich ihn doch gar nicht gebraucht. Auch dort war er nicht.

Komisch. Stundenlang suchte ich verzweifelt die Unterlagen – in der gesamten Wohnung. Der Ordner blieb verschwunden. Das konnte doch gar nicht sein. Es war mir unbegreiflich.

Mir kam ein vager Verdacht. Sollte vielleicht ...? Nein, das war zu abwegig! Unser Vermieter konnte damit nichts zu tun haben. Oder doch? Warum hatte der Wagen vor unserer Einfahrt geparkt? Ach, jetzt sah ich schon Gespenster! Nein, das traute ich ihm einfach nicht zu. Was könnte er mit irgendwelchen Unterlagen von mir anfangen, und wie sollte es ins Haus gekommen sein? Na ja, schließlich war er Detektiv – und den zweiten Satz Hausschlüssel hatte ich auch nie von ihm erhalten.

Das war doch völlig abwegig. Ich wies den Gedanken weit von mir. Jetzt hatten sie mich soweit: Ich fing wirklich an zu spinnen. Aber was sollte ich tun? Der Ordner mit meinen wichtigen Unterlagen blieb trotz aller Suche verschwunden.

Am nächsten Tag setzte ich meinen Rechtsanwalt sowohl von der Terrassenbesetzung als auch von dem verschwundenen Ordner in Kenntnis.

Ohne einen konkreten Verdacht zu äußern, bat mich mein Rechtsanwalt, die Polizei einzuschalten, und riet mir unter anderem: „Und was den Vorfall mit der Terrasse betrifft, so lassen

Sie die Fotos so schnell wie möglich abziehen und mir vorbeibringen, damit wir einen Beweis in der Hand haben."

Daraufhin schickte ich unser Kindermädchen Manuela zu einem Fotogeschäft, um die Bilder entwickeln zu lassen. Sie sollten am nächsten Tag fertig sein.

Nachmittags kam ein Polizist zu mir und nahm die Verlustmeldung meines Ordners auf. Nachdenklich kniff er die Augen zusammen und fragte: „War da nicht in der letzten Zeit nicht auch noch irgend etwas anderes bei Ihnen?"

Himmel, ja – die Nacht nach dem Brand! Siedendheiß fiel mir mein Fehlalarm wieder ein. Bloß nicht drauf eingehen, dachte ich, um nicht unglaubwürdig zu erscheinen, denn bis auf die Tatsache, dass die Unterlagen ohne Spuren eines Einbruchs fehlten, konnte ich auch jetzt keine konkreten Angaben machen.

Wieder fragte ich mich: Welche Unterlagen waren interessant genug, um einen Diebstahl zu begründen? Meine Verdienstbescheinigungen der letzten Monate? Wer konnte daran Interesse haben? Eigentlich niemand. Oder doch? Ich dachte angestrengt nach, fand aber keine logische Erklärung.

Wegen des Vorfalls auf der Terrasse reichte mein Rechtsanwalt nun Klage ein. Als Beweis sollten die Fotos nachgereicht werden.

Die Personen, die ich auf der Terrasse erkannt hatte, wurden sofort vom Gericht angeschrieben und reichten allesamt eidesstattliche Erklärungen ein, sie hätten meine Terrasse nie betreten. Ungläubig hörte ich die Worte meines Anwalts, als er mir dies mitteilte.

„Jetzt haben wir sie", frohlockte er. „Soviel Unverschämtheit muss wirklich bestraft werden. Wann bekommen Sie die Fotos?"

„Sie werden gerade abgeholt", erwiderte ich, immer noch fassungslos. Irgendwie konnte ich mir die ganze Sache nicht erklären. Die Leute hatten doch gemerkt, dass wir sie fotografiert hatten. Warum also machten sie sich strafbar durch bewusst falsche Aussagen?

Kurz darauf schellte das Telefon. Manuela war am Apparat. Aufgeregt sagte sie: „Ich soll Ihnen von der Fotografin ausrichten, dass alle Fotos – wahrscheinlich durch Öffnen der Kamera und manuelles Zurückdrehen des Films – vor der Entwicklung belichtet worden sind."

Das konnte doch nicht wahr sein! Das konnte einfach nicht wahr sein. Nein! Alle Fotos vernichtet! Ich war entsetzt.

Manuela fuhr fort: „Die Fotografin meint, vielleicht ist die letzte Aufnahme, die nicht mehr zurückgedreht werden konnte, zu retten. Soll sie davon eine Vergrößerung machen?"

„Ja, auf alle Fälle!" erwiderte ich mit schwachen Knien und bat Manuela, darauf zu warten und das Foto dann gleich mitzubringen.

O nein, mein Verdacht hatte sich wahrhaftig bewahrheitet. Die Kamera hatte auf meinem Schreibtisch im Büro gelegen. Die menschliche Enttäuschung hatte mich derart gepackt, dass ich gar keinen klaren Gedanken mehr fassen konnte. Jetzt wurde mir auch klar, warum die Vermieter und ihre Freunde diese Erklärungen so selbstverständlich abgegeben hatten. Unvorstellbar, dass mir so etwas widerfuhr! Das waren ja die reinsten Mafiamethoden! Hier hatte der Vermieter alle Register seines Detektivberufs gezogen.

Eine Stunde später kam Manuela mit Rico auf dem Arm nach Hause. Triumphierend legte sie mir die Vergrößerung vor. „Sehen Sie sich das mal an!" bat sie mich. Gut zu erkennen, saßen die ungebetenen Besucher allesamt auf unserer Terrasse! Einige von Ihnen winkten sogar noch kess in die Kamera.

Umgehend übersandte ich meinem Rechtsanwalt diesen Beleg, der später noch unangenehme Folgen haben sollte für alle Beteiligten.

Genau einen Tag später – ich kam gegen Mittag vom Einkaufen zurück – stand mein Ordner wie selbstverständlich wieder in meinem Büroschrank. Offenbar musste wohl jemand gestört worden sein beim Durchsehen dieser sensiblen Daten und hatte den Ordner kurzerhand eingesteckt. Meine Abwesenheit hatte er genutzt, die Akte wieder zurückzubringen, weil nichts Verwertbares darin enthalten war. Vater im Himmel, bitte steh mir bei, diesen Psychoterror heil zu überstehen, bat ich inbrünstig.

Erneut musste ich kleinlaut die Polizei benachrichtigen, meine Unterlagen seien plötzlich unvermutet wieder aufgetaucht. Während ich mir die Gesichter der Beamten lebhaft ausmalen konnte, spürte ich förmlich ihre Gedanken: „Okay – wir haben es ja gleich gewusst ..."

Diese Brutstätte dunkler Machenschaften musste ich schnellstens verlassen, schon um mich und meine Kinder zu schützen, notfalls auch mit finanziellen Verlusten.

Wieder und wieder betete ich:

> *„Vater im Himmel, wenn es Dein Wille ist, dass wir unser neues Haus bewohnen sollen, dann gib es uns. Wenn es gut ist für Bert, das Haus zu verlassen, dann gib es uns. Aber nicht mein Wille, sondern Dein Wille geschehe!"*

Ich sehnte die Versteigerung förmlich herbei, um endlich Gewissheit zu haben, dass wir bald aus diesem Haus, das so viele dunkle Energien ausstrahlte, ausziehen durften. Die Tage vergingen mir viel zu langsam. Immer wieder gab ich meinem Unbewussten ein, wie dankbar ich war, genau ***das*** Haus gefunden zu haben. Es war geradezu ideal für uns, zumal auch die monatliche Belastung tragbar war; die ländliche Umgebung, das große Grundstück – alles Dinge, von denen ich immer geträumt hatte, die großzügige Aufteilung des Hauses und die großen Fenster.

Irgendwann kurz vor der Versteigerung hielt ich wieder einmal stille Zwiesprache mit Gott und bat ihn um das Haus für uns, aber nur für den Fall, dass es für den Vorbesitzer richtig und gut war, das Haus zu verlassen. Da war es plötzlich, als ob eine Stimme zu mir sagte:

„Wenn dir jetzt jemand, der es ganz genau weiß, sagte, dass du das Haus bekommen wirst – würdest du es dann glauben?"

Ich war hellwach! Was war das? Woher kamen diese Worte? Nein, es war keine Stimme, weder leise noch laut. Es war eher, als ob sich jemand in meine Gedanken einschaltete. Und als ich noch versuchte zu analysieren, woher diese Stimme kam, hörte ich wieder die Frage:

„Würdest du es dann glauben?"

„Ja!" antwortete ich leise. „Ja", – aus tiefstem Herzen dankbar.

„Dann glaube es ...", sagte die Stimme.

Es war das erste Mal, dass ich diese Stimme hörte. Wäre es auch das einzige Mal geblieben, so hätte ich dieses Erlebnis, das mich tief beeindruckt hat, gar nicht erwähnt. Ich kann es einfach rational nicht erklären, was da geschehen ist. Nach langer Überlegung habe ich es für mich angenommen, dass es die Antwort war, um mir zu sagen, dass meine Gebete erhört worden waren.

Dadurch bekam ich das Gefühl der absoluten Sicherheit, dass ich den Zuschlag für das Haus, das ich mir so sehr wünschte, auch erhalten würde. Ich merkte es daran, dass ich den Wunsch verspürte, den Wortlaut meiner Gebete zu verändern.

„Vater im Himmel, ich danke Dir aus tiefstem Herzen, dass Du uns das Haus als unser Zuhause anvertraut hast. Danke, dass wir darin wohnen dürfen – und gib uns auch die Möglichkeit, es zu bezahlen. Ich will wirklich viel arbeiten dafür. Ich danke Dir, dass wir das Haus bekommen haben. Bitte, sorge auch für Bert und sein Leben."

Dabei sollte die Versteigerung erst ein paar Wochen später stattfinden. Doch voller Urvertrauen erinnerte ich mich wieder an die Bibelstelle: „Glaubt, dass ihr empfangen habt – dann werdet ihr empfangen!"

Dazu gab ich mir Abend für Abend folgende Gedanken ein:

„Vater im Himmel, ich danke Dir. Ich weiß, dass mein Wohlstand durch Deine göttlichen Ideen zu mir fließt. Ich konzentriere mich auf die göttliche Wahrheit hinter jedem Anschein von Mangel und weiß, dass Du mich mit allem segnen wird, was ich brauche, um in Fülle zu leben. Täglich bejahe ich: Gutes kommt jetzt zu mir und mehrt sich zum Wohle aller. Danke, Vater!"

*

Endlich war der so heißersehnte Tag der Versteigerung da. Die ganze Fahrt über zum Gericht hatte ich mich wieder mit meiner neuen Anschrift voll identifiziert und mein Unterbewusstsein dadurch programmiert. Eigentlich konnte gar nichts mehr schief gehen. Alles war nur noch eine Sache des Preises. Wie die Finanzierung des Projektes jedoch aussehen sollte, war mir immer noch unklar. Eines war jedoch sicher: Für die Anzahlung würde ich einen Kredit aufnehmen müssen.

All diese Aspekte gingen mir durch den Kopf, als ich im Gerichtssaal Platz nahm. Ich saß neben dem Sachbearbeiter von Berts Bank und hörte, wie die Liste der Altschulden vorgelesen wurde. Mir gegenüber – auf der anderen Seite des kleinen Saales – saß Bert. Ich fand es mutig von ihm, dass er da war, denn eigentlich war seine Anwesenheit gar nicht erforderlich. Sicherlich war es kein erhebendes Gefühl für ihn, zuzusehen, wie sein Haus, in das er so viel Liebe, Arbeit und Ideen hineingesteckt hatte, unter den Hammer kam.

Als die Versteigerung begann, stellte sich heraus, dass noch ein anderes Paar mitsteigerte. Jetzt musste ich damit rechnen, dass der Preis meiner Vorstellung überschritten werden würde.

Nicht eine Mark hatte ich auf meinem Konto und wusste im Moment noch nicht, wie ich dieses Haus, das ich gerade im Begriff war zu ersteigern, bezahlen sollte, aber meine innere Stimme trieb mich dazu, immer neue Gebote abzugeben. Es war doch ***mein*** Haus! Wir brauchten wieder ein Zuhause – dringend!

„Ihre Vorstellung ist bereits um einiges überschritten", flüsterte mir der Sachbearbeiter der Bank ins Ohr. „Meinen Sie, dass es für Sie noch rentabel ist?"

Und ob! dachte ich und nickte kurz. Mein Kopf hatte die Farbe einer überreifen Tomate angenommen. Ich mag das Wort 'Stress' nicht sehr gern, aber in dieser Stunde war er angesagt für mich – absoluter Stress! Meine Nerven vibrierten wie blanke Elektrodrähte.

Selten habe ich in meinem Leben etwas so sehr gewollt wie dieses Haus. Entgegen jeglicher Logik und im wahrsten Sinne des Wortes hatte ich mich völlig in den Erwerb des Hauses hineingesteigert. Immer wieder dachte ich an die Stimme, die mir gesagt hatte, dass wir dieses Haus bekommen sollten.

Nachdem eine Zeit vergangen war und die Gebote von beiden Seiten immer höher wurden, herrschte jetzt nach meinem letzten Gebot auf einmal Totenstille im Saal – endlose Sekunden ...

Wie die Male zuvor zählte ich unhörbar mit geschlossenen Augen: Eins – zwei – drei Sekunden: Stille. Kein Gebot der Gegenseite. Vier – fünf – sechs Sekunden. Man konnte eine Stecknadel fallen hören. Nichts tat sich mehr.

Der Justizbeamte wiederholte noch mal: „Zum ersten! Zum zweiten ...“

Lähmende Stille –

„... und zum dritten!“

Und zum dritten! Vater im Himmel – er hat es wirklich gesagt! Ich habe es gehört! Er hat wahrhaftig ‘Und zum dritten’ gesagt! Jetzt hatte ich mein Haus! Ich hatte wirklich ***mein*** Haus! Vater im Himmel, ich danke Dir! Wir haben wieder ein Zuhause – danke!

Ich wäre wahrscheinlich mit meinem Gebot noch höher gegangen, wenn – ja, wenn nicht der Himmel wirklich ein Einsehen mit mir gehabt hätte und das mitbietende Paar von selbst aus dem Rennen geschieden wäre. Ein unbändiges Glücksgefühl durchströmte mich. Voller Dankbarkeit atmete ich tief durch, versuchte allen Stress und Sorgen auszuatmen.

Spontan ging ich nach dem Termin auf Bert zu. Ich nahm ihn in die Arme und sagte: „Ich finde es bewundernswert und großartig von dir, dass du persönlich dabei warst.“

„Danke“, meinte er leise und lenkte bewusst ab: „Sehen wir uns heute Nachmittag bei mir zu Hause, Gila? Dann können wir alles weitere besprechen.“

Trotz meines Glücksgefühls konnte ich nachempfinden, wie traurig er sein musste.

Als der Sachbearbeiter die Unterlagen zusammenpackte, meinte er: „Wenn die anderen beiden nicht mitgesteigert hätten, hätten Sie das Haus um einiges preiswerter haben können. Aber so ist es uns als Bank natürlich weit angenehmer.“

Ja, es stimmte. Entgegen meiner Vorstellung des angesetzten

Verkehrswertes hatte sich der Preis des Hauses um einiges erhöht. Doch wenn ich daran dachte, welchen Vorteil dieses für Bert als Vorbesitzer und auch für die Bank bedeutete – und ich das Haus mit dem wunderbaren Grundstück von 2.300 Quadratmetern trotzdem noch preiswert hatte ersteigern können –, so sah ich die Erhöhung als richtig und gut an.

Auch Bert war trotz aller anfänglichen Widerstände mit dem erzielten Erlös zufrieden, minderte dessen Höhe doch seine Verbindlichkeiten, die er nach und nach bei seiner Bank abtragen musste.

Nun hieß es, sich um die Finanzierung zu kümmern. Meine Hausbank hätte den erforderlichen Betrag im Gegensatz zu einer größeren Hypothekenbank teurer refinanzieren müssen. So kam es, dass ich nachmittags als glückliche Hausbesitzerin mit all meinen Unterlagen bei der Kreditsachbearbeiterin der Hypothekenbank vorsprach.

Obwohl ich kein eigenes Kapital vorzuweisen hatte, schafften wir es irgendwie, diesen Aspekt durch einen Kredit als Eigenleistung auszugleichen. Dennoch stand die Finanzierung in den Augen der Bank auf äußerst schwachen Beinen. Ich war der absolute 'Traumkunde' für jede Bank: alleinerziehende Mutter von vier unterhaltspflichtigen Kindern – geschieden ohne Unterhalt – freiberuflich tätig – kein Eigenkapital – und das Haus musste zu hundert Prozent finanziert werden.

Eigentlich von vornherein aussichtslos, möchte man meinen, wenn da nicht – ja, wenn da nicht diese innere Stimme bei mir gewesen wäre, die mir bereits lange vor der Versteigerung das Gefühl gab: Du brauchst dir keine Sorgen zu machen. Alles ist gut, so wie es ist. Du wirst in dem Haus wohnen und kannst es auch bezahlen. Lass es einfach geschehen ...

Am 1. Juli 1988 sollten wir unser Haus übernehmen. Bert konnte zu dem Termin bei seiner Freundin einziehen. Übrigens besitzen die beiden heute wieder ein hübsches Einfamilienhaus. Auch er hat inzwischen erkannt: Alles, was uns im Leben geschieht, will uns fördern, auch wenn es zuerst gar nicht so aussieht.

Bis zu unserem Auszug mussten noch einige Wochen überbrückt werden. Damit die verbleibende Zeit verkürzt wurde, hatte ich ganz spontan einen preiswerten Last-Minute-Urlaub gebucht, bei dem die Kinder sogar gratis mitfliegen konnten. Nach unserer Rückkehr brauchten wir nur noch eine Woche in dem alten Haus zu verbringen.

Die Mitarbeiterin der Bank gab sich alle erdenkliche Mühe mit der Finanzierung, hatte jedoch enorme Bedenken, die sie mir auch unverblümt mitteilte. Zweifelnd schüttelte sie den Kopf, als sie sagte: „Ich bin mir nicht sicher, ob ich die Finanzierung für Sie schaffe. Alle Bewertungspunkte bei Ihnen sind nicht sehr optimal.“ Und sie zählte dabei nochmals alles auf, was kritisch war. Sie hatte ja Recht. Doch da ich bisher noch keinen geschäftlichen Kontakt zu ihrer Bank hatte, kannte sie meine Zahlungsmoral nicht – und mein großes Vertrauen in mein Leben.

„Und trotzdem weiß ich, dass die Finanzierung klappt“, erwiderte ich absolut von dem überzeugt, was ich gerade gesagt hatte.

Jetzt horchte sie auf. „Was macht Sie da so sicher?“

„Die Tatsache, dass ich bisher immer alles bezahlt habe“, entgegnete ich fest. „Wenn es für Sie wichtig ist, so stimme ich gern zu, dass Sie mal ein persönliches Gespräch mit dem Prokuristen meiner Hausbank führen, bei der ich seit vielen Jahren Kundin bin.“

„Ob das hilft?“ meinte sie zweifelnd. „Na ja, vielleicht könnte es wirklich etwas nutzen.“

Nun, da ich wusste, dass die dunklen Stunden in dem jetzigen

Haus gezählt waren, fiel mir die Zeit bis zu meinem endgültigen Auszug nicht mehr so schwer. Während sich die Mitarbeiterin der Bank redlich mit meiner Finanzierung herumplagte, meldete ich mit einem sicheren Gefühl der Ruhe und Zufriedenheit Dana direkt nach dem Erwerb meines Hauses in der Grundschule unserer kleinen Ortschaft an. Obwohl das Zentrum von Bielefeld nur achtzehn Kilometer entfernt war, lag unser Haus mitten im Naturschutzgebiet.

Vor meinem Urlaub waren noch einige Bescheinigungen für die Bank beizubringen. Und immer noch stand deren endgültige Zusage aus.

„Wissen Sie“, sagte mir die Mitarbeiterin, bevor wir abflogen, „eines ist mir schleierhaft. Sie verhalten sich so, als wenn alles schon in Ordnung wäre. Sie haben keinerlei Zweifel und scheinen schlichtweg vorauszusetzen, dass wir Ihnen die Finanzierung gewähren.“

Ich konterte lachend: „Und warum sollten Sie das nicht tun? Sie erhalten einen neuen guten Kunden – und ich eine sehr günstige Finanzierung.“

„Wenn das alles so einfach wäre ...“, murmelte sie kopfschüttelnd.

Ich konnte nicht herausbekommen, ob sie von meiner Selbstsicherheit irritiert war oder ob sie mich für leichtsinnig hielt, und gab ihr fröhlich zu verstehen: „In vierzehn Tagen sind wir wieder zurück. Bis dahin haben Sie die Gelegenheit, alle erforderlichen Auskünfte einzuholen – und dann ziehen wir in unser Haus ein.“

Eigenartig – nicht ein Zweifel plagte mich während unseres Urlaubs. Ich wusste einfach, dass alles in Ordnung ging – ja, ich wusste es.

Und so war es auch. Kaum waren wir wieder eingetroffen, rief sie auch schon an: „Ja, ich darf Ihnen eine erfreuliche Mitteilung machen. Die Finanzierung ist genehmigt worden. Ausschlaggebend war dann letztlich doch das persönliche Gespräch mit Ihrer Bank."

Es war keine große Überraschung mehr für mich, da ich die Genehmigung schlichtweg vorausgesetzt hatte. Eines möchte ich jedoch hier nicht unerwähnt lassen: Meine neue Position in der Werbebranche bereitete mir soviel Freude und gab mir genug finanziellen Spielraum, um auch wirklich überzeugt zu sein, die Belastung tragen zu können. Die Erfüllung des Wunsches nach einer neuen Tätigkeit zog wiederum die Erfüllung nach einem ruhigen Zuhause nach sich. Wie wunderbar war doch alles geordnet.

Ein kleines Andenken an diese dunkle Zeit wurde mir kurz nach meinem Umzug dennoch präsentiert. Als ich die Stromrechnung der vergangenen sechs Monate erhielt, dachte ich sofort an einen Rechenfehler. Obwohl unsere Vorauszahlungen ständig in einer angemessenen Höhe abgebucht worden waren, forderte das E-Werk nach unserem Auszug im Juli einen Betrag, der in die Tausende ging. Nie und nimmer konnten wir in nur sechs Monaten diese Unmengen von Strom zusätzlich verbraucht haben. Nach einigen Recherchen stellte sich dann heraus, dass die elektrischen Anschlüsse der gesamten Anlage, der Beleuchtung des Parks, inklusive der Einliegerwohnung seit dem Brand Anfang Februar über meinen Zähler gelaufen sein mussten.

Sofort reklamierte ich die Rechnung beim E-Werk und äußerte diese Vermutung. Man teilte mir jedoch mit, ich selbst sei für meinen Zähler verantwortlich, auch wenn er in einem fremden Gebäude untergebracht sei. Später konnte ich feststellen, dass die Zähler der kompletten Anlage nach dem Brand nicht wieder neu beantragt worden waren. Vom E-Werk zur Rede gestellt, gab der Vermieter die Antwort, er habe einen eigenen Generator zur Stromerzeugung eingesetzt.

Heute weiß ich, dass ich auch nur das zurückbekommen habe, was ich irgendwann einmal selbst an negativen Energien ausgesandt haben muss, denn es fällt immer nur das auf uns zurück, was wir selbst verursacht haben.

Es war gut, dieses Haus endgültig zu verlassen.

Kapitel 3

Unser Gesicht sollte immer ein Landeplatz für den Anflug eines Lächelns sein.
(Thomas R. Bökelmann)

Normalerweise spiegelt sich unser Lächeln im Gesicht unseres Gegenübers wider, denn ein Lächeln, das wir aussenden, kehrt zu uns zurück. Manche Menschen laden zwar nicht unbedingt dazu ein, sie anzulächeln, aber gerade sie hätten eine solche Aufmunterung vermutlich besonders nötig. Wie oft hat uns schon, wenn uns ganz und gar nicht danach zumute war, das Lächeln eines anderen, vielleicht völlig fremden Menschen aufgerichtet? Über die eigenen Unzulänglichkeiten lächeln können, dazu gehört ein warmes Herz, menschliche Reife und Größe. Damit werden Verkrampfungen gelöst, und das Leben wird erträglicher.

Da war zum Beispiel die Situation, dass mein fertiges Manuskript des Husky-Buchs noch keinen Verleger gefunden hatte. Viele Freunde und Bekannte hatten mich in den vergangenen Jahren gefragt: „Wie weit bist du mit deinem Buch?" Mit meinem Buch! In den Seminaren, deren Inhalte sich wie ein roter Faden durch mein Husky-Buch ziehen, hatte ich immer wieder gelernt: Glaube an deinen Erfolg! Baue geistig das Bild auf, das später in die Wirklichkeit eintreten soll, und bejahe es voller Freude. Immer wieder hatte ich das Bild im Geiste konstruiert: Ich – die Bestsellerautorin! Die Welt lag mir zu Füßen! Whow! Das war doch was! Also – wo war der Verleger, der mein Manuskript zum Bestseller machte? Immer wieder hatte ich mir äußerst 'bescheiden' suggeriert: „Mein Buch ist ein Bestseller."

Und so versuchte ich, einen Sinn darin zu sehen, dass im Januar 1992 wieder eine Absage kam. Die wievielte eigentlich? Wie oft hatte ich es kopiert – jedes Mal fast vierhundert Seiten. Und danach immer diese 'Leider-Briefe'! – Leider müssen wir Ihnen mitteilen ...

Liebevoll, fast wehmütig, nahm ich mein Manuskript in die Hand. Was hatte mich eigentlich bewogen, dieses Buch zu schreiben? War es nur für Dana und Rico gedacht, damit sie später meine Gedanken und Beweggründe für meine Trennung von ihrem Vater nachvollziehen konnten, wenn die Frage nach ihm auftauchte? Woher war nur dieses starke Gefühl gekommen, das mich damals so gedrängt hatte, immer weiterzuschreiben? Ich glaube, die Botschaft lag darin, Menschen den Weg zu Gott zu zeigen, und zwar durch meine Erfahrungen der bisher verrücktesten Phase meines Lebens; einer Phase, so wild und aus der Glut des Lebens geschrieben, wie später ein Journalist in einer Rezension schrieb.

Aber da lag mein Bestseller noch unerkannt wie ein roher Diamant vor mir, tausendmal korrigiert und immer wieder bearbeitet, und keiner außer mir und ein paar treuen Mitstreitern wollte so recht an den Brillanten glauben. Doch eine Mutter liebt ihr Kind – egal, was andere in ihm sehen ...

Dann endlich fand ich einen Verlag! Man war schlichtweg begeistert von meiner Geschichte und wollte umgehend die Rechte erwerben. Ich war selig. Mein Bestseller! Ich hatte es ja gewusst! Bis ich dann den Nachsatz las: Da das Verlagsprogramm für die nächsten Jahre jedoch schon festliege, müsse man eine Druckkostenbeteiligung ansetzen – und die war nicht unerheblich. Meine Begeisterung hielt sich verständlicherweise in Grenzen.

„Vater im Himmel“, bat ich voller Vertrauen auf eine Antwort, „bitte, gib mir ein Zeichen, was ich tun soll, um einen Verleger zu finden.“ Immer wieder hatte ich den starken Wunsch verspürt, meine Geschichte aufzuschreiben. Das musste doch einen Sinn haben!

Und wenn wir um Zeichen bitten, bekommen wir sie auch.

Auf einem Seminar Ende Januar 1992 traf ich eine Frau, die offensichtlich die Fähigkeit besaß, Kontakt zum kollektiven Unbewussten – die sogenannte Akasha-Chronik – aufzunehmen. Spirituelle Menschen gehen davon aus, dass das Unterbewusstsein nicht nur unserer eigenen Persönlichkeit zugeordnet werden kann, sondern der gesamte Kosmos durch ein kollektives Unterbewusstsein verbunden ist. In der Akasha-Chronik gibt es weder Vergangenheit, Gegenwart oder Zukunft. Alle Ereignisse der Menschheit sind dort gespeichert, unabhängig davon, wann sie eintreten, denn in der geistigen Welt gibt es die Dimension Zeit nicht.

Ich habe sehr viel Respekt vor der Gabe, die Akasha-Chronik einzusehen, wäre aber nie ernsthaft auf die Idee gekommen, die Fähigkeit dieser Menschen für mich anzuzapfen und nach zukünftigen Ereignissen in meinem Leben zu fragen.

Doch auch hier durfte ich wieder lernen, wie schnell manchmal unser Unterbewusstsein am Verstand vorbeischießt. Nach Ablauf des Seminars verabschiedete ich mich von der Leiterin, und ohne dass ich es noch steuern konnte, hörte ich mich fragen: „Weißt du eigentlich, ob und wann mein Manuskript verlegt wird?“ Diese Frage hätte ich bewusst nie gestellt.

Obwohl sie keinen blassen Schimmer von einem bestehenden Manuskript haben konnte, schloss sie die Augen und sagte leise: „Der Schluss muss erst korrigiert werden. Da passt etwas nicht. Wenn das in Ordnung gebracht ist, wird das Buch auch verlegt.“

Ich starrte sie an wie eine Erscheinung vom anderen Stern und bekam eine Gänsehaut. Fassungslos stammelte ich: „Woher weißt du das?“

Sie zuckte mit den Schultern und lächelte. „Durchsage von oben.“

Ich war erschüttert, denn nur ich wusste: Der Schluss meines Buches entsprach wahrhaftig nicht ganz den Tatsachen. Drei Männer hatten bis dahin mein Leben bestimmt, aber den letzten hatte ich schlichtweg unterschlagen wollen. Ich dachte, nach dem ganzen Theater mit Rainer kann ich meinen Lesern die unwahrscheinliche Geschichte mit Axel nicht mehr zumuten. Seinetwegen war ich das zweite Mal ausgewandert – und auch wieder zurückgekehrt! Also hatte ich mich entschieden, die Geschichte besser wegzulassen. Ich war damals der Meinung, das würde mir sowieso keiner glauben.

Wie benommen fuhr ich von diesem Seminar nach Hause. Meine Benommenheit fiel jedoch schnell von mir ab, als ich anfing, darüber nachzudenken, was da eigentlich geschehen war. Woher wusste sie um Himmels willen, dass meine Geschichte nicht ganz stimmte? Sie kannte weder mich noch mein Leben.

Als ich damals darüber nachdachte und auch mit anderen später darüber diskutierte, gab es für mich nur eine Erklärung: Dieses Thema war seit längerer Zeit Inhalt meiner Gedanken, und sie hatte offensichtlich die Fähigkeit, meine Gedanken zu empfangen. Durch die Erfahrungen, die ich in der Zwischenzeit machen durfte, weiß ich jedoch, dass es Menschen gibt, die sehr wohl die Fähigkeit haben, als Kanal zu dienen. Nur war ich zu der Zeit noch nicht so weit.

Heute kann ich die Antwort darauf geben, warum ich den zu korrigierenden Schluss meines Manuskriptes nicht für wichtig genug hielt, ihn niederzuschreiben. Ich war damals noch nicht in der Lage, das Erlebte mit genügend Abstand zu betrachten, um die Botschaft zu erkennen, die in meiner eigenen Geschichte lag. Nur darum fand ich keinen Verleger. Ich habe lernen dürfen, dass die Wahrheit sich selbst weiterhilft. Und genauso war es auch. Als ich mich zu Hause endgültig entschieden hatte, alles offen und ehrlich niederzuschreiben und den Schluss der Wahrheit entsprechend zu ändern – da kam das Zeichen, um das ich monatelang gebeten hatte.

Es war an einem Abend im März 1992. Meine beiden Kleinen schliefen schon. Ich lag auf dem Sofa und las ein Magazin. Da stieß ich auf einen Artikel, der sich mit den Auswirkungen des positiven Denkens befasste. Mein Interesse war geweckt. Zuerst ging die Kolumnistin mit gemischten Gefühlen an dieses Thema heran, schien sich über die 'Positivdenker' lustig zu machen und stellte vieles in Frage. Dann jedoch brachte sie Fakten ins Spiel, um schließlich erstaunt festzustellen, dass die Sache wahrhaftig funktioniert, wenn man die Philosophie ehrlich und mit Überzeugung lebt.

Hatte mich diese Kolumne bereits gefesselt, so starrte ich plötzlich fasziniert auf die Literaturhinweise, in denen auch ein Autor genannt wurde, der sein Buch offensichtlich in seinem eigenen Verlag herausgebracht hatte.

War das die Antwort? Der Gedanke durchzuckte mich wie ein Blitz: Warum sollte ich mein Buch eigentlich nicht selbst verlegen? Seit Jahren betrieb ich ein Verlagsbüro für einen Münchner Verlag und konnte dadurch einige Erfahrungen in der Branche sammeln.

Ich schlief kaum in dieser Nacht, so aufgeregt war ich. Dankbar für den Hinweis, suchte ich einen Namen für meinen Verlag. Es gab zwar keinen Außendienst, um Buchhandlungen in ganz Deutschland zu bereisen und auf meine Neuerscheinung hinzuweisen, doch ich hatte eine andere Idee: Wie wäre es, wenn es mir gelänge, die Leser auf mein Buch aufmerksam zu machen und diese würden die Buchhandlungen stürmen? Wahnvorstellungen packten mich. Ich sah vor meinem geistigen Auge Bücher über Bücher über den Ladentisch gehen – und alles meine!

Der Gedanke an einen eigenen Verlag begeisterte mich total. Ja, das war es! Vieles würde auf mich zukommen, wovon ich keine Ahnung hatte: das Lektorat, der Satz! In welcher Auflage sollte gedruckt werden? Von wo aus sollte der Versand erfolgen? Wo sollten die Bücher lagern? Wie kalkuliert man so einen Bestseller? Fragen über Fragen.

Siedendheiß schoss mir dann auch wieder der Anruf vor ungefähr einem Jahr durch den Kopf.

„Sie kennen mich nicht", hatte eine sympathische weibliche Stimme am Telefon gesagt. „Ich bin gerade dabei, Ihr Manuskript zu lesen. Obwohl es uns strengstens untersagt ist, die Autoren anzurufen, muss ich Ihnen einfach sagen, wie sehr mich Ihre Geschichte fasziniert hat. Auch wenn ich meinen Job als Lektorin dabei aufs Spiel setze."

Das klang wie Musik in meinen Ohren. Ich wurde angerufen und mir wurde bestätigt, wie gut mein Manuskript war! Na, wenn das kein gutes Omen war! Dieser Anruf hatte mich sehr berührt. Fast eine Stunde lang sprachen wir über die Inhalte meines Werkes. Auch wenn ich mit dem Verlag, für den sie arbeitete, später nicht ins Geschäft kommen sollte, war mir dieser Anruf noch stark in Erinnerung geblieben. Ich erinnerte mich auch sofort wieder an ihren Namen. Sie hieß Rita. Ihre Telefonnummer hatte ich irgendwo notiert. Jetzt war es an mir, sie anzurufen.

Äußerst überrascht über meinen Anruf und den Entschluss, mein Buch selbst zu verlegen, sicherte sie mir dann ihre volle Unterstützung zu, was den Satz und das Lektorat betraf.

Nach einigem Kopfzerbrechen stand auch der Name unseres Verlages fest: Country-Verlag, weil wir so herrlich ländlich wohnten – ringsherum Schafe, Kühe und Pferde.

Ich holte einige Angebote von Druckereien ein und deutete zaghaft an, dass ich ein Neuling im Verlagswesen sei. Die Prokuristin einer großen Druckerei war sehr mitfühlend. Als sie merkte, wie sehr ich ihre Hilfe brauchte, nahm sie mich liebevoll unter ihre Fittiche und gab mir einen Schnellkurs in Buchdruck und Kalkulation. Weitere Entscheidungen, von denen ich anfangs keinen blassen Schimmer hatte, habe ich ihr dann vertrauensvoll überlassen – und das war auch gut so.

Das Titelbild meines Buches „... nicht heulen, Husky!" sollte einen Schlittenhund zeigen, der dem Buchtitel entsprechend nicht heulte, sondern lächelte. Unser Freund Udo brachte seinen Husky Wheapy an. Rolf, unser Untermieter, platzierte ihn vor ein weißes Bettlaken, das wir mit einer Kleberolle an unserer Hauswand befestigt hatten. Und dann warteten wir geduldig, bis er lächelte.

„Lenk ihn mal ein wenig ab", rief ich Rolf lachend zu, als Wheapy seinen Kopf wieder mal zur Seite drehte. „Er lässt ein Ohr hängen. Das ist nicht gut fürs Titelbild!"

Rolf, der einige Verrenkungen machen musste, um Wheapy auf sich aufmerksam zu machen, kommentierte trocken, ich hätte gut reden. Bis ihm dann der Trick mit dem Stanniolpapier einfiel: Immer, wenn Rolf damit knisterte, spitzte Wheapy die Ohren. Das half letztendlich, und wir hatten die Fotos im Kasten – mit viel Spaß bei der Aktion.

Um meinem Buch noch eine ganz persönliche Note zu geben, übte ich stundenlang den Schriftzug für den Buchtitel, bis er Gnade vor meinen Augen fand.

Und dann kam der Moment, wo ich nur noch unter Hoffen und Bangen auf die 'Entbindung des Babys' warten konnte. Ich hatte mich für eine kleine Auflage entschieden. Natürlich würde das nicht lange reichen, dachte ich bescheiden und sehr unbekümmert, da mein Buch ja auf dem Weg zum Bestseller war. Man konnte ja nie wissen, wie schnell das ging ...

Ich habe viel Mut gebraucht, meine doch sehr private Geschichte an die Öffentlichkeit zu bringen. Und nur so ist es zu verstehen, dass mich, bevor das Buch dann endgültig erschien, urplötzlich ein banges Gefühl überkam, meine verrückten Erlebnisse vor allen Menschen auszubreiten.

„Lieber Gott", betete ich inbrünstig, „danke für den Bestseller. Lass mein Buch ruhig jeden lesen in der ganzen Welt, aber bitte niemanden in meinem Heimatdorf oder gar hier in meiner Straße."

Nun, der erste Wunsch ist noch nicht ganz in Erfüllung gegangen, aber alle meine Nachbarn waren später offensichtlich davon angetan, so viel aus meinem Privatleben erfahren zu dürfen!

Es war dann schon ein erhebendes Gefühl, mein erstes Buch in den Händen zu halten. All den Menschen, die mein Leben begleitet hatten, wollte ich ein Exemplar mit einer Widmung schenken. Zu dem Zweck hatte ich eine Lieferung mit den ersten hundert Büchern bekommen.

Mittags, wenn Rico aus der Schule kam, führte ihn sein erster Weg stets in mein Büro. So auch an diesem Tag.

„Hallo, Mama", begrüßte er mich. Dann sah er die vielen Bücher. In Ricos Vorstellung war in den fünf Jahren der Bearbeitung des Manuskripts immer nur ein einziges Buch vorhanden gewesen. Fassungslos schaute er sich mit seinen großen braunen Augen im Büro um. Als er dann statt eines Buches die Menge Bücher vor sich aufgetürmt sah, meinte er erschüttert: „Mensch, hast du aber viel gearbeitet!"

Im Dezember 1992 traf ich Jürgen – ein flüchtiges Wiedersehen im Bielefelder Weihnachtstrubel. Dana, inzwischen zehn Jahre alt, hatte mich eingehakt. Wir wollten noch ein paar Dinge für Weihnachten besorgen, als mich eine mir wohlvertraute Stimme aus meinen Gedanken riss. Da stand Jürgen.

Freundlich lachte er mich an. Er hatte sich kaum verändert: sein Vollbart, seine Brille und seine lustigen blauen Augen, die mich freudig überrascht anblickten. Nur sein dichtes lockiges Haar war grauer geworden. Ganz fest drückte er meine Hand und fragte: „Wie lange ist das her, dass wir uns das letzte Mal gesehen haben?"

„Ewigkeiten!" Ich lachte. Es musste wirklich mehr als elf Jahre her sein seit unserem letzten Zusammentreffen.

„Übrigens: Das ist meine Bekannte." Er deutete auf die Frau, die neben ihm stand, und stellte sie kurz vor. Sie machte auf mich einen eher zurückhaltenden Eindruck und hielt sich während unseres weiteren Gesprächs abseits.

„Was macht dein Mann?" fragte mich Jürgen interessiert. Er schien nicht zu wissen, dass Achim und ich uns bereits vor mehr als sieben Jahren getrennt hatten. Ich merkte, dass die Zeit für Jürgen in den letzten zehn Jahren stehen geblieben war, jedenfalls mein Leben betreffend.

Ganz kurz ging ich auf die Geschehnisse der letzten Jahren ein, dass ich nach Kanada ausgewandert und wieder zurückgekehrt war. Neben meinen beiden Kindern André und Marco hätte ich noch zwei Kinder bekommen. Falls ihn die weiteren Zusammenhänge wirklich interessierten, meinte ich lächelnd, so könne er sie in meinem Buch nachlesen. Diese vielen Neuigkeiten musste er offensichtlich erst einmal verdauen.

Wir hatten nicht viel Zeit und trennten uns, nachdem er mir versichert hatte: „Wenn ich dein Buch gelesen habe, rufe ich dich an!"

Gedankenversunken ging ich mit Dana weiter durch die weihnachtliche Stadt. Ich rechnete nach. Wir kannten uns sicher schon mehr als zwanzig Jahre, wenn man die letzten elf, in denen wir nichts voneinander gehört hatten, überhaupt dazurechnen konnte. Seine Frau Christa war damals mit mir befreundet, während mein Mann Achim mehr Kontakt zu Jürgen hielt. Christa war jung gestorben, und nach ihrem Tod hatten wir Jürgen völlig aus den Augen verloren. Irgendwie war er mir durch seine unkomplizierte Fröhlichkeit immer sympathisch gewesen.

*

Anfang des Jahres 1993 nahm mich Karin, eine ehemalige Kollegin aus der Versicherungsbranche, zum Bielefelder Alpenfest mit, das jährlich ausgerichtet wird. Unsere Bekanntschaft war bereits vor meiner Kanada-Odyssee entstanden, waren wir doch beide damals fast ständig in problematische Männerbeziehungen verstrickt.

Wir standen an der Bar und tranken ein Glas Sekt. Karins Art war wie immer herzerfrischend, als sie mit Nachdruck feststellte: „Gila, du brauchst unbedingt einen Mann. Mal sehen, was wir hier für dich tun können.“

Sie hatte sich fest vorgenommen, mir einen Partner zu besorgen, da ich – wie sie meinte – ein Jahr zuvor für ihre Verbindung zu ihrem wunderbaren Lebenspartner verantwortlich war. Dabei hatte ich Karin nur mit guten Worten gedrängt, ihr ‘blind date’ einzuhalten. Die beiden hatten sich übers Autotelefon kennen gelernt. Daraus war dann ein Jahr später eine wunderbare Ehe entstanden, bei der ich Trauzeugin sein durfte.

Statt eines Partners lernte ich auf diesem Fest Monika, eine Leserin meines Husky-Buches, kennen, die mich zu einem Gesprächsabend mit ein paar Freundinnen einlud.

Bevor ich jedoch ihre Einladung annehmen konnte, geschah folgendes: Eines Morgens wurde ein Telefongespräch zu mir durchgestellt. Jürgen! Ja, er war's wirklich. Ich hatte gar nicht mehr an ihn gedacht. Wieder gerieten wir ins Plaudern. Unendlich viel hatten wir einander zu erzählen. Er habe inzwischen mein Buch gelesen, und es seien viele Fragen aufgetaucht. Gern würde er mal darüber ein persönliches Gespräch mit mir führen. Ob ich am nächsten Abend Zeit hätte?

Mit einem Sträußchen Blumen traf er dann anderntags bei mir ein. Dana und Rico lagen bereits im Bett, so dass wir uns in Ruhe unterhalten konnten.

Das Feuer im Kamin gab eine heimelige Atmosphäre. Im Hintergrund lief leise Musik. Wir saßen uns auf der Couch gegenüber, als Jürgen begann: „Als ich dein Buch zu Ende gelesen hatte, habe ich mich gefragt, wie es dir wohl heute gehen mag, wie du wohnst und was du beruflich machst. Es scheint dir gut zu gehen, wenn ich mich so umsehe bei dir."

Ich sagte ihm, wie dankbar ich wäre, dass ich mein Leben nach all den Wirrnissen der letzten Jahre wieder in den Griff bekommen hätte.

Jürgen fuhr fort: „Irgendwie ist es mir ein Rätsel, wie du es geschafft hast, innerhalb so kurzer Zeit wieder zu so einem wunderbaren Haus zu kommen – wenn ich bedenke, wie dein Buch endet. Offensichtlich war dir damals nicht viel geblieben."

„Weißt du", erklärte ich nachdenklich, „ich habe so unendlich viel Vertrauen in mein Leben gehabt und habe es immer noch. Damals, als kaum einer mehr etwas für mein soziales Umfeld gab, habe ich – mehr oder weniger unbewusst – alle Kräfte mobilisiert."

„Gut, das sehe ich ja ein, aber ich muss die Frage wiederholen: Wie bist du so schnell wieder an ein eigenes Haus gekommen? Du hast geerbt – gib's zu!" Er grinste.

„Das wär's noch", lachte ich. „Nein, ich habe dieses Anwesen ersteigert und habe es nach und nach ausgebaut."

„Tut mir leid, wenn ich so indiskret frage, aber woher hattest du denn das Geld für das Haus?"

„Das ist eine gute Frage", gab ich zu. „Aber glaubst du mir, wenn ich sage, dass ich mir das Geld dafür geliehen hatte?"

„Geliehen?" fragte er ungläubig. „Also doch reiche Verwandte, oder?"

„Nein, von meiner Bank. Sie hat mir das nötige Geld vorgestreckt. Inzwischen habe ich es auf Heller und Pfennig zurückgezahlt."

„Du hast wirklich Mut", staunte Jürgen. „Du hattest doch auch nur ein Einkommen und musstest für deine vier Kinder sorgen. Oder bekommst du soviel Unterhalt?"

„Unterhalt? Nein, weder für mich noch für die Kinder."

„Na, lassen wir das. Ich will nicht weiter forschen", beendete er das Thema. „Aber es ist mir schleierhaft, wie du das alles allein geschafft hast."

„Wäre es nicht gut, wenn ein jeder ein wenig mehr Vertrauen zu seinem Leben hätte?" sinnierte ich. „Und wenn man nicht dauernd daran zweifelte, dass es einem gut gehen könnte? In der extrem schwierigen Situation habe ich einfach keine Zweifel zugelassen, dass es mir wieder gut geht. Weißt du, ich habe gelernt, nach innen zu horchen. Und da war der unwiderstehliche Drang, für meine Kinder und für mich wieder ein Zuhause zu schaffen."

Ich spürte Jürgens Schwierigkeiten nachzuvollziehen, wie ich meinen kleinen Verlag mit einigen Mitarbeitern innerhalb von fünf Jahren so erfolgreich hatte aufbauen können. Er war im Gegensatz zu mir in der vergangenen Zeit sehr gebeutelt worden. Zusammen mit seinem Sohn Stephan besaß er eine kleine Maschinenfabrik, mit der sich die beiden mehr recht als schlecht über Wasser hielten.

„Aber deinen Humor hast du nie dabei verloren, oder?“ Ich lächelte, als er wieder einen seiner fröhlichen Lacher, der typisch für ihn war, losließ.

Nachdenklich meinte er: „Ich glaube, so kann man das nicht sagen. Es gab eine Zeit, wo es mir wirklich dreckig ging. Vor zwei Jahren hatte ich einen Herzinfarkt, der mich für einige Zeit außer Gefecht gesetzt hat.“

„Wie alt warst du da?“ fragte ich vorsichtig, um nicht zugeben zu müssen, dass ich sein Alter nicht mehr wusste.

„Achtundvierzig“, erwiderte er. „Aber die Sache hatte auch etwas Gutes. Als ich eine Woche lang im Koma lag, habe ich mich unendlich wohl und geborgen gefühlt. Dieses Gefühl, diese Erfahrung, Gila, kann ich gar nicht beschreiben!“

Fasziniert hörte ich ihm zu und fragte ihn: „Sagt dir der Begriff TNE etwas?“

„TNE? Nein, nie gehört.“

„TNE ist die Abkürzung für eine Todesnäheerfahrung. Menschen, die bereits klinisch tot waren und ihren Körper verlassen haben, ergeht es ähnlich, wie es dir ergangen sein muss. Ich vermute mal, dass du dich in diesem besagten Zustand zwischen Leben und Tod befunden hast.“

Leise erwiderte Jürgen: „Wenn das aber der Tod ist, dann ist das etwas Wunderbares.“

Aufmerksam sah er mich an, als ich ihn auf das Buch von Dr. Raymond Moody ‘Leben nach dem Tod’ hinwies, der dieses Phänomen ausführlich und anhand von vielen Beispielen beschreibt.

Eine Weile hingen wir unseren Gedanken nach, bis ich fortfuhr: „Ich meine, unser wahres Ich ist wie eine Hand im Handschuh. Wenn wir unseren Körper ablegen, haben wir nur unseren Handschuh ausgezogen. Die Hand bleibt – kann sich aber immer nach Bedarf einen neuen anziehen.“

„Du glaubst also an die Reinkarnation?“ fragte er mich und sah mich abwartend an.

„Ja“, entgegnete ich. „Sieh mal, die Aufgabe eines Menschen besteht meines Erachtens darin, zur Vollkommenheit, also zur Harmonie zu gelangen. Die Metaphysik erklärt das biblische Wort ‘Himmel’ mit Vollkommenheit. Ich glaube, dass ein Mensch viele Leben durchlaufen muss, um sämtliche Erfahrungen der Körperlichkeit zu machen. Dazu ist ein einzelnes Leben viel zu kurz. Darum ist für mich die Reinkarnation eigentlich völlig logisch.“

Ich merkte, wie nachdenklich er wurde, als er entgegnete: „Ich habe in der Form noch niemals mit jemandem ein so tiefgehendes Gespräch geführt. Du magst es glauben oder nicht – du bist die erste, mit der ich darüber spreche. Nein, stimmt nicht“, unterbrach er sich selbst, „nach meinem Herzinfarkt haben wir dieses Thema schon einmal in der Gesprächsgruppe berührt.“

Ich dachte einen Moment nach und meinte dann: „Ich bin überzeugt, dass das Selbst, das als stiller Beobachter hinter allem steht, viele Inkarnationen erlebt oder besser, dass es sich viele Leben erschafft.“

Jürgen schwieg eine Weile und dachte offensichtlich über das Gesagte nach. Dann aber kam er auf seine Partnerschaft zu sprechen und darauf, dass seine Lebensgefährtin Inge und er bereits vor längerer Zeit übereingekommen wären, sich zu trennen. Er suche eine Wohnung für sie, da sie vor acht Jahren zu ihm in seine Eigentumswohnung gezogen sei. Doch in der Zeit der jetzigen Wohnungsnot sei das nicht so einfach.

Vorsichtig hakte ich nach: „Und du hast das Gefühl, dass eure Partnerschaft wirklich zu Ende ist?“

„Ja. Seit vier Wochen spricht Inge kein Wort mehr mit mir.“

„Und warum nicht?“

„Ach, weißt du, wir hatten täglich Streit um Kleinigkeiten, und irgendwann hat sie dann aufgehört, mit mir zu reden.“

„Und du? Sprichst du denn mit ihr?“ bohrte ich.

„Anfangs habe ich es noch versucht, aber sie antwortet mir nicht. Ich hab's dann aufgegeben und grüße sie nur noch morgens und abends. Ich weiß nicht, was sie mit ihrem Schweigen erreichen will.“

Sie sei sehr eifersüchtig, fuhr er fort, obwohl er – Ehrenwort – in der ganzen Zeit ihres Zusammenlebens keine andere Frau gehabt habe.

Ich konnte mir schon vorstellen, dass sich ihre Eifersucht mehr auf Jürgens fröhliches Naturell bezog, mit dem er alle Menschen sofort für sich einnahm. Sie dagegen hatte bei unserem kurzen Kennenlernen etwas spröde auf mich gewirkt. Doch ich hütete mich, ihm meinen Eindruck mitzuteilen, weil ich ihm nicht noch mehr Wasser auf seine Mühle geben wollte. Ich hielt mich, was Inge betraf, völlig zurück; ja, ich schien ihn sogar etwas zu provozieren, indem ich einige Male für sie Partei nahm. Das aber lockte ihn noch mehr aus der Reserve, und ich hatte Mühe, das Gespräch wieder in andere Bahnen zu lenken.

„Es ist wirklich höchste Zeit, dass wir auch räumlich Abstand voneinander bekommen. Zu Hause gehe ich kaputt – in dieser Kälte.“

Amüsiert stellte ich die Frage: „Wie schlaft ihr denn?“

„Was?“ fuhr er irritiert hoch. „Schlafen? Wenn sie eingeschlafen ist, gehe ich ins Bett und stehe morgens vor ihr auf.“

„Das nennt man perfektes Timing“, grinste ich.

„Es geht doch nicht anders“, meinte er entschuldigend. „Meine Wohnung hat nur drei Zimmer. Im übrigen haben wir vor einem Jahr das letzte Mal zusammen geschlafen.“

„So genau wollte ich es auch nicht wissen", entgegnete ich und versuchte, dem Thema ein wenig auszuweichen, aber es ließ Jürgen keine Ruhe, und ich hatte das Gefühl, er musste einfach darüber reden.

Es wurde ein langer Abend, der nicht nur durch den Erinnerungswert alter Geschichten äußerst lustig und interessant wurde, sondern er gab mir das Gefühl, dass sich sehr viel Wärme und Sympathie zwischen uns aufbaute. Als Jürgen mich schließlich gegen ein Uhr nachts verließ, bat er mich darum, möglichst bald wiederkommen zu dürfen.

„Ich habe dich noch gar nicht gefragt, ob du allein lebst in deinem Haus", meinte er etwas zögernd, als er sich von mir verabschiedete.

„Ja – mit meinen beiden Kleinen."

„An André und Marco kann ich mich übrigens noch sehr gut erinnern. Wie alt sind deine Kinder jetzt?"

„Dana wird elf und Rico sieben Jahre alt. André ist jetzt fünfundzwanzig und studiert in Kanada Chemie und will Lehrer werden. Marco ist inzwischen dreiundzwanzig Jahre alt, hat früh geheiratet und ist auch bereits Vater geworden. Er lebt mit seiner Frau Kathrin und der kleinen Lea in Bielefeld."

„Und was macht Marco beruflich?"

Ich lachte. „Der Junge hat seinen absoluten Traumberuf!"

„Ja – und was macht er?" fragte Jürgen interessiert.

„Seit seiner Kindheit hat er sich gewünscht: Ich werde Baggerfahrer. Und das hat er geschafft. Aber du musst mal sehen, mit welcher Begeisterung er diese Arbeit ausführt – mit Leib und Seele!"

Fröhlich verabschiedete sich Jürgen von mir. Beim Hinausgehen fragte er beiläufig: „Ach, was ich dich noch fragen wollte: Du hast keinen Partner?"

„Nein."

„Na so was“, hörte ich ihn brummen, als er zu seinem Auto ging.

Ein eigenartiges Gefühl beschlich mich. Als ich zurück ins Haus ging, löschte ich nachdenklich das Licht im Wohnzimmer und ging zu Bett. Obwohl es schon recht spät war, durchliefen meine Gedanken nochmals die letzten Stunden.

Die Zeit war unendlich schnell vergangen während unseres Gesprächs. Manche Dinge hatten wir wirklich nur streifen können, dann waren wir schon wieder bei dem Thema meines Buches angelangt. Meine Lebensphilosophie, wie man Gedankenkräfte bewusst einsetzen kann, um sein Leben zu steuern, schien neu für Jürgen gewesen zu sein.

Lange dachte ich über diese Begegnung mit ihm nach, ehe ich einschlief.

Am nächsten Morgen gegen elf Uhr rief mich Jürgen an.

„Hallo, Gila. Danke für gestern Abend.“

„Oh, bitte!“ Ich freute mich über seinen Anruf.

„Das sollten wir ganz schnell wiederholen“, meinte er leise, während ich die Geräusche seines Maschinenparks im Hintergrund vernahm.

„Warum?“ fragte ich, ein wenig Naivität vortäuschend.

„Weil ich mich wohl gefühlt habe bei dir. Ich bin nur so nach Hause geschwebt.“

„Und das ohne einen Tropfen Alkohol“, neckte ich ihn.

„Den brauche ich nicht. Aber sag mal, was hast du eigentlich mit mir gemacht? Ich habe so gut geschlafen wie schon lange nicht mehr. Die ganze Zeit über muss ich an dich denken.“ Er machte eine bedeutungsvolle Pause.

Mir war es ähnlich ergangen.

„Es ist ganz eigenartig“, fuhr er fort. „Ich kann es gar nicht beschreiben, wie ich mich fühle. Das Gespräch mit dir – die

Atmosphäre – all das hat mich unheimlich bewegt; auch die Offenheit und die Tiefe unserer Gespräche. Eigenartig – dieser Abend hat so viele Gefühle in mir wachgerufen. Ich wusste gar nicht mehr, wie das ist."

Ich schwieg. Was geschah hier? Verwechselten wir die Freude des Wiedersehens, die Vertrautheit über Jahrzehnte hinweg vielleicht mit Verliebtheit? Wie war das bei mir?

Der Abend mit Jürgen hatte schon einen tiefen Eindruck bei mir hinterlassen, aber im Gegensatz zu ihm war ich nicht in einer problematischen Beziehung gefangen, die ihn zu belasten schien. In solch einer Situation scheint man die Gegensätze um so krasser zu sehen, weil plötzlich Sehnsucht nach der heilen Welt in einem aufkommt – und man vergleicht automatisch das, was man hat, mit dem, was man sucht.

Sollte das vielleicht der Anfang einer neuen Beziehung werden? War ich eigentlich bereit dazu? Seit fast sechs Jahren lebte ich mit meinen beiden Kindern allein. Wenn ich mich zurückerinnerte, so war ich seit meinem zwanzigsten Lebensjahr immer in festen Händen gewesen, zuletzt bei Axel in Vancouver. Von da an hatte ich allein gelebt. Tagsüber sorgte ich von zu Hause aus dafür, dass ein bekanntes Reisemagazin mit ansprechender Werbung belegt wurde, und abends schrieb ich an meinem Buch weiter.

Nach Marcos Auszug bildeten Dana, Rico und ich unsere kleine Familie – mit Fienchen, unserer schwarzen Katze. Nicht erst in diesem Augenblick stellte ich wieder fest, dass mir das männliche Gegenüber fehlte. Jetzt, nach Jürgens Worten, spürte ich es ganz deutlich.

„Hey, bist du noch da? Habe ich etwas Falsches gesagt?" Jürgens Stimme riss mich aus meinen Gedanken.

„Nein, ich musste nur gerade daran denken, wie mein Leben bisher verlaufen ist. Aber du hast Recht, es war schön gestern

Abend. Eigenartig, solange sind wir schon Freunde und sehr vertraut miteinander. Plötzlich tauchst du aus der Versenkung auf, und wir unterhalten uns auf eine Art, in der wir vorher nie miteinander gesprochen haben."

Daraufhin stellte Jürgen fest: „Wahrscheinlich waren wir beide vorher noch gar nicht reif dazu. Wir mussten erst unsere Höhen und Tiefen miterleben, um die Reife zu erlangen, die wir heute haben. Übrigens, Gila, können wir uns heute Abend wiedersehen?"

Oh, dachte ich, das geht aber schnell. Ich schwieg einen Augenblick, ehe ich antwortete: „Sollen wir's riskieren?"

„Wenn du mir sagst, wo das Risiko liegt."

Ich lachte und meinte: „Das musst du selbst herausfinden ..."

Der zweite Abend mit Jürgen verlief ebenso interessant. Und doch hatte sich eine gewisse Befangenheit zwischen uns eingeschlichen, die vorher nicht da gewesen war und der ich etwas hilflos gegenüberstand. Ich konnte sie noch nicht deuten. Jedenfalls war er ein exzellenter Gesprächspartner.

Er erzählte von den Stationen in seinem Leben, die ich nicht kannte. Geschäftlich hatte er einige Turbulenzen hinter sich, doch auch er hatte sich immer wieder aufgerichtet. Nur seine Gesundheit schien ihm nach wie vor zu schaffen zu machen.

„Glaub mir", sagte er, „vor drei Jahren wusste ich nicht einmal, wie man das Wort Krankheit schreibt, und jetzt muss ich sehr vorsichtig sein mit Stress und irgendwelchen Aufregungen."

Wieder wurde es sehr spät an diesem Abend. Als er dann ging, bekam auch ich so langsam das Gefühl, vielleicht doch etwas mehr als nur einen Freund in ihm wiedergefunden zu haben. Wie oft hatte ich mir vorgestellt, wieder mit einem Partner zusammenzuleben – einen Vater für meine Kinder zu haben; Rico, der seinen Vater nie gesehen hatte – Dana, die ihn kaum noch in der Erinnerung hatte, sondern ihn nur aus meinen Erzählungen kannte.

Nach diesem Abend hatte Jürgen gesagt: „Ich möchte deine Kinder gern kennen lernen. Sie waren bisher immer schon im Bett, wenn ich kam."

Spätestens nach seinem dritten Besuch in dieser Woche spürte ich, dass da langsam neue Strömungen in alte Gewässer einflossen.

*

Mein Husky-Buch war von Anfang an von den Lesern sehr gut angenommen worden. Bereits zwei Monate nach dem Erscheinen war die komplette erste Auflage verkauft. Unser Stadtbibliothekar und der Inhaber der größten Buchhandlung unseres Ortes hatten mich gebeten, eine Lesung am Ort zu halten.

Ich war einverstanden, und der Termin wurde auf Dienstag, den 16. März 1993 angesetzt. Die Einnahmen sollten den Opfern des Jugoslawienkrieges zukommen.

Von allen Seiten her bekamen wir Hilfe. Die Druckerei, die mein Buch gedruckt hatte, bot sich an, kostenlos zweihundert farbige Plakate zu drucken. Im Umkreis von zehn Kilometern sollten sie zwei Wochen vorher aufgehängt werden. Die Presse brachte große Berichte über die Lesung, und der Kartenvorverkauf wies deutlich auf ein starkes Interesse hin.

Wir hatten einen großen Saal im Bürgerzentrum unserer kleinen Stadt dafür eingeplant. Alle Vorbereitungen liefen auf Hochtouren.

Eines Sonntags rief Jürgen morgens an und bat mich, ihn von einer Tankstelle oberhalb der Bundesstraße abzuholen. Sein Auto sei nicht angesprungen.

Auf dem Weg zu ihm machte ich mir so meine Gedanken. Er wohnte noch immer in seiner alten Wohnung, die er damals zusammen mit Christa, seiner ersten Frau, gekauft hatte und in der Achim und ich die beiden oft besucht hatten.

Nun stand Jürgen vor einem Problem: Er konnte Inge zwar bitten, aus seiner Wohnung auszuziehen, aber er wollte sie nicht dazu zwingen. Das lag absolut nicht in seiner Art. Also hatte sich an der Schlafzimmersituation nichts Grundlegendes geändert. Wie er meinte, brauchte er Inge zwar nicht zu erklären, wo er die Abende verbrachte und warum er so spät heimkam, aber die Situation war auf Dauer für beide sicher unerträglich.

Doch für den Fall, dass sie keine Wohnung fand und er auszog – wohin sollte er gehen? Zu seiner Mutter, einer alten hilfsbedürftigen Dame, die sehr an ihm hing? Nein, das wolle er auf keinen Fall, hatte er mir vor kurzem erklärt, als wir das Thema berührt hatten. Aber andererseits konnte er auch nicht viel länger unter den gegebenen Umständen in seiner Wohnung bleiben. Und ein Hotelzimmer war ihm einfach zu teuer, vor allem, weil er nicht wusste, wann Inge eine Wohnung fand und ob sie überhaupt bereit war auszuziehen.

Mein Haus war eigentlich groß genug und ideal dafür geeignet, eine komplette Familie zu beherbergen. Sollte ich vielleicht ...? Nein, dachte ich, die Beziehung zwischen uns war noch nicht so tief, als dass ich ihm jetzt schon hätte anbieten können, bei uns einzuziehen.

Dann hatte ich mit meinem Auto die Tankstelle erreicht, wo er – durchgefroren bis auf die Knochen – auf mich wartete.

„Hallo“, begrüßte ich ihn, als er zu mir ins Auto stieg.

„Schön, dass du gekommen bist. Lass uns fahren.“

„Und dein Auto?“ fragte ich erstaunt.

„Das steht bei mir zu Hause“, meinte er grimmig und stellte als erstes die Heizung hoch. „Oh, ist mir kalt!“

Ich nahm seine Hände und versuchte, sie zu wärmen. Sie waren eiskalt.

„Was war los?“ fragte ich.

„Als ich heute morgen zu dir fahren wollte, sprang mein Auto nicht an. Die Lichtmaschine ist wahrscheinlich nicht in Ordnung. Inge konnte ich nicht darum bitten, mir ihren Wagen zur Überbrückung zur Verfügung zu stellen. Du weißt ja, sie redet nicht mit mir. Sie stand am Fenster und hat genau gesehen, was los war. Meinst du, sie hätte einen Ton gesagt oder mir auch nur einmal ihre Hilfe angeboten?“

„Und warum hast du sie nicht um Hilfe gebeten?“

„Nein, das wollte ich auch nicht“, grollte er. „Mir erschien es einfacher, zur nächsten Telefonzelle zu gehen, um dich anzurufen. Nur, dass diese Telefonzelle defekt war und sich die nächste erst zwei Kilometer weiter befand, damit habe ich nicht gerechnet.“

Irgend etwas passte hier nicht. Ich versuchte, Klarheit in die Sache zu bringen und fragte: „Aber wieso rufst du von einer Tankstelle an, die elf Kilometer von dir zu Hause entfernt ist?“

„Wart's ab! Es kommt ja noch schlimmer“, entgegnete er, während er seine Hände noch immer in den warmen Luftstrom des Gebläses hielt. „Auch die zweite Telefonzelle war defekt. Und als dann auch noch die erste Tankstelle auf meinem Weg sonntags geschlossen hatte, bin ich weitermarschiert. Du wirst es nicht glauben: Auch das Telefon in der dritten Telefonzelle war beschädigt.“

Jetzt konnte ich mir ein Lachen nicht verbeißen und meinte belustigt: „Du hättest Inge nur um Hilfe bitten müssen ...“

„Nein“, antwortete er ernst. „Gila, das kann ich nicht mehr. Die Fronten zwischen uns sind derart verhärtet, dass ich zu Hause nicht mehr atmen kann. Diese eisige Atmosphäre macht mich krank.“

„Rede dir das bloß nicht ein, sonst geschieht das wirklich. Du weißt, unser Unterbewusstsein nimmt uns beim Wort. Er setzt kritiklos alles um, was wir denken, glauben und auch aussprechen."

„Lass uns nachher zu Hause darüber in Ruhe sprechen, denn dazu habe ich sowieso noch einige Fragen. Aber mal was anderes", sagte er leise und nahm meine Hand, „kann ich heute nacht bei dir bleiben?"

Irgendwie hatte ich bereits gespürt, dass unsere Beziehung festere Formen annahm, obwohl wir noch nicht miteinander geschlafen hatten. Bisher war er abends immer – wenn auch sehr spät – wieder gegangen. Zugegeben, ich hatte ihn auch nicht zum Bleiben animiert.

Wenn er heute nacht bei mir bliebe, dachte ich, was würde morgen, übermorgen, nächste Woche sein? Wo würde er dann schlafen? Konnte er überhaupt in seine Wohnung zurückkehren, solange Inge dort noch wohnte? Nein, das ging wahrscheinlich nicht.

Bevor er mich darum bäte, solange bei mir zu bleiben, bis Inge eine andere Wohnung gefunden hatte, musste ich es ihm selbst anbieten. Das spürte ich, auch wenn es eigentlich noch sehr früh war für dieses Angebot.

Mein Verstand war mit meiner inneren Stimme im Widerstreit. In den vergangenen Jahren hatte es nicht einen Mann gegeben, den ich gebeten hatte, so schnell oder überhaupt zu uns zu ziehen. Es war meistens bei losen Beziehungen geblieben.

Fiel diese Entscheidung nicht wieder viel zu spontan, wie es sehr oft meine Art war? Manchmal, wenn ich mich selbst beobachtete, musste ich zugeben: Ich hatte mich mal wieder selbst überholt – mein Gefühl und meine Hilfsbereitschaft waren wieder mit mir durchgegangen. Obwohl mein spontanes Naturell mir manchmal im Wege zu stehen schien, führte es mir doch all die vielen Erfahrungen zu, die ich für mein wachsendes Bewusstsein und mein Verständnis für meine Fehler und die anderer Menschen brauchte.

Was hatte ich denn durch die vielen Entscheidungen der letzten Jahren gelernt: im Zweifelsfall nach innen horchen. Wenn ich keinem Menschen schade, ja, im Gegenteil sogar anderen Menschen mit meinem Vorhaben nutze, dann kann es nur gut sein, was ich tue. Dann liegt Gottes Segen auf meinem Plan. Wenn ich mal davon ausging, dass die Verbindung zwischen Inge und Jürgen beendet war, dann schadete ich niemandem. Nein, es war offensichtlich gut für uns alle.

Vieles schien zwischen uns zu stimmen. Er hatte ein offenes und freundliches Wesen und war sehr lieb zu Dana und Rico, die ihn voll in Beschlag genommen hatten. Die beiden hatten Jürgen auf Anhieb gemocht. Und ich fühlte mich wohl, wenn er bei mir war – vieles war mir an ihm von früher her vertraut: seine Gestik, seine Stimme, sein Lachen – seine unkomplizierte Fröhlichkeit. Dazu konnte er mit meiner Spontaneität gut umgehen. Ja, es war gut, dass wir zusammen waren.

„Wenn du möchtest, kannst du erst einmal bei mir wohnen", antwortete ich leise auf seine Frage. „Es geht zwar alles ziemlich schnell. Aber außergewöhnliche Situationen erfordern nun mal außergewöhnliche Entscheidungen."

Jürgen sah mich an und fragte: „Meinst du nicht, dass es zu früh ist für eine solche Entscheidung?"

Um der Angelegenheit ein wenig die Spannung zu nehmen, zwinkerte ich ihm zu. „Du musst mich ja nicht gleich heiraten, aber wenn du was Besseres weißt, dann sag es mir."

Lange überlegte er, ehe er antwortete: „Ja, ich glaube, das wäre fürs erste eine Lösung. Seit Tagen zerbreche ich mir den Kopf darüber, wie ich diese verfahrene Situation klären kann. Weißt du, wenn ich bei euch die Wärme, die Herzlichkeit und das Leben als Familie mit deinen Kindern spüre – und dann dagegen die Kälte bei mir zu Hause! Es ist nicht mein Ding, Gila, bewusst einander zu meiden! Ich verkümmere wie eine Blume, die keine Sonne bekommt."

Inzwischen waren wir zu Hause angekommen. Als ich Dana dann behutsam beibringen wollte, dass Jürgen wahrscheinlich nun länger bei uns wohnte, war sie überglücklich. Dankbar umarmte sie mich immer wieder, und ich spürte, wie sehr sie sich freute und ihn mochte. Auch Rico jubelte spontan los, als er hörte, dass Jürgen fürs erste bei uns einziehen sollte. Jetzt würde auch er zum ersten Mal mit einem Mann im Haus aufwarten können, nachdem er tapfer immer wieder jedem bestätigt hatte, dass wir nicht unbedingt einen Vater brauchten, wir schafften es auch ohne.

Nachmittags lernte ich Jürgens Mutter kennen, die ich zu uns zum Kaffeetrinken eingeladen hatte. Er holte sie ab, nachdem er noch einige Sachen aus seiner Wohnung mitgenommen hatte. Sie war eine liebenswerte alte Dame, die sehr an ihrem Sohn hing, mich aber offensichtlich auch mochte.

Es war das erste Mal, dass Jürgen nachts bei mir blieb. Ich musste mich doch wahrhaftig erst wieder an einen Mann neben mir gewöhnen. Es war schön, mit ihm zu schlafen. Und trotz alledem hatte ich gespürt, dass irgend etwas mit Jürgen nicht stimmte. Ganz behutsam hatte er sich verhalten, nicht so stürmisch, wie man es annehmen konnte, wenn man das erste Mal die Nacht zusammen verbringt.

„Meine Verletzung macht mir zu schaffen", hatte er mir schon einige Tage vorher berichtet, als wir dicht umschlungen auf dem Sofa lagen und er plötzlich zusammenzuckte. „Ich bin vor vier Wochen auf der Eisbahn beim Schlittschuhfahren hingeschlagen und habe mir dabei wahrscheinlich eine Rippe gebrochen."

Auf meine Frage, ob er diese Verletzung nicht hätte behandeln lassen, meinte er, das sei doch wohl nicht so wichtig gewesen.

Für die beiden Kleinen war es eine ganz besondere Situation – endlich ein Mann im Haus! Dazu kam, dass Jürgen sehr gut mit den beiden auskam. Jeden Morgen brachte er Dana zur Schule, die auf seinem Arbeitsweg lag. Direkt vor ihrer Schule stieg sie morgens ganz stolz aus seinem Mercedes. Sie liebte Jürgen – der erste Mann, den sie bewusst mit ihren elf Jahren in unserer Familie wahrnahm.

Jürgen hatte es sich angewöhnt, mich stets morgens ein- bis zweimal aus seiner Firma anzurufen, um mit mir ein wenig zu plaudern. Batterieaufladen nannte er das. Fröhliche Gespräche, neckend – wie das zwischen zwei Menschen, die sich mögen, so üblich ist.

Auch am Morgen nach unserer ersten gemeinsamen Nacht rief er mich an, kam aber gleich auf ein anderes Thema zu sprechen. „Inge hat mich eben in der Firma angerufen und war ganz aufgeregt."

„Warum?" fragte ich erstaunt.

„Sie hätte sich wahnsinnige Sorgen um mich gemacht, weil ich heute nacht nicht zu Hause geschlafen habe."

„Aber ich denke, ihr redet nicht mehr miteinander und wolltet euch sowieso trennen?"

„Das habe ich ihr auch gesagt, und auch, dass ich es jetzt wahr gemacht habe und zu einer bekannten Familie gezogen sei. Gila, dich wollte ich zuerst einmal aus dem Spiel lassen."

Das war vielleicht gar nicht so falsch, überlegte ich.

„Ich habe mich nur gewundert, warum Inge so verstört über meinen Auszug war und mich immer wieder gebeten hat, zurückzukommen und über die Sache zu sprechen."

„Ja und? Was meinst du dazu?" fragte ich Jürgen abwartend.

„Es bestehen doch grundsätzliche Differenzen zwischen uns.

Es ist nicht so, dass ein großer Streit zwischen uns stattgefunden hat, den man durch ein Gespräch aus der Welt schaffen kann. Ich habe Inge gesagt, dass ich heute meine restlichen Sachen hole. Sie kann so lange in meiner Wohnung bleiben, bis sie eine neue gefunden hat."

Inges Reaktion auf Jürgens Auszug stimmte mich nachdenklich. War es die Sorge um ihn, dass sie sich so verhielt? Oder war es das Wissen um das Ende der Beziehung mit ihm, das sie traurig machte? Hatte sie nur gespielt mit ihm und die Situation unterschätzt, dass Jürgen wirklich ausziehen könnte? Denn sie musste ja annehmen, dass Jürgen, trotz der herrschenden Lieblosigkeit zwischen den beiden, eigentlich gar keine Chance hatte auszuziehen. Da sie nichts von mir wusste, konnte sie mit dieser Möglichkeit nicht rechnen.

Ich glaube schon, dass sie sich Sorgen gemacht hatte. Vor allem, weil sein Auto noch vor der Garage stand und sie ihn zu Fuß weggehen sah. Vielleicht war sie durch diese Situation zum Nachdenken gekommen und hatte gemerkt, dass da doch noch Empfindungen waren für ihn.

Nein, dachte ich, nicht schon wieder! Vor meiner Auswanderung nach Kanada hatte ich eine ähnliche Situation mit meiner Freundin erlebt. Damals hatte ich mir geschworen: Nie wieder gehe ich eine Verbindung zu einem Mann ein, der noch eine Frau an seiner Seite hat. Sollte ich schon wieder in so eine Beziehungskiste hineingeraten sein?

„Du bist so still, Gila", sagte Jürgen.

„Ich habe nur gerade über eure Situation nachgedacht", erwiderte ich und fragte ihn, was er jetzt zu tun gedächte.

„Weißt du, was geschähe, wenn ich wieder zurückkehrte? Es würde sich gar nichts ändern. Inge und ich sind so grundverschieden, dass ich wirklich froh bin, diesen Schritt zu dir getan zu haben."

Jeder Tag mit Jürgen brachte wieder etwas Neues. Die Abende, die ich gewohnt war, allein zu verbringen, wurden bunt und fröhlich mit ihm zusammen. Wir erzählten und redeten und lachten. Es war einfach schön, mit einem so vertrauten Menschen zusammen zu leben.

Der erste Abend, an dem ich allein etwas unternahm, war der Gesprächsabend mit Monikas Freundinnen.

„Ich denke, in zwei Stunden bin ich wieder da“, verabschiedete ich mich von Jürgen.

Er nahm mich in seine Arme und versprach mir: „Ich warte auf dich.“

Auf dem Weg nach Bielefeld ließ ich meinen Gedanken freien Lauf. Ich wäre lieber bei Jürgen geblieben. Irgendwie hatte ich keine große Lust, dort bei Monika auf dem Präsentierteller herumgereicht zu werden. Ich wusste nicht, wer oder was mich dort erwartete.

Und dann wurde der Abend eine Riesenüberraschung. Monika hatte fünf Damen aus ihrem Bekanntenkreis eingeladen. Hatte ich anfangs eine oberflächliche Konversation erwartet, war ich jetzt überrascht, wie interessant sich dieser Abend gestaltete. Ich bekam das Gefühl, dass mir diese Menschen in ihrem Denken und Handeln allesamt sehr vertraut waren, und spürte, die Zeit war reif für unser Kennenlernen. Von Minute zu Minute baute sich eine Energie in diesem Kreis auf, die schlichtweg beeindruckend war. Immer mehr nahmen unsere Gespräche einen faszinierenden spirituellen Charakter an.

Als ich plötzlich auf die Uhr schaute, bemerkte ich überrascht, dass es schon ein Uhr morgens war. Die Zeit war vergangen wie im Flug. Ich fühlte mich ausgesprochen wohl bei diesen Menschen.

Eine der fünf Damen war eine Innenarchitektin aus Bielefeld. Ihr trockener Humor brachte viel Lockerheit in diese Runde.

Beim Abschied nahm sie mich zur Seite und fragte: „Du hast doch in deinem Buch '... nicht heulen, Husky!' über ein Seminar geschrieben, das von Günter Ilse geleitet wird. Dabei geht es um Ursache und Wirkung des positiven Denkens. Es scheint dich mächtig beeindruckt zu haben. Mein Mann interessiert sich sehr für diese Themen. Er würde sicher gern noch einiges darüber erfahren. Wann läuft eigentlich das nächste Seminar?"

„Da hast du Glück – in vierzehn Tagen", entgegnete ich, „und es findet sogar ganz in der Nähe von Bielefeld statt. Günter Ilse und seine Frau Röschen sind durch die Veröffentlichung des Husky-Buches meine Freunde geworden, und nun reagiert Günter auf die vielen Anfragen meiner Leser, indem er ein Seminar hier in der Umgebung hält."

Sie entgegnete: „Das Beste wird sein, mein Mann ruft dich mal an, dann kann er selbst mit dir darüber reden."

Wir standen schon draußen vor der Tür, und ich spürte, wie sie sich ein wenig zierte, als sie mich fragte: „Darf ich dir noch eine Frage stellen: Lebst du eigentlich allein?"

„Seit kurzer Zeit wohnt ein guter Bekannter bei mir", antwortete ich lächelnd. „Wir kennen uns schon sehr lange und haben uns vor ein paar Monaten wiedergetroffen."

Sie drehte sich zu den anderen um und sagte couragiert: „Mädels, hört mal zu: Das nächste Mal müssen unbedingt unsere Männer beim Treffen mit dabei sein. Den Typ von Gila möchte ich nämlich wirklich gern mal kennen lernen."

Lachend zerstreute sich die kleine Gruppe in die Nacht hinein.

Jürgen hatte wirklich noch auf mich gewartet und hörte mir geduldig zu, als ich ausführlich und voller Freude über diesen schönen Abend berichtete. Bevor wir dann zu Bett gingen, sagte ich: „Sie möchten dich alle gern kennen lernen."

„Von mir aus", meinte er fröhlich.

„Vielleicht wirst du den Mann der einen Dame auf dem Seminar treffen. Er will mich in den nächsten Tagen anrufen, um Einzelheiten darüber zu erfahren."

Als Jürgen mich am anderen Morgen von seiner Firma aus anrief, schien er etwas bedrückt zu sein. „Ich habe heute morgen einen gewaltigen Schrecken bekommen, als ich zur Firma fuhr – Inge war da."

„Hat sie dort auf dich gewartet?"

„Stell dir vor, sie hat in unserem Wohnwagen, der vor der Firma steht, übernachtet und stieg aus, als ich auf den Hof fuhr."

Ich schwieg betroffen.

„Sie hat mich geradewegs gefragt, ob eine andere Frau im Spiel sei. Ich habe ihr dann von dir erzählt. Jetzt ist sie völlig mit den Nerven fertig. Sie hat nur geweint. Immer wieder bat sie mich unter Tränen, ich möge zurückkommen. Sie wolle alles ändern und habe eingesehen, was sie falsch gemacht habe. Sie wolle und könne mich nicht verlieren."

Ich war wie vor den Kopf geschlagen und konnte nur erwidern: „Aber ich dachte, auch sie hätte die Trennung gewollt ..."

„Ja, das dachte ich auch", meinte Jürgen. „Ich habe jetzt jedoch das Gefühl, sie wollte mich nur bestrafen, indem sie so lange nicht mit mir geredet hat. Wahrscheinlich hat sie nie damit gerechnet, dass ich wirklich ausziehe."

„Ja, und jetzt?" brachte ich nur heraus.

„Gila, mach dir keine Sorgen. Die Sache mit Inge ist gelaufen. Auch wenn sie mir noch so leid tut, sie kann mich nicht unter Druck setzen."

„Wie lange ist sie geblieben?"

„Etwa zwei Stunden", sagte er betroffen. „Stephan hat mich

immer wieder gerufen, weil Kunden da waren, aber sie hat nicht locker gelassen."

Das Herz wurde mir schwer, als ich daran dachte, wie sehr sie leiden musste. Aber ich war diesmal nicht in eine Beziehung eingebrochen. Alles hatte sich von allein ergeben. Alles würde gut werden, da war ich mir sicher.

Abends, als Jürgen nach Hause kam, war die Situation vom Morgen natürlich Gesprächsthema zwischen uns. Aber ganz klar entschied Jürgen: „Ich gehe nicht mehr zurück zu ihr."

*

Jürgen und sein Sohn Stephan arbeiteten zusammen in der kleinen Firma, die die beiden vor einigen Jahren gemeinsam aufgebaut hatten. Ich kannte Stephan noch als Kind und hatte ihn zuletzt auf der Beerdigung seiner Mutter gesehen. Dann hatte ich auch ihn aus den Augen verloren.

Jürgen sprach viel über Stephan, aber auch, wie viel Mühe sie hatten, ihre kleine Firma, die anfangs sehr gut lief, über Wasser zu halten. Erst durch Jürgens Herzinfarkt waren sie in die roten Zahlen gekommen, da er von heute auf morgen für längere Zeit im Betrieb ausfiel.

„Lade Stephan doch mal zu uns ein", bat ich Jürgen eines Abends.

„Na ja", antwortete er etwas betreten, „zu Inge und mir ist er nie gekommen. Er kam mit Inge nicht klar. Er hat übrigens eine nette Freundin. Sie heißt Andrea. Ich mag sie sehr."

„Frag sie doch einfach, ob sie kommen möchten. Stephan kennt mich doch."

Die beiden nahmen unsere Einladung gern an. Als ich Stephan zwei Tage später an der Tür begrüßte und in alter Gewohnheit herzlich in meine Arme schloss, merkte ich, welch stattlicher Mann aus dem halbwüchsigen Jungen, den ich in Erinnerung hatte, geworden war.

Dann begrüßte ich Andrea – eine außergewöhnliche junge Frau. Und dieser Eindruck bestätigte sich im Laufe des Abends immer mehr. Ich mochte die beiden sehr, was – wie ich spürte – auch auf Gegenseitigkeit beruhte.

Als sie dann kurz nach Mitternacht aufbrachen, sagte ich: „Ich würde mich freuen, wenn ihr beiden öfter kämt!"

„Worauf du dich verlassen kannst!" entgegnete Stephan fröhlich.

Und so hielten sie es auch. Sie riefen an – und kamen. Es war einfach schön zu sehen, wie auch Jürgen diese Besuche genoss.

Nachdem Stephan und Andrea eines Abends gegangen waren, sagte er leise zu mir: „Das sind ganz neue Perspektiven für mich, meinen Sohn mal wieder zu Besuch zu Hause zu haben, weil ich ihn sonst immer nur in der Firma sehe."

„Aber das ist doch ganz normal", entgegnete ich, weil ich mir etwas anderes gar nicht vorstellen konnte.

„Wenn du wüsstest, was bei uns vorher normal gewesen ist ...", murmelte Jürgen und ließ mich mit meiner Phantasie allein.

Als wir zu Bett gingen, meinte Jürgen plötzlich: „Übrigens, ich habe Schwierigkeiten, Stephan zu überzeugen, dass wir uns mal mit einem Steuerberater zusammensetzen müssen. Wir kommen immer mehr in die roten Zahlen. Das Finanzamt mahnt Zahlungen an, die meines Erachtens schon längst erledigt sind. Stephan ist verantwortlich für die Steuern, und da ist einiges liegengeblieben während der Zeit meines Ausfalls."

„Soll ich mal mit ihm sprechen?" fragte ich vorsichtig.

Jürgen überlegte eine Weile. „Ich glaube, die Idee ist gut", sagte er. „Dich mag er, und dir vertraut er auch. Vielleicht kannst du mal Einsicht in die Bücher nehmen. Weißt du, ich bin mehr der Praktiker, der gut mit Kunden umgehen kann und die Aufträge hereinholt."

Ich nahm mir vor, in den nächsten Tagen mal ein Gespräch mit Stephan zu führen.

*

Kurze Zeit später rief die Innenarchitektin an, die ich an dem Gesprächsabend kennen gelernt hatte.

„Hallo, Gila! Mein Mann möchte gern mal mit dir über das Seminar sprechen. Geht das telefonisch?"

Da Jürgen dabeisaß, fragte ich ihren Mann, ob ich den Lauthörer anmachen dürfte, damit Jürgen mithören könnte. Sicher würde er Fragen stellen, die auch für Jürgen wichtig waren.

Es wurde ein sehr langes Gespräch über die Inhalte des Seminars. Während ich seine Fragen beantwortete, fiel mir auf, dass Jürgen immer nachdenklicher wurde. Dachte ich zuerst noch, es seien die Seminarthemen, die ihn so beschäftigten, wurde ich hinterher schnell eines Besseren belehrt.

„Gila, die Stimme kommt mir so unwahrscheinlich bekannt vor", meinte Jürgen und hakte nach: „Wie heißt dieser Mann?"

Erstaunt über seine Reaktion nannte ich ihm seinen Namen. Da ging ein Leuchten über Jürgens Gesicht, und er rief: „Ich werde verrückt – das ist ein alter Freund von mir! Wie oft sind wir zusammen gesegelt!"

Als sich unsere Überraschung nach einer Weile gelegt hatte, fragte er nach den anderen Frauen, die beim Gesprächsabend dabei gewesen waren. Er kannte fast alle persönlich. Es gibt einfach keine Zufälle ...

Bevor wir an dem Abend zu Bett gingen, schlug Jürgen vor: „Lass uns zum Wochenende mal irgendwohin fahren. Weißt du, wo ich gern mal hin möchte? In die neuen Ostgebiete."

„Du, mir kommt da eine Idee“, warf ich ein. „Ich wüsste schon, zu wem wir fahren könnten. Kurz nach der Maueröffnung habe ich durch eine ganz nette Geschichte mehrere Leute aus der ehemaligen DDR kennen gelernt.“

Und dann erzählte ich Jürgen die Geschichte, die sich Ende 1989 zugetragen hatte ...

Kapitel 4

Jeder Mensch kann uns als Spiegel dienen,
in dem wir alle Fehler und Mängel erblicken,
die in uns sind.
Wir handeln jedoch meistens wie ein Hund,
der den Spiegel anbellt, weil er glaubt,
dort nicht sich,
sondern einen anderen Hund zu erblicken.

(Lew Tolstoi)

Im Oktober 1989 war ich die vielen Umbauten unseres Hauses einfach leid gewesen und entschied mich ganz spontan, eine vierzehntägige Reise in die Karibik nach Barbados zu buchen.

Am 4. November 1989 flog ich los und kehrte zwei Wochen später zurück. Da die Gäste des Hotels fast ausschließlich Engländer waren, gab es keine deutschen Nachrichten. So ging das historische Ereignis der Maueröffnung unbemerkt an mir vorbei.

Ich traute meinen Augen kaum, als ich auf der Rückfahrt vom Frankfurter Flughafen die vielen Trabbis auf der Autobahn sah. Ich bedauerte es unendlich, diese erhebenden Stunden in Deutschland nicht hautnah miterlebt zu haben, und hatte ein immenses Nachholbedürfnis an Fernsehreportagen und an allem, was mit diesem Ereignis zu tun hatte.

Eine Woche später las ich in unserer Tageszeitung einen Aufruf: 'Haller laden Hallenser ein'. Hier wurden Bürger unseres kleinen Städtchens Halle in Westfalen aufgerufen, über Weihnachten Bürger aus der Stadt Halle an der Saale einzuladen.

Mir gefiel diese Idee, und spontan wie immer rief ich die angegebene Telefonnummer an. Ich bot an, dass ich über Weihnachten bis Neujahr gut und gern vier Personen unterbringen könnte. Man nahm meine Anschrift auf und wollte mich dann benachrichtigen.

Die Zeit verging, ohne dass irgend jemand zurückrief. Als dann am Montag, den 19. Dezember 1989 immer noch keine Resonanz auf mein Angebot kam, rief ich wieder bei der Zeitung an.

Der Redakteur meinte bedauernd: „Ach ja, die Aktion mussten wir leider abblasen. Wir haben zwar an die Stadtverwaltung in Halle an der Saale geschrieben und denen unser Angebot unterbreitet, aber bisher keine Anschriften erhalten. Damit ist die Sache leider für uns gestorben."

Das sollte es gewesen sein? All meinen Freunden hatte ich erzählt, dass ich über Weihnachten Besuch aus Halle bekäme. Ich wüsste nur noch nicht, wen. Nein, dachte ich enttäuscht, so geht das nicht! Aber wie dann? Wie sollte ich innerhalb von fünf Tagen an Anschriften von Hallenser Einwohnern kommen? Viel Zeit blieb wirklich nicht mehr.

Ich überlegte hin und her. Da kam mir ein Gedanke. Vielleicht konnte man telefonisch etwas arrangieren? Nur wie? Ich kannte niemanden in der ehemaligen DDR, war auch nie vorher dort gewesen. Ich hatte keine Familienangehörigen dort, geschweige denn eine Telefonnummer parat.

Nachdenklich schaute ich in das Amtliche Verzeichnis der Ortsnetzkennzahlen. Da war sie – die Vorwahl von Halle/Saale! Ich schrieb sie auf. Ob ich einfach mal eine Nummer wählen sollte? Wen bekäme ich an der anderen Seite ans Telefon? Eigentlich wäre das ganz egal, denn ich könnte wirklich jeden einladen. Ob ich's mal versuchen sollte?

Mein Pioniergeist war geweckt. Ich wählte die Vorwahl – und

ein paar Nummern hinterher. Besetzt. Damit hatte ich schon gerechnet. Wieder wählte ich – und wieder erhielt ich das Besetztzeichen. Wahllos veränderte ich die Nummernkombinationen, die ich mir nicht einmal merkte. Minutenlang. Immer wieder vernahm ich das mir inzwischen vertraute Besetztzeichen, da die wenigen Telefonleitungen zwischen Ost und West ständig belegt waren.

Plötzlich – Stille. Kein Ton, kein Zeichen. Ich horchte in die Verbindung. Längere Zeit nichts. Gerade wollte ich wieder auflegen, als plötzlich das Rufzeichen ertönte. Ich war begeistert! Ich hatte wahrhaftig eine freie Leitung erwischt!

Bevor ich noch länger über mein Glück nachdenken konnte, meldete sich eine weibliche Stimme. „Hallo?"

Aufgeregt stellte ich mich vor. „Wissen Sie, ich rufe hier aus Halle/Westfalen an. Sind Sie in Halle an der Saale?"

„Ja!" antwortete die Dame überrascht, weil sie mit meinem Namen nichts anfangen konnte. „Sie haben sich wohl verwählt?"

„Nein, nein!" versicherte ich schnell, bevor sie wieder auflegen konnte, und erzählte ihr, welche Aktion mich zu diesem doch etwas ungewöhnlichen Griff zum Telefonhörer veranlasst hatte.

Die Dame am anderen Ende der Leitung war fassungslos und hatte enorme Schwierigkeiten zu glauben, was ich ihr anbot. „Ich möchte Sie und Ihre Familie ganz herzlich einladen, Weihnachten und Silvester bei uns zu verbringen. Ich weiß zwar, es ist nicht mehr viel Zeit, aber wir würden uns riesig freuen, Sie in dieser Zeit bei uns zu haben."

„Aber Sie kennen uns doch gar nicht ...", stammelte sie.

„Wir können uns doch kennen lernen!" entgegnete ich lächelnd.

Sie schien völlig durcheinander zu sein, als sie sagte: „Ich kann das gar nicht fassen. Mein Mann und ich sind schon über fünfundsiebzig Jahre alt. So etwas ist uns in unserem ganzen Leben noch nicht passiert!"

Nein, dieses Alter hätte ich der noch recht jung klingenden Stimme wirklich nicht zugetraut und fragte: „Trauen Sie sich die Reise zu uns nicht mehr zu?"

„Doch, doch, das schaffen wir bestimmt. Aber allein der Gedanke – dass Sie uns so einfach einladen wollen, ohne uns zu kennen ..."

Ich konnte ihre Überraschung verstehen und bot ihr an, dass sie meinen Vorschlag zuerst mit ihrem Mann besprechen sollte. Ich würde sie am nächsten Tag nochmals anrufen und gab ihr neben meiner Anschrift auch noch meine Telefonnummer an.

„Übrigens, Ihre Telefonnummer brauche ich auch noch", lachte ich ins Telefon, „ich habe einfach nur so ins Blaue gewählt."

Es war überwältigend für diese alte Dame namens Irmchen. Da müsse der Herrgott seine Hand im Spiel gehabt haben, dass ich ausgerechnet ihre Telefonnummer angewählt hätte.

Am nächsten Tag – es war der 20. Dezember 1989 – rief ich sie wieder an. Erst nach unzähligen Versuchen gelang es mir durchzukommen. Als ich ihrem Mann Walter die ganze Sache am Telefon nochmals erklärt hatte, übergab er Irmchen den Hörer.

„Also – mit wem ich auch über Ihren gestrigen Anruf gesprochen habe, alle denken sie hier, ich spinne", meinte Irmchen im Brustton der Überzeugung. „Schon deshalb möchte ich meinen Freunden und Bekannten beweisen, dass das nicht der Fall ist. Sie haben uns angeboten, dass Sie für vier Personen Platz haben. Ist es Ihnen recht, wenn wir unsere beiden Freunde mitbringen?"

„Ja, gern!" entgegnete ich glücklich – und wir schmiedeten

Pläne für die Bahnfahrt von Halle an der Saale nach Halle in Westfalen. Kurz nach dreizehn Uhr am Heiligen Abend sollte der Zug aus Leipzig in Bielefeld eintreffen. Sie wollten es wirklich wagen! Ich fand es stark und freute mich unbändig auf diesen Besuch.

Da unsere Tageszeitung zu dieser Aktion aufgerufen hatte, benachrichtigte ich den Lokalredakteur von diesem spontanen Ergebnis. Begeistert bot er mir an, einen Bericht über das zu erwartende Zusammentreffen zu bringen.

Am Heiligen Abend hatte ich mich mit dem Chefredakteur des Haller Kreisblattes um zwölf Uhr verabredet, und wir fuhren zusammen mit den beiden Kleinen zum Bielefelder Hauptbahnhof.

„Eine Riesenstory!“ meinte er grinsend, während wir im Bahnhofsrestaurant unseren Kaffee tranken. Wir hatten noch etwas Zeit, bis der Zug einlief. „Meinen Sie wirklich, dass sie kommen?“

„Ja“, antwortete ich völlig überzeugt. „Gestern Abend habe ich angerufen – jedenfalls waren sie da schon am Packen!“

Kurz vor dreizehn Uhr zahlten wir unseren Kaffee und brachten uns auf dem Bahnsteig in Position. Erkennungszeichen: meine beiden Kleinen und mein grüner Lodenponcho. Der Zug konnte kommen.

Ein paar Minuten später war es dann soweit. „Es läuft ein: der D-Zug aus Leipzig“, klang es hohl aus dem Lautsprecher. Na, mal sehen! Ich freute mich diebisch auf das, was da kam!

Mit kreischenden Bremsen brauchte der Zug dann eine Weile, um zum Stillstand zu kommen. Wir reckten die Köpfe.

„Wo sind sie denn?“ fragte Dana aufgeregt und zerrte an meiner Hand. Da wir einander nicht kannten, mussten wir warten, bis sich die Menschenmenge etwas verlaufen hatte.

„Könnten sie das sein?“ fragte der Chefredakteur leise und wies auf vier Leute, die in einiger Entfernung standen und zu uns herüberschauten, sich aber offensichtlich nicht getrauten, zu uns zu kommen.

Etwas zögernd ging ich auf sie zu. Da löste sich eine kleine mollige Dame aus der Gruppe, kam auf mich zu und lachte mich fröhlich an.

„Irmchen?“ fragte ich vorsichtig.

„Ja!“ lachte sie. „Hier sind wir!“ Es war eine herzliche und stürmische Begrüßung von Menschen, die sich vorher noch nie gesehen hatten – und die eigentlich auch nie etwas miteinander zu tun gehabt hatten. Und trotzdem war die Begrüßung so liebevoll. Damit waren die ersten Versuche gemacht, vierzig Jahre deutsch-deutscher Trennung zu überbrücken.

Immer wieder nahm mich Irmchen in die Arme, nachdem sie mir ihren Mann Walter und ihre Freunde Ida und Rudolf, die etwas jünger waren, vorgestellt hatten.

„Seht mal, wen ich da mitgebracht habe!“ sagte ich und deutete auf den Redakteur, der die ganze Begrüßungsszene im Bild festgehalten hatte.

„Wir werden fotografiert?“ fragte Irmchen mit großen Augen. Es war noch keine acht Wochen her, dass Fotografieren für diese Menschen nicht unbedingt mit positiven Gedanken besetzt war.

Lachend erzählte ich ihr die Story, während ich diese vier Menschen aus dem östlichen Teil Deutschlands in meine Obhut nahm und sie mit dem Redakteur bekannt machte, der mich gebeten hatte, auch bei mir zu Hause ein paar Fotos machen zu dürfen. Irmchen schüttelte nur immer fassungslos den Kopf. Die Eindrücke schienen sie einfach zu überwältigen.

Wir fuhren zu mir. Mit ungläubigem Staunen betrachteten meine neuen Freunde, die fast vierzig Jahre lang sämtlichen Luxus entbehren mussten, unser Zuhause.

Als sie ihre Geschenke auspackten, war ich betroffen. Soviel liebevolle Dinge hatten die Vier für meine Kinder und mich eingekauft – und hatten kaum Geld. Als sie dann auch noch die vielen Butterbrote auspackten, fragte ich überrascht: „Na, sagt mal, ihr scheint ja wohl für eine ganze Woche vorgesorgt zu haben ...!“

„Ach“, meinte Irmchen zaghaft, „wir haben vorsichtshalber etwas für die Rückfahrt eingepackt!“

„Für die Rückfahrt?“ fragte ich naiv, da ja geplant war, dass mein Besuch erst nach acht Tagen wieder fahren sollte.

„Na ja“, fiel Rudolf ihr ins Wort in breitestem Sächsisch, „es hätte ja sein können, dass alles nur ein grober Scherz war! Die Bemmen habe ich geschmiert!“

Jetzt prustete ich los. „Das kann doch wohl nicht euer Ernst sein!“

„Du musst dir mal unsere Situation vorstellen, Gila“, spann Rudolf seinen Gedanken weiter. „Wir haben ja kein Telefon. Am Dienstag dieser Woche – also erst vor vier Tagen – tauchen Irmchen und Walter plötzlich bei uns auf und tun ganz aufgeregt, sie seien Weihnachten und Silvester von einer fremden Dame am Telefon nach Halle in Westfalen eingeladen worden und könnten noch zwei Personen mitbringen. Meinst du wirklich, dass ich ihnen die Story geglaubt habe? Mit Händen und Füßen habe ich dagegen argumentiert. Für mich war klar, dass wir den nächsten Zug wieder zurück nehmen ...“

Ich lachte. Aber ich konnte mir schon vorstellen, dass diese Geschichte nicht unbedingt sehr glaubhaft geklungen hatte.

Alle Vier hatten noch nie im Leben einen offenen Kamin in einer Wohnung gesehen. Fasziniert saßen sie abends vor dem flackernden Feuer und konnten sich nicht satt sehen.

Am zweiten Weihnachtstag gegen zehn Uhr morgens schellte das Telefon.

Die größte deutsche Boulevardzeitung meldete sich. Glaubte ich zuerst, dass es sich um einen Scherz handelte, wurde ich nach einigen Rückfragen eines Besseren belehrt. Der Anruf war echt.

„Wir haben Wind bekommen von Ihrer Geschichte", erklärte uns der Reporter.

Auf meine Frage, woher er das denn wüsste, erwiderte er, das Haller Kreisblatt habe ihn angerufen und diese nette Geschichte erzählt. Ob er nicht mal zu uns kommen und ein paar Fotos machen könnte.

„Da muss ich erst die anderen fragen", sagte ich. Ungläubig hörten meine Besucher die Frage, nickten mir dann aber ihr Einverständnis zu.

So kam es, dass am Dienstag, den 27. Dezember 1989 in dieser Boulevardzeitung ein detaillierter Bericht gebracht wurde mit einem Foto von uns allen und der Überschrift: „Kommen Sie 'rüber – ich lade Sie ein!"

Unvergessliche Tage für uns alle! Tausendfach bekam ich in dieser Zeit zurück, was ich liebevoll gegeben hatte, um an diesen vier Menschen wieder etwas gut zu machen. Ich war überrascht, als ich aus dem Fenster schaute und sah, wie Walter und Rudi Holz für den Kamin hackten. Sogar die Dachrinnen säuberten sie vom Laub unserer vielen großen Eichen und führten kleine, längst fällige Reparaturen aus.

Ida als Schneiderin kümmerte sich um meine Wäsche, die seit längerer Zeit meiner Aufmerksamkeit bedurft hätte. Und Irmchen – wie eine Mutter, die ich seit fast zwanzig Jahren nicht mehr hatte – las meinen beiden Kleinen Märchen vor und brachte sie abends ins Bett.

Es sollte eine der schönsten Silvesterfeiern werden, die wir je erlebt hatten. Wir alle fühlten uns rundherum wohl.

Am zweiten Januar fuhr die ganze Mannschaft dann wieder nach Hause ...

*

Jürgen hatte mir gespannt zugehört und mich nur ab und zu durch eine Zwischenfrage unterbrochen. Ich erzählte ihm, dass ich dann kurze Zeit später durch diese Begebenheit Petra und Horst aus Halle an der Saale kennen gelernt hatte, die in meinem Alter waren. Durch einen Besuch bei mir zu Hause entwickelte sich im Laufe der Zeit eine nette Bekanntschaft. Immer wieder hatten die beiden mich auf ihre Datscha in die Nähe von Berlin eingeladen.

„Ja", sagte ich überzeugt, „ich weiß, wo wir willkommen sind."

So fuhren wir im März 1993 für ein langes Wochenende mit den Kindern in die Nähe von Potsdam.

Es waren schöne Tage, die wir zusammen mit Jürgen auf der Datscha verbrachten. Hatten wir zunächst ein kleines Wochenendhaus erwartet, so wurden wir schnell eines Besseren belehrt. Die Datscha, wenn auch einfach und schlicht, enthielt alles, um sich wohl zu fühlen. Petras Vorstellung von Gastfreundlichkeit übertraf alle Erwartungen.

Abends im Bett meinte Jürgen: „Warum schmeckt das bloß alles so gut! Eigentlich dürfte ich gar nicht soviel essen wegen meines Herzens."

Ich schaute ihn an. In letzter Zeit hatte sich sein Herz wieder bemerkbar gemacht. Mir war aufgefallen, dass er des öfteren zu seinem Sprühfläschchen griff und inhalierte. Als ich ihn darauf ansprach, hatte er ausweichend geantwortet: „Ach, ich muss mich nur in manchen Dingen etwas zurücknehmen."

Er erklärte mir, was der Infarkt vor zwei Jahren in seinem Herzen ausgelöst hatte und dass die Ärzte ihm schon seit längerer Zeit zu einer Bypass-Operation geraten hätten.

„Und?" fragte ich betroffen. „Wie denkst du darüber?"

„Solange es so noch geht ..."

„Hast du mal darüber nachgedacht, wie sehr du selbst durch deine Gedankenkraft deine Heilung beeinflussen kannst?" fragte ich ihn, während ich ihn aufmerksam ansah.

„Das ist ja interessant", grinste er. „Das Gleiche hat uns der Professor in der Reha-Klinik auch erzählt. Gila, du wirst es nicht glauben, fast täglich nehme ich mir eine halbe Stunde Zeit und mache gedanklich eine Tiefenmuskelentspannung. Danach geht es mir wirklich besser."

„Ich meine, bevor du dich operieren lässt, solltest du zuerst einmal darüber nachdenken, dass der Infarkt ja nur ein Symptom ist für etwas, was in deiner Seele nicht in Ordnung ist. Eventuelle Disharmonien drücken sich als Krankheit im Körper aus. Fast alle gesundheitlichen Störungen haben ihre Ursache in dem Mangel an seelischer Harmonie."

Nachdenklich schwieg Jürgen eine Weile. Dann meinte er: „Sieh mal, die vergangenen Jahre mit Inge haben mir sehr zugesetzt. Irgendwie haben wir beide gewusst, dass wir nicht zueinander passen. Wie oft habe ich versucht, mich von ihr zu trennen und immer wieder nachgegeben. Offensichtlich habe ich mir den konstanten Streit mit ihr sehr zu Herzen genommen, denn ich bin ein Mensch, der gern in Harmonie lebt. Ich glaube, darum fühle ich mich auch bei euch so wohl."

Ich wechselte das Thema und fragte: „Wie mag es Inge wohl gehen?"

„Sie ist krankgeschrieben wegen eines Nervenzusammenbruchs und für ein paar Tage zu ihrer Freundin nach Bayern gefahren", sagte Jürgen.

„Hoffentlich geht es ihr bald wieder besser“, meinte ich.

„Ja, das hoffe ich auch. Aber die Trennung von Inge war einfach nötig. Ich darf mir das alles nur nicht so zu Herzen nehmen. Neben der Nahrungsumstellung ist Ruhe das allerwichtigste für mich, hat mir der Doc erzählt. Der geringste Stress kann das Aus für mich bedeuten. Ich glaube, ich sollte den Alkohol ganz weglassen. Ich trinke zwar nicht viel, merke aber, dass es mir nach ein paar Gläsern Bier schlechter geht.“

Nach einer Weile fragte ich Jürgen: „Erinnerst du dich? Ich habe doch vor kurzem darüber gesprochen, dass in zwei Wochen ein Seminar stattfindet, das unser Freund Günter hält.“

Jürgen sah mich aufmerksam an. „Du meinst das Seminar, dessen Inhalte du in deinem Buch weitergegeben hast?“

„Ja. Du wirst Günter und seine Frau Röschen vorher noch kennen lernen, weil sie in dieser Zeit bei uns übernachten.“

„Erzähl doch mal was Genaueres“, bat er mich.

„Weißt du, Jürgen, Dr. Joseph Murphy, der große amerikanische Verfechter des positiven Denkens, hat in seinem Buch: ‘Die Macht Ihres Unterbewusstseins’ den Zusammenhang zwischen unserem Verstand und unserem Unterbewusstsein treffend beschrieben.

Mit dem folgenden Beispiel möchte ich dir mal versuchen zu erklären, wie unser Unterbewusstsein arbeitet: Der verantwortliche Kapitän – der Verstand – befiehlt seiner Mannschaft – dem Unterbewusstsein –, Kurs zu halten. Die Mannschaft hat nicht darüber zu urteilen, ob dieser Kurs richtig ist. Sie führt gehorsam alles aus; egal, ob die Kommandos des Kapitäns richtig sind oder nicht, denn dieser trägt die Verantwortung für die Reise.

Dagegen hat unser Unterbewusstsein absolut keinen Humor. Immer wenn der Verstand etwas befiehlt – sei es auch nur ein im Scherz dahergesagter Satz –, nimmt unser Unterbewusstsein diesen als Kommando an – und setzt alles in Bewegung, den Befehl auszuführen.

Durch das Seminar habe ich mich erst bewusst mit diesen Dingen beschäftigt, obwohl ich vorher längst unbewusst danach gelebt habe", gab ich zu bedenken. „Aber das Gesetz der Einheit allen Lebens habe ich schmählich missachtet, sonst hätte ich meiner besten Freundin nicht den Mann genommen, um mit ihm nach Kanada auszuwandern."

„Es ist gut, wenn du es im Nachhinein so sehen kannst. Aus diesem Grunde musstest du dein Buch schreiben. Mich hat es fasziniert, weil es mich aufgerüttelt hat."

Es stimmte, was Jürgen über mein Buch sagte. Seit langem war mir klar, dass ich meinen Weg gehen musste, auch wenn er noch so chaotisch war, denn ich hatte mich bewusst dafür entschieden. Durch meine Erfahrungen musste ich zu der Reife gelangen, auch zu den vermeintlichen Schwachstellen meines Lebens zu stehen. Wenn wir den dunklen Punkt im Leben eines Menschen, auf den die Gedanken gerichtet sind, loslassen und später in der Lage sind, das ganze Lebensbild dieses Menschen wie ein fertiges Puzzle zu betrachten, werden wir häufig feststellen, dass genau dieser dunkle Punkt in das Puzzle hineingehört. Er könnte zum Beispiel das Schwarze der Pupille eines Auges darstellen. Das gesamte Bild würde ohne Leben und Glanz sein, wenn dieser Punkt nicht da wäre.

Mehrmals stand Jürgen in dieser Nacht auf und ging nach draußen. Einmal folgte ich ihm.

„Geht's dir nicht gut?" fragte ich besorgt.

Er atmete ein paar Mal tief durch. „Es geht gleich besser. Das Essen war zu gut, und dann das Bier dazu ..."

Als wir wieder im Bett lagen, konnten wir nicht gleich einschlafen. Mir war klar, es musste etwas geschehen. Es war gut, dass Jürgen in vierzehn Tagen Günters Seminar mitmachen konnte, in dem ganz bewusst auch auf die Verbindung zwischen Körper, Seele und Geist eingegangen wird.

„Weißt du, Jürgen", sagte ich, während ich gegen die Müdigkeit ankämpfte, „von Günter und Röschen habe ich dir ja bereits erzählt, aber von Peter Wenzel und seiner Frau Esthi noch nicht. Die beiden kommen Ende Mai zu uns zu Besuch. Ich freue mich sehr darauf. Mir fällt gerade ein, dass Peter in ganz jungen Jahren ebenfalls einen Herzinfarkt überstanden hat, aber er hat seit der Zeit nie wieder etwas mit seinem Herzen gehabt. Er hat auf mentalem Weg daran gearbeitet und sein Leben umgestellt."

Im Gegensatz zu mir schien Jürgen noch nicht sehr müde zu sein. Während er sich in seine Bettdecke kuschelte, meinte er: „Obwohl ich bisher weder Günter noch Peter kenne, bin ich gespannt, was das für Menschen sind, die deine Art zu denken teilen. So wie der Eindruck bei mir entstanden ist, müssen es ganz interessante Leute sein."

Da es schon bald Morgen wurde, löschte ich müde das Licht und murmelte: „Es wird dir gut tun, ihre Lebensphilosophie kennen zu lernen. Ich denke schon, es hat einen Sinn, dass wir beide uns wiedergetroffen haben, und ich bin sicher, dir wird es bald besser gehen."

„Ja, das glaube ich auch. Allein schon die Wärme bei euch, das liebevolle Zuhause, die Gespräche mit dir. Ich habe das Gefühl, mein Herz öffnet sich wieder. Und nun – gute Nacht, Gila."

Als wir am nächsten Morgen aufwachten, waren Jürgens Beschwerden wie weggeblasen. Es schien wohl doch am guten Essen gelegen zu haben.

„Du hast mir doch heute nacht von Peter und Esthi erzählt. Woher kennst du die beiden eigentlich?" fragte Jürgen.

Und ich erzählte ihm, wie ich sie kennen gelernt hatte ...

In den Monaten zuvor hatte ich immer öfter das unbewusste Bedürfnis gehabt, meine christliche Erziehung mehr als bisher in mein erwachendes spirituelles Bewusstsein einzubinden. Für mich wurde es immer wichtiger, dass ich durch all die Erkenntnisse der Seminare und die Erfahrungen durch mein Leben und Erleben näher zu Gott kam. Die Kirchen konnten mir da nicht viel weiterhelfen, da sie dem Gedanken der Reinkarnation gegenüber nicht sehr aufgeschlossen waren.

Nachdenklich hatte ich mich oft nach Ricos Geburt gefragt, warum der Kleine so unruhig war und so wenig in sich ruhte. Damals hatte ich die Begründung dafür in meiner Schwangerschaft gesucht. Die ersten sieben Monate hatte er bei mir nur Hektik, Unruhe und familiäre Instabilität erlebt, also absolut keine Geborgenheit, die einfach Voraussetzung ist für inneren Frieden. Erst später, als ich in den letzten beiden Schwangerschaftsmonaten Axel kennen lernte, stellte sich dieses so lebenswichtige Gefühl der Zufriedenheit und der Geborgenheit, das sich dann auch automatisch auf Rico übertrug, bei mir ein.

Mit dem Bewusstsein von heute sehe ich diese Situation auch noch aus einer anderen Perspektive. Eine Erklärung dafür habe ich in der Metaphysik gefunden. Da mir der Gedanke der Reinkarnation nicht fremd ist, glaube ich daran, dass gerade wieder inkarnierte Seelen sich bis zu einem bestimmten Zeitpunkt noch an ihr Vorleben erinnern und sich erst in dieser für sie neuen körperlichen Welt zurechtfinden müssen. Erst nach und nach senkt sich der Schleier des Vergessens über sie. Und das ist gut so, denn sie benötigen ihre ganze Kraft, um die Aufgabe ihres neuen Lebens zu meistern.

Mir als christlich erzogenem Menschen fiel es anfangs schwer, die Reinkarnation nicht nur für möglich zu halten, sondern zu begreifen, dass unser geistiges und körperliches Leben ihr bis zu einer gewissen Reife unterworfen ist. Warum lehnt unsere christliche Lehre diesen Gedanken ab? Es ist historisch belegt, dass das Konzil zu Konstantinopel im Jahr 553 die Lehre von der Wiedergeburt aus den Bekenntnissen gestrichen hat, weil angeblich Kaiser Augustinus in den Augen seiner Untertanen durch das Wissen um die Reinkarnation an Macht verloren hätte. Der Reinkarnationslehre zufolge wäre es ja ohne weiteres möglich, dass er im nächsten Leben als Mensch niederer Herkunft wiedergeboren werden könnte.

Dennoch finden sich in der Bibel genug Hinweise, dass für die Menschen zur Zeit Christi in Palästina der Glaube an die Wiederverkörperung nichts Ungewöhnliches war. Schon allein infolge der geistigen und religiösen Einflüsse aus Ägypten, Griechenland und Indien war das so selbstverständlich, dass es im Neuen Testament nicht ausdrücklich erwähnt werden musste.

Verschiedene Bibelstellen können als Hinweise für diese Tatsache gelten, so zum Beispiel ganz deutlich in Matth. 16:13-14, als die Jünger sagen, dass man Jesus für den wiedergeborenen Elia oder Jeremias halte, und Jesus antwortet: Matth. 17:12,:

> *Doch ich sage euch: es ist Elia schon gekommen, und sie haben ihn nicht erkannt ... Da verstanden die Jünger, dass er von Johannes dem Täufer zu ihnen geredet hatte.*

Leslie D. Weatherhead, ein führender englischer Theologe, sagt in seiner Schrift 'The Case for Reincarnation' zur Frage der Wiedergeburt:

> *Denkende Christen fordern nicht nur, dass das Leben gerecht sei, sondern auch, dass es sich als sinnerfüllt erweise. Kann die Lehre von der Wiederkehr dazu verhelfen? Ich glaube, dass sie es tut. Nehmen wir an, dass ein völlig materialistisch eingestellter Mensch stirbt, der sein ganzes*

Leben, vom religiösen Standpunkt aus gesehen, missbraucht und verpfuscht hat. Genügt nun sein bloßer Übertritt in die geistige Welt, um ihn zu wandeln? Wäre das nicht so, als versetze man einen Menschen, der nie die Möglichkeit hatte, Musik zu verstehen, in ein Dauerkonzert? Kann ein Mensch, der zeitlebens geistige Dinge ignorierte und verneinte, sich in einer geistigen Umwelt wohl fühlen? Wenn eingewendet würde, er könne dort lernen, was er hier versäumte, frage ich: Kann er das wirklich? Und – würde ein solcher Schluss nicht das Erdenleben bedeutungslos machen? Ich glaube nicht, dass einer die Erfahrungen und Prüfungen des Erdenlebens überspringen kann. Und wenn er versäumte, durch diese Erfahrungen und Prüfungen hindurchzugehen, die nur während der irdischen Verkörperung erlangt werden können, warum sollte er nicht wiederkehren, um sich ihnen erneut zu unterziehen?

Sind wir wirklich zum ersten Male hier? Wenn jede Geburt die einer neuen Seele wäre, wie soll sich da ein Fortschritt vollziehen? Jede Seele müsste dann ganz von vorn anfangen. Wie könnte da je Vollendung erreicht werden? Wie soll die Menschheit geistig und ethisch voranschreiten, wenn die Geburt jeder neuen Generation die Welt mit nicht erneuerten Seelen anfüllen würde? Ein Aufstieg zu höherer Vollkommenheit, wie Christus sie fordert, ist nur möglich, wenn alle, die sich hier verkörpern, den Vorteil hatten, sich schon in früheren Leben für das jetzige zu schulen, und die Möglichkeit, sich in ihrem gegenwärtigen Leben für die künftigen vorzubereiten.

Diese Beispiele mögen nachdenklich stimmen und lassen erkennen, dass der Gedanke an Reinkarnation nicht im Gegensatz zum christlichen Glauben steht, sondern ihn vielmehr vertieft.

Welche Gründe mögen die christlichen Kirchen haben, diese Tatsache auch heute noch zu verschleiern, wo doch alle übrigen Hochreligionen an die Wiedergeburt der Seele glauben? Selbst die Wissenschaft und die Forschung sind derzeit soweit, dass sie durch bewusste Rückführungen in frühere Leben Menschen von Traumata befreien können. Erwähnenswert in dem Zusammenhang ist auch das Buch von Thorwald Dethleffsen: 'Das Erlebnis der Wiedergeburt'. Hier schreibt der Autor darüber, wie er in einer Sitzung einen Patienten anfangs versehentlich in sein Vorleben zurückgeführt hat. Dieses Buch ist spannend und wirkt auf mich sehr authentisch.

Eigentlich haben jene Menschen Recht, wenn sie sagen: „Du lebst nur einmal", denn die Antwort darauf müsste heißen: „Ja – und zwar für immer!" Unser Leben endet niemals, wir sind laufend Verwandlungen unterworfen.

Alles im Kosmos befindet sich in ständiger Bewegung. Alles ist Energie. Selbst unser Körper ist verdichtete Energie, auch wenn es sich hier um grobstoffliche Materie handelt. Gleichzeitig besitzen wir jedoch auch einen feinstofflichen Körper – unseren Energiekörper –, der sich wiederum aus mehreren anderen Körpern zusammensetzt. Aber bleiben wir doch der Einfachheit halber bei dem Ausdruck 'Energiekörper'.

Energie ist Strahlung. Der Volksmund hat einen schönen Ausdruck geprägt: Sieht man einen glücklichen Menschen, so sagte man: „Sieh mal, wie er strahlt!" Natürlich meint man damit sein Lachen, seine Fröhlichkeit – eben seine Ausstrahlung. Wir haben doch alle schon gespürt, wie es ist, wenn man Menschen ganz besonders gern mag. Wir fühlen uns zu ihnen hingezogen. Andererseits gibt es das gleiche Phänomen, dass ein Mensch einem auf den ersten Blick unsympathisch sein kann, ohne dass er nur ein Wort gesagt, geschweige denn etwas getan hat, was einem nicht passt.

Wir strahlen Energie aus. Und wir kennen das Gesetz der geistigen Ebene bereits: Gleiches zieht Gleiches an – Ungleiches stößt sich ab. Wir nehmen Energie auf und geben Energie ab. Und was passiert, wenn unser materieller Körper eines Tages aufhört zu sein? Dann löst sich unser Energiekörper von unserem materiellen Körper, weil dieser die Verkörperung nun hinter sich gebracht hat und sie nicht mehr braucht.

Alle Menschen, die bisher über ihre eigenen Todesnäheerlebnisse gesprochen haben, waren überrascht und erstaunt, dass sie sich nach wie vor in ihrem 'Körper' befunden hatten, nachdem sie ihn eigentlich längst verlassen hatten. Erst später spürten sie, dass es ihr feinstofflicher Körper war. In diesem wunderbaren Zustand empfanden sie weder Zeit noch Raum – diese Dimensionen waren aufgehoben – noch bemerkten sie irgendwelche Gebrechen, die in ihrem Leben zu ihrem materiellen Körper gehört hatten. Gelähmte konnten sich so frei bewegen, als hätten sie nie irgendwelche körperlichen Beschwerden gehabt. Blinde konnten sehen, und Menschen, die taub waren, konnten plötzlich alles hören, was an ihrem Krankenbett gesprochen wurde. Sie erinnerten sich oftmals an jedes einzelne Wort, als sie in ihren Körper zurückgeholt wurden – ein absolutes Phänomen für jeden Arzt!

Wir alle tragen Gott in uns und verfügen über die kosmische Kraft und Energie, die alles, aber auch alles schafft. Wir sind wachsendes Bewusstsein auf dem Weg zur Vollkommenheit und wissen, dass wir unseren feinstofflichen Körper nie verlieren, dass wir ewig sind, von einer Inkarnation zur anderen – bis wir uns irgendwann einmal entscheiden können, ob wir auf Erden in einer neuen Verkörperung weiter lernen und lehren werden oder in kosmischen Regionen.

Durch unser christliches Denken, in dem kein Raum ist für die Reinkarnationslehre, ist vielen Menschen der Zusammenhang nicht klar, warum ein Schicksal sich vom anderen grundlegend unterscheidet, und man ist leicht geneigt, über Ungerechtigkeiten zu urteilen. In der heutigen Zeit gibt es immer mehr Menschen, die sich die Frage nach dem Sinn des Lebens stellen. Wenn die Kirchen nicht in der Lage sind, darauf eine Antwort zu finden, so besteht die Gefahr, dass diese Menschen sich sogenannten Gurus verschreiben oder Sekten anschließen, die sie in die Abhängigkeit hineinführen. Wer von uns ist sich eigentlich seiner Lebensaufgabe bewusst? Wer von uns setzt seine ganze Kraft wirklich ein, um diese erkannte Aufgabe zu erfüllen?

Auch ich war auf der Suche, als ich Peter Wenzel kennen lernte.

*

Mein Buch war gerade erschienen, da traf ich das erste Mal bei meiner Nachbarin Lina auf Eva, eine Freundin von Lina. Beim gemeinsamen Kaffeetrinken sprach Lina mein Buch an und auch die Seminare, die ich mit Günter Ilse in den vergangenen Jahren miterlebt hatte.

„Oh, da müsstest du mal Peter Wenzel kennen lernen“, warf Eva munter ein.

„Wer ist das?“ fragte ich interessiert.

„Peter hält seit fast fünfundzwanzig Jahren Vorträge und bespricht Lebenshilfe-Kassetten auf religiöser Basis. Sagt dir die amerikanische Vereinigung UNITY etwas?“

Ich schüttelte den Kopf, spürte aber, wie sich ein Anflug von Skepsis meiner bemächtigte, ob dieser Verein vielleicht mit irgendwelchen obskuren Sekten etwas zu tun haben könnte.

Eva lachte, als ich meine Gedanken laut aussprach.

„Nein“, sagte sie, „Unity ist eine überkonfessionelle Lebensschule in Todtmoos im Schwarzwald. Ich kenne Unity seit über zwanzig Jahren. Mitglied kannst du dort nicht werden. Es ist weder eine Kirche noch werden Gottesdienste abgehalten. Auch zieht man dir dort kein Geld aus der Tasche."

„Ja – und was wird dort veranstaltet?"

„Also, Peter hat in Todtmoos das Seminarhotel 'Lichtquell' aufgebaut. Dort werden im wöchentlichen Rhythmus Seminare über positive Lebensführung von Psychologen, Ärzten, Lebensberatern und auch von bekannten Autoren abgehalten."

Lina fragte: „Und was kostet so ein Seminar?"

„Das ist ja das Interessante", fuhr Eva fort. „Alles läuft nur auf Spendenbasis. Der Preis für Übernachtung und Essen liegt fest, aber für die Seminare gibt jeder das, was er bereit ist zu geben."

„Und damit kann das Haus existieren?" fragte ich erstaunt.

„Bisher ja, denn die Seminarleiter erhalten nur die Hälfte des Betrages, der zum Ende des Seminars gesammelt wird."

„Übrigens", sprach Eva weiter, „nächste Woche Freitag hält Peter in Osnabrück einen Vortrag. Hättest du Lust mitzukommen?"

Zu dem Zeitpunkt hatte ich noch nichts von Peter Wenzel gehört, und bevor ich mich entscheiden wollte, zu seinem Vortrag zu fahren, bat ich Eva: „Kannst du mir nicht erst einmal eine Kassette geben, die ich mir anhören kann?"

Als ich diese dann später gehört hatte, brauchte ich nicht lange nachzudenken und wollte die Chance nutzen, ihn persönlich kennen zu lernen.

Gern denke ich an das zurück, was dann geschah:

Abends sollte der Vortrag stattfinden. Nachmittags überfiel mich plötzlich eine gewisse Unruhe. Immer wieder kam bei mir der Gedanke auf, Peter Wenzel, dessen Namen ich bis vor kurzem nicht gekannt und den ich noch nie in meinem Leben gesehen hatte, mein Buch mitzunehmen. Sofort signalisierte mir mein Verstand: „Du brauchst dich nicht wichtig machen. Lass es sein!“ Und ich entschied: „Das Buch bleibt zu Hause.“

Wieder kam dieses starke Gefühl in mir auf, Peter unbedingt ein Exemplar mitzunehmen. Erst kurz vor der Abfahrt entschied ich mich spontan, meiner inneren Stimme zu folgen.

‘An einen Freund’ schrieb ich als Widmung hinein – obwohl ich diesen Menschen überhaupt nicht kannte. Ich habe viele Bekannte, aber nicht viele Menschen, die ich Freunde nenne, darum bin ich normalerweise sehr vorsichtig mir dem Begriff ‘Freund’. Hier hatte meine innere Stimme offensichtlich meine Hand geführt.

Peters damaliger Vortrag hieß: „Wir sind der Stau.“ Und es staute sich wirklich schon am Eingang. Ich war überrascht, wie viele Menschen sich dort einfanden. Als er Eva und mich am Eingang begrüßte, übergab ich ihm etwas unsicher mein Buch.

„Oh, danke! Was ist das denn?“

„An einen Freund“, antwortete ich verlegen.

Ich lernte ihn als strahlenden Menschen kennen. Und als ich später seinen Vortrag hörte, wusste ich plötzlich: Hier war endlich jemand imstande, mir die Bibel metaphysisch zu erklären, und ich begann sie besser zu verstehen. Genau das hatte ich gesucht! Auf diese Weise gelang es mir plötzlich, die Inhalte der Bibel mit meiner Sichtweise zu vereinbaren. Ich spürte schnell, hier war ich nicht den Fängen einer Sekte ausgesetzt, sondern hatte Menschen gefunden, denen Gottes Wort am Herzen liegt – auch ohne Geld und irgendein Dogma.

Am Ende des Vortrags war ich sehr beeindruckt. Dann stellte Eva mir Peters Frau Esthi vor, eine lebendige, liebenswerte junge Schweizerin.

Jetzt wusste ich, dass es richtig war, mein Buch mitzunehmen, und war dankbar, dass ich doch auf meine innere Stimme gehört hatte.

*

Wenn ich über die verschiedenen Glaubensrichtungen und auch die Zusammenhänge oder Gegensätze zwischen Psychologie, Pädagogik und Spiritualität nachdenke, so fällt mir folgendes Bild ein:

Auf einer Bühne wird eine Szene gespielt. Darüber leuchtet weißes Licht. Dieses Licht wird nun gebrochen und teilt sich in seine Spektralfarben auf. Von den einzelnen Menschen wird nur diejenige Spektralfarbe wahrgenommen, in der sie die Szene auf der Bühne beobachten. Dabei wird aber die Tatsache, dass ihre Wahrnehmung nur ein Teil des gesamten weißen Lichtes ist, von ihnen außer acht gelassen.

So wird jemand, der das blaue Licht wahrnimmt, immer wieder zu Recht behaupten, dass das Bühnenstück blau ausgeleuchtet war. Die Beobachter der Szene in anderen Farben würden das Gleiche bezüglich ihrer eigenen Wahrnehmung behaupten. Interessant dabei ist, dass jeder Recht hat. Wäre die Vorstellung nicht schön, wenn dieses gebrochene Licht sich unter der Bühne wieder zu einem Ganzen vereinte und sämtliche Farben in das weiße Licht als Urquelle strömten?

Dieses Beispiel hilft mir immer wieder, Unterschiede der einzelnen Perspektiven zu verstehen, seien sie auch noch so gegensätzlich.

*

Ein halbes Jahr nach Peters Vortrag erhielt ich völlig unerwartet einen Anruf.

„Hallo, Gila – hier ist Peter Wenzel“, wurde ich herzlich begrüßt. „Ich sag einfach Du, ja? Du wirst dich sicher wundern, dass ich dich anrufe. Aber das hat auch einen ganz speziellen Grund.“

Erfreut und überrascht über seinen Anruf harrte ich der Dinge, die da kommen sollten.

„Du hattest mir doch bei unserem ersten Treffen dein Buch gegeben. Ich muss zugeben, es hat eine Weile bei uns im Bücherschrank gestanden, bis Esthi, meine Frau, irgendwann angefangen hat, es zu lesen. Gila, du glaubst gar nicht, was dann passiert ist. Ich bekam drei Tage fast kein Essen mehr, weil meine Esthi nichts anderes im Kopf hatte als dein Buch. Wenn sie dann wirklich mal kochte – und sie kocht gern –, hielt sie in der linken Hand den Kochlöffel und in der rechten dein Buch. Und die Toilettensitzungen dauerten doppelt so lange wie sonst.“

Ich lachte leise ins Telefon hinein.

„Das Schlimmste kommt ja noch“, fuhr Peter in seinem unnachahmlichen Humor fort. „Als Esthi es dann endlich ausgelesen hatte und ich mich wieder auf geregelte Mahlzeiten freute, ging dasselbe Theater mit Esthis Mama Hedy aus der Schweiz am Telefon los. Esthi hatte ihr inzwischen das Buch geschickt, und jetzt hingen die beiden nur noch am Telefon, um sich über dein Buch zu unterhalten. Grausam war das!“ Peter lachte trocken auf. „Um überhaupt mitreden zu können, musste ich es dann auch lesen. Weißt du, der langen Rede kurzer Sinn ist: Ich möchte das Buch gern als Unity-Buch des Monats herausbringen und es unseren Freunden in ganz Deutschland durch ein Mailing ans Herz legen. Dazu brauche ich dreihundert Bücher von dir. Wann kannst du liefern?“

Ich war völlig überwältigt von seinem Anruf, seiner humorvollen, lockeren Art und natürlich auch von dem Auftrag. Zum

Schluss unseres Gesprächs lud er mich dann zu sich nach Todtmoos ein. Ich nahm gern an.

Bei meinem Besuch in Todtmoos lernte ich die beiden dann besser kennen. Neben den wunderbaren Gesprächen bis tief in die Nacht hinein erinnere ich mich gern an folgende Situation, die bezeichnend ist für Peters Persönlichkeit: Esthi, mit ihrem sympathischen Gesicht und ihren hübschen braunen Augen, trug ihre blonden Haare ganz kurz. Peter strich seiner Frau zärtlich über die Stoppeln und lachte. „Ich habe Esthi vorhin die Haare gestutzt. Sieht das nicht Klasse aus?"

Ich schaute Esthi an, wand mich ein wenig und sagte wahrheitsgemäß: „Sorry, Peter, ich mag es nicht so kurz."

Überrascht sah mich Peter an und sagte dann nachdenklich: „Mutig, Gila! Dein ehrliches Nein zeigt mir, wie wertvoll dein Ja sein muss."

Es entstand eine herzliche und feste Freundschaft zwischen Esthi, Peter und mir, die sich durch gegenseitige Besuche immer mehr festigte – und alles nur, weil ich meiner inneren Stimme gefolgt war, Peter bei seinem Vortrag mein Buch zu geben ...

Kapitel 5

Angst wird dadurch erzeugt,
dass wir nicht darauf vertrauen,
dass das Leben für uns da ist.
Wenn wir das nächste Mal Angst haben,
sollten wir uns sagen:
Ich habe Vertrauen,
dass das Leben für mich sorgt.

(Louise Hay)

Rico und Dana hatten das Wochenende mit Jürgen sichtlich genossen, und ich war fasziniert über seine liebevolle Art, auf die beiden Kleinen einzugehen. Vor allem bei Dana hatte er Punkte gesammelt, denn bevor wir am nächsten Morgen zu Petra und Horst zum Frühstück gingen, gab es ein wenig Theater mit ihr. Sie wollte ihren weißen Pulli vom Vortag anziehen, obwohl dieser stark angeschmuddelt war und sie genug andere saubere Sachen dabei hatte. Durch nichts war sie zu überzeugen gewesen und hatte sich vehement auf die Hinterbeine gestellt, was dazu führte, dass sie sich weigerte, mit uns zu frühstücken. Selbst ich hatte nichts mehr bei ihr ausrichten können.

„Geht schon mal vor", waren Jürgens beruhigende Worte gewesen. Und wirklich – nach fünf Minuten kamen die beiden Arm in Arm zum Frühstück – Dana in sauberen Sachen. Man spürte deutlich, dass er die Kinder sehr mochte, ohne sich dabei auf der Nase herumtanzen zu lassen.

Auf dem Rückweg hatten wir Jürgens Schwester Renate in

Berlin besucht. Sie war etwas jünger als er; eine patente Frau, die mitten im Leben stand. Die beiden schienen sehr aneinander zu hängen. Mir gefiel es, mit welcher Selbstverständlichkeit sie uns willkommen hieß.

Spät kamen wir Sonntag Abend nach Hause. Es war ein schönes Wochenende gewesen.

Kurz vor dem Schlafengehen schnitt Jürgen ein anderes Thema an. „Gila", meinte er, „meine Mutter hat nächste Woche Geburtstag. Du hast sie ja kennen gelernt und weißt, dass sie gehbehindert ist. Bisher habe ich es immer so gehalten, dass ich mir an dem Tag freigenommen und ihr geholfen habe, ihre Gäste zu bewirten. Sie würde sich bestimmt freuen, wenn du mitkommen könntest."

Ich überlegte, wie wir das am besten mit den Kindern regeln konnten. Karin, unsere Hauswirtschafterin, blieb täglich bis halb fünf und konnte bis dahin bei den Kindern bleiben. Mir kam die Idee, dass ich tagsüber zu Jürgens Mutter fahren und ihr helfen könnte, weil er noch sehr viel aufholen musste in seiner Firma. Er sollte mich dann um vier Uhr nachmittags ablösen, damit ich zu den Kindern zurückfahren konnte.

Dankbar nahm Jürgen meinen Vorschlag an.

Montags kam Rolf, unser Untermieter, von seinem Wochenendurlaub zurück. Er hatte ein kleines Zimmer bei uns und studierte in Bielefeld. Rolf gehörte quasi zur Familie, aß mit uns zusammen und wurde auch zu allen Feiern eingeladen.

Gegen Abend kam ich spontan auf die Idee, mit Jürgen und seiner Mutter, Rolf und den beiden Kleinen essen zu gehen, was mit Begeisterung aufgenommen wurde.

Nach dem Essen brachten wir zuerst Jürgens Mutter nach Hause und fuhren dann heim. Wir saßen gerade in gemütlicher Runde beisammen, als es an der Haustür schellte. Ich stand auf, um zu öffnen. Eine ältere Dame, klein und etwas untersetzt, stand vor der Tür und fragte: „Sind Sie Gila van Delden?"

„Ja", sagte ich überrascht. Sie stellte sich vor.

Auffallend an ihr waren ihre hellen Augen, aus denen mir viel Liebe und Wärme entgegenstrahlte. Ohne weitere Worte mit ihr gewechselt zu haben, war sie mir auf Anhieb sympathisch.

„Wissen Sie", sagte sie, „überall hängen Ihre Plakate, weil Sie ja nächste Woche die Lesung haben. Und da habe ich mir gedacht, vielleicht können Sie mir helfen, mein Manuskript zu verlegen."

„Bitte, kommen Sie doch herein", bat ich sie.

„Eigentlich möchte ich nicht stören."

„Sie stören nicht", erwiderte ich und führte sie ins Wohnzimmer, wo Jürgen, Rolf und die Kinder am Esszimmertisch saßen.

Ich bot ihr einen Platz an und bat sie, ihren Mantel abzulegen. Dazu war sie aber nicht zu bewegen.

„Nein, nein", meinte sie, „ich gehe gleich wieder. Mein Manuskript handelt übrigens von dem alten Käpten Jo und seinen Tieren."

„Ist es ein Kinderbuch?"

„Es ist auch für Erwachsene geeignet." Sie schien einen Augenblick zu überlegen. Offensichtlich waren wir ihr allesamt sympathisch, weil ich sie hereingebeten hatte und wir ihr alle so aufmerksam zuhörten. Hemmungen schien sie jedenfalls keine zu haben. Sie schaute sich um, lächelte in die Runde – und meinte sehr lieb, aber mit aller Selbstverständlichkeit: „Ich lese es Ihnen mal vor!"

Wir waren perplex. Rolfs Grinsen war filmreif. Auch Jürgen schmunzelte in sich hinein, während meine beiden Kleinen begeistert zustimmten.

Immer noch im Mantel nahm sie jetzt doch an unserem Esstisch Platz, kramte umständlich in ihrer großen Tasche nach ihrer Brille, freute sich offensichtlich, dass sie sie gefunden hatte – und begann zu lesen.

Sie hatte eine sehr warme und dunkle Stimme. Während sie vorlas, sah ich aus den Augenwinkeln Rolf immer noch grinsen, sah Jürgen, der unterm Tisch meine Hand suchte, die Kinder, die mit großen Augen und offenen Ohren lauschten – und diese Dame, die wie eine Märchenfee in unser Haus geschneit war.

Meine einzige Sorge war, dass ihr Manuskript vielleicht zweihundert Seiten lang sein könnte. Unauffällig versuchte ich, den Umfang abzuschätzen. Na, ungefähr sechzehn bis zwanzig eng beschriebene Seiten schien es schon zu haben. Gut, da mussten wir durch. Aber ihre starke Persönlichkeit und ihre liebevolle Ausstrahlung zogen mich immer wieder in den Bann, ihr zuzuhören. Mehr als die Geschichte faszinierte mich jedoch die nette, selbstverständliche Art dieser Frau, die trotz ihres forschen Auftretens auf irgendeine Art Schlichtheit und Bescheidenheit ausstrahlte.

Irgendwann war die Geschichte dann zu Ende. Sie legte ihr Manuskript zur Seite und setzte ihre Lesebrille ab. Freundlich lächelnd schaute sie sich um, und wir begannen wahrhaftig alle zu klatschen! Sie hatte es geschafft, eine kleine private Lesung im Kreis interessierter Zuhörer bei uns zu Hause durchzuführen. Alle Achtung!

Da ich keine Kinderbücher verlege, half ich ihr, durch eine Aufstellung aus einem Verzeichnis die entsprechenden Verlage herauszufinden. Nachdem sie uns noch einiges aus ihrem Leben erzählt hatte, verabschiedete sie sich, nicht ohne zu betonen, wie gern sie nächste Woche zu meiner Lesung käme. Ob sie mir das Manuskript mal dalassen könne?

Ich nickte amüsiert und begleitete sie zur Tür.

Als ich wieder ins Wohnzimmer kam, schütteten sich die beiden Männer aus vor Lachen.

„Das ist das, was ich so bei euch so mag“, prustete Jürgen los. „Hier spürt man wirklich die Glut des Lebens. So was hätte ich mir im Traum bei mir zu Hause nicht vorstellen können. Ist das nicht schön? Da schellt jemand, kommt ganz selbstverständlich herein und macht eine Lesung am Esszimmertisch. Und alle hören zu ...“

„Ja, Jürgen“, sagte Rolf, während sein Grinsen noch breiter wurde, „mit so was musst du bei Gila immer rechnen.“

Während ich protestierte, dass so etwas auch für mich nicht alltäglich sei, sagte Jürgen nur: „Wie ich das liebe! Ich glaube, ich fange jetzt erst an zu leben.“

*

Zu Jürgens Mutter hatte ich inzwischen guten Kontakt. So fuhr ich gern an ihrem Geburtstag zu ihr, um ihr zu helfen. Auch sie schien mit Inge ihre Schwierigkeiten zu haben.

Gerade war ich dabei, für die anwesenden Gäste das Mittagessen zu decken, da schellte das Telefon. Jürgens Mutter saß in ihrem Lehnstuhl. Ich hob ab. Es war Jürgen.

Völlig außer Atem sagte er: „Gila, Inge hat mich eben vom Bahnhof angerufen. Sie ist wieder von ihrer Reise zurück und wollte, dass ich sie vom Bahnhof nach Hause brächte. Ich habe ihr gesagt, dass das nicht geht, weil meine Mutter heute Geburtstag hat und ich zu ihr fahre.“

Er atmete schwer.

„Jürgen“, bat ich ihn, „bitte, reg dich nicht auf.“

„Das Schlimmste kommt ja noch: Sie will unbedingt meine Mutter besuchen, obwohl sie sich früher kaum um sie gekümmert hat. Und als ich ihr sagte, das ginge nicht, du seist da, meinte sie, das mache ihr nichts aus. Gila“, sagte er hilflos, „jetzt ist sie mit dem Taxi unterwegs zu euch.“

O Himmel, das fehlte gerade noch ...

„Okay, Jürgen, mach dir keine Gedanken. Ich schaffe das schon. Es tut mir nur leid für deine Mutter, weil sie etwas anderes verdient hätte an ihrem Geburtstag."

„Ich komme so schnell wie möglich, okay?"

„Ja", entgegnete ich mit Schmetterlingen im Bauch, „aber mach dir bitte bloß keinen Stress. Wir kriegen das schon hin."

Ich legte den Hörer auf. Jürgens Mutter ahnte, was los war, und ich berichtete ihr, was er mir gerade erzählt hatte.

„Wir machen die Tür einfach nicht auf", entschied sie rigoros, „das wäre wohl das Einfachste."

„Nein, wir sollten sie schon hereinbitten. Vielleicht will sie nur mit mir reden. Wir können ja in die Küche gehen, damit die Geburtstagsfeier nicht gestört wird."

Ein paar Minuten später fuhr das Taxi vor. Ich beobachtete, wie Inge mit einer Reisetasche ausstieg und zahlte. Kurz darauf schellte es.

Mit klopfendem Herzen betätigte ich den Türöffner. Dann standen wir uns gegenüber.

„Sie sind Inge, nicht?" fragte ich sie beklommen. „Ich bin Gila."

„Ja", meinte sie kurz. Ich gab ihr meine Hand zur Begrüßung. Sie ging voraus zu Jürgens Mutter und gratulierte ihr mit einem Strauß Blumen und ein paar knappen Worten.

„Möchten Sie einen Kaffee?" fragte ich.

Sie nickte.

„Ich kenne mich hier noch nicht aus. Können Sie mir vielleicht in der Küche helfen?"

Sie begriff, was ich meinte, und folgte mir. Sie setzte sich auf die Eckbank an den kleinen Küchentisch und schwieg. Während ich das Filterpapier für den Kaffee suchte, musterte ich sie aus den Augenwinkeln. Bleich und verhärmt sah sie aus. Schon einmal war ich ihr begegnet, als ich Jürgen nach fast elf Jahren wiedersah und sie neben ihm stand. Auch da hatte sie sehr blass ausgesehen. Ihre Augen waren glanzlos. Sie schien sehr zu leiden.

„Es ist 'ne blöde Situation für uns beide", sagte ich zögernd.

Sie begann zu schluchzen.

Ich setzte mich neben sie und nahm sie in die Arme. Sie ließ es geschehen. Sie schluchzte und konnte sich kaum mehr beruhigen.

„Bitte, geben Sie mir Jürgen zurück. Bitte!"

„Ich kann Ihnen Jürgen nicht zurückgeben. Er ist von selbst zu mir gekommen. Ich halte ihn nicht, wenn er zurückgehen will. Aber das muss er selbst wollen."

Sie wischte sich die Tränen ab und schluchzte: „Ich kann ohne ihn nicht leben."

„Jürgen hat mir erzählt, dass Sie mit der Trennung einverstanden waren und in der letzten Zeit nicht mehr miteinander gesprochen haben."

„Ja, ich weiß, das war ein riesiger Fehler. Das bereue ich ja auch. Ich will ihn nur wieder zurückhaben."

„Meinen Sie, dass das für Jürgen auch das Beste wäre?"

„Ja, natürlich!" Ihre verweinten Augen sahen mich erstaunt an. „Man kann doch acht Jahre nicht einfach auslöschen, nur wenn man einmal eine Nacht mit einer anderen verbringt."

„Sehen Sie das wirklich so?"

Sie nickte unter Tränen.

Inzwischen war der Kaffee durch die Maschine gelaufen. Ich stand auf und schenkte uns beiden eine Tasse ein. Die ganze Szene hier war filmreif.

„Bitte", sagte sie völlig verzweifelt und begann wieder zu weinen, „ich brauche ihn mehr als alles andere auf der Welt. Er muss zu mir zurückkommen! Ich habe viele Fehler gemacht.

Aber ich habe alles eingesehen. Ich kann ohne ihn nicht leben. Und ich will auch ohne ihn nicht mehr leben. Er soll zurückkommen."

Ich schwieg betroffen.

Sie sah aus wie ein Häufchen Elend, als sie so zusammengesunken, ihren Gefühlen hilflos ausgeliefert, am Tisch saß. Irgendwie tat sie mir leid, wohl wissend, dass sie die Situation mit ganz anderen Augen sah als Jürgen.

Als das Schweigen zwischen uns unerträglich wurde, stand sie auf und verließ die Küche. Kaum war sie gegangen, kam Jürgens Mutter hereingehumpelt. Sie war ärgerlich und aufgeregt. Es tat mir leid, dass dieser alten Dame mit ihren fast achtzig Jahren so eine Aufregung zu ihrem Geburtstag beschert wurde.

Auch die beiden anderen Gäste kamen jetzt in die Küche. Eine Nachbarin, die Jürgen im Elternhaus hatte aufwachsen sehen und die die Familienverhältnisse gut kannte, begann leise über die Beziehung zwischen Jürgen und Inge zu sprechen. Obwohl ich keinerlei Zweifel zu haben brauchte an Jürgens Schilderung von seiner Verbindung zu Inge, bekam ich nun das erste Mal von dritter Seite her bestätigt, wie kompliziert, einengend und freudlos diese Partnerschaft wohl gewesen sein musste.

Es war inzwischen drei Uhr nachmittags geworden. Um vier Uhr wollte ich fahren, um pünktlich zu Hause zu sein, wenn Karin ging. Wir saßen immer noch in der Küche. Schweigend hörte ich den Ausführungen der anderen zu.

Da kam Inge zurück. Schlagartig versiegte der Redefluss. Sie setzte sich auf die Eckbank, und ich stand auf, um nochmals Kaffee zu kochen. Es war schon eine außergewöhnliche Situation.

Plötzlich hörte ich einen Schlüssel in der Wohnungstür. Jürgen – dachte ich erleichtert, aber auch mit einem beklommenen Gefühl im Herzen.

Ja, er war's. Als er in die Küche kam, schaute ich in sein abgespanntes Gesicht. Offensichtlich nahm ihn diese Situation sehr mit. Er ging auf mich zu, nahm mich in die Arme und sagte zu mir: „Hallo, Liebes." Etwas steif erwiderte ich seine Begrüßung, wohl wissend, dass Inge und auch die anderen uns beobachteten.

Dann wandte er sich Inge zu und sagte mit einer Spur von Ärger in der Stimme: „Das finde ich aber gar nicht gut, was hier abläuft."

Inges Verzweiflung tat mir fast körperlich weh. Ich fühlte mich äußerst unwohl und stand auf. „Ich lasse euch beide jetzt allein."

„Du kannst ruhig hier bleiben", bat Jürgen mich und sah mich offen an, wohl um in meinem Gesicht zu lesen, wie ich die Sache aufnahm.

„Nein, es ist besser, ihr sprecht allein miteinander", meinte ich.

Wie auf Kommando standen auch die anderen auf und begleiteten mich ins Wohnzimmer.

Sollte ich bleiben, bis die beiden sich ausgesprochen hatten? Ich schaute auf die Uhr. Ich musste zurück zu den Kindern. Andererseits kannte ich Jürgen. Er war ein Mensch, der keinen Streit und Druck ertragen konnte. Ich hatte bemerkt, dass es ihn jedes Mal sehr mitnahm, wenn er mit Inge gesprochen hatte, weil er sich ihrer massiven Beeinflussung oft nicht gewachsen fühlte. War es gut, dass ich die beiden allein lassen wollte? Ich holte mir Jürgens letzte Worte wieder ins Gedächtnis. Er hatte mich nicht gebeten zu bleiben, er hatte nur gesagt, ich könne ruhig dableiben. Ich horchte in mich hinein. Ich könnte Karin anrufen und sie bitten, etwas länger bei den Kindern zu bleiben; oder auch Birgit, unsere Mieterin, die vor Jahren mit ihrem Mann Andreas in unsere Einliegerwohnung gezogen war.

Ich fühlte mich nicht wohl in meiner Haut und entschloss mich nach einer Weile, nach Hause zu fahren. Jürgens Mutter bat mich zwar immer wieder zu bleiben, weil sie befürchtete, dass Inge die Gunst der Stunde nutzen würde, doch ich hatte Vertrauen zu meiner Beziehung zu Jürgen.

Abends gegen sieben kam Jürgen nach Hause. Ich konnte ihm ansehen, wie sehr ihn dieser Tag mitgenommen hatte.

„Ich habe sie noch nach Hause gebracht", meinte er entschuldigend. „Das war vielleicht ein Theater." Er schüttelte immer wieder den Kopf. „Junge, Junge ..."

Gerade war ich dabei, den Tisch zu decken, als Dana mit einer Überraschung ankam. Sie war nachmittags ins Dorf gefahren und hatte von ihrem Taschengeld ein kleines Porzellankörbchen mit Blumen für Jürgen gekauft, um ihm zu zeigen, wie gern sie ihn mochte. Den Kindern hatten wir von der Geschichte mit Inge natürlich nichts erzählt, so wurde beim Abendessen bewusst über etwas anderes gesprochen.

Abends, als wir am Kamin saßen, spürte ich ganz stark Jürgens Unruhe.

„Was ist los?"

„Ach, das ganze Theater mit Inge macht mich fertig!" sagte er matt und zog sein Sprühfläschchen aus der Tasche, um zu inhalieren. „Erst ist sie mit allem einverstanden und gibt mir deutlich zu verstehen, dass sie eine Trennung will – und nun so was!"

„Und? Was willst du tun?"

„Da muss sie durch, das geht gar nicht anders. Was brächte es, wenn ich zu ihr zurückginge? Alles finge wieder von vorn an. Nein, ich will das nicht mehr. Außerdem habe ich dich lieb, Gila! Ich würde bei Inge eingehen wie eine Primel. Ich genieße es, bei euch zu sein. Ich mag die beiden Kleinen und habe immer zu Kindern eine gute Beziehung gehabt."

Ich sah es ähnlich wie er und schwieg beklommen. Während ich in das flackernde Kaminfeuer schaute, schweiften meine Gedanken zu dem bevorstehenden Wochenende. Am Samstag sollte Günter sein erstes Seminar seit dem Erscheinen meines Buches im Bielefelder Raum halten. Es waren viele Anfragen danach gekommen. Ich sehnte diese Tage für Jürgen herbei, weil ich wusste, wie wichtig es für ihn sein würde. Hier konnten ihm ganz deutlich die Ursachen seiner seelischen Probleme zu seinen körperlichen Symptomen aufgezeigt werden. Außerdem würde Günter ihm für viele Fragen zur Verfügung stehen, weil wir neben dem Seminar genügend Zeit für Gespräche miteinander hatten. Günter und seiner Frau Röschen hatte ich am Telefon schon viel von Jürgen erzählt. Sie waren gespannt darauf, ihn nun endlich persönlich kennen zu lernen.

*

„Tschüs!" meinte Jürgen am anderen Tag gut gelaunt, als er mit Dana das Haus verließ. Stolz wie eine kleine Königin saß sie in Jürgens Auto, mit dem sie wie jeden Morgen zur Schule gebracht wurde.

Ich winkte den beiden nach. Ein letztes Hupen – und sie entschwanden aus meinem Blickfeld. Der Tag konnte beginnen.

Ich ging in mein Büro. Meine Tätigkeit machte mir sehr viel Freude, besonders weil ich zu Hause arbeiten konnte und so für die Kinder immer erreichbar war.

Das Ereignis des gestrigen Tages beschäftigte mich noch immer sehr stark. Beim Frühstück hatten wir nicht mehr darüber gesprochen. Gemeinsam mussten wir jetzt dieses Problem durchstehen. Mir fiel plötzlich ein, wie Peter Wenzel das Wort Problem bei einem Gespräch definiert hatte:

***PROB**-EN, DIE MAN IM **LE**-BEN **M**-EISTERT.*

Nach einer Weile schaute ich auf die Uhr. Meistens rief Jürgen so gegen elf Uhr an. Es war kurz vor elf. Ich überlegte, ob es gut wäre, wenn ich mich heute mal meldete. Obwohl Jürgen sich immer freute, wenn er etwas von mir hörte, musste er doch stets aus der Produktionshalle seiner Firma geholt werden. So hatten wir uns geeinigt, dass er mich anrief, wenn er in seinem Büro war.

Ich wählte Jürgens Nummer. Stephan meldete sich. „Hallo, Stephan", sagte ich fröhlich, „geht's dir gut?"

„Wie man's nimmt", brummte er und ließ offen, was er meinte.

„Was ist denn los?"

„Ach, es ist alles Mist hier. Stell dir vor, Inge kam heute früh wieder an. Es gab eine gewaltige Auseinandersetzung. Jürgen hat alles stehen und liegen lassen und ist ganz aufgeregt mit ihr weggefahren. Er wäre gleich zurück, hat er gesagt. Gerade heute stehen wir unter einem derartigen Termindruck, dass ich mit den Aufträgen schon schwarzsehe."

Es war, als wenn eine eiskalte Hand an mein Herz griff, und ich fragte mit belegter Stimme: „Wie lange ist er denn schon weg?"

„Schon zwei Stunden. Sie singt ihn bestimmt wieder weich", knurrte er.

„Ach was", sagte ich überzeugt, „Stephan, das glaube ich einfach nicht."

„Da kennst du Inge nicht. Sie arbeitet mit allen Tricks."

„Nein, Stephan, das glaube ich nicht. Sie ist momentan nur furchtbar verzweifelt. Du musst dich mal in sie hineinversetzen: Überall stößt sie im Moment auf Plakate für meine Lesung, egal wo sie hingeht. Übrigens: Du weißt bestimmt, dass wir uns gestern persönlich kennen gelernt haben."

„Ja, klar", antwortete er bitter, „das war das erste, was Jürgen mir heute morgen erzählt hat. Was meinst du, wie sauer ich war, als ich das gehört habe! Mitten im Gespräch wurden wir dann durch ihr Auftauchen gestört."

„Sagst du Jürgen, dass ich angerufen habe und ob er mich bitte mal zurückruft, wenn er wiederkommt?" bat ich ihn.

„Okay!" sagte Stephan, „und tschüs ..."

Ich hatte kaum aufgelegt, als ein Anruf von Jürgens Mutter für mich durchgestellt wurde. Aufgeregt teilte sie mir mit, dass sie versucht habe, Jürgen anzurufen. Stephan habe ihr gesagt, dass Jürgen mit Inge weggefahren sei. Ob ich Näheres wüsste oder ob er sich schon bei mir gemeldet hätte.

Als ich ihr berichtete, dass ich genauso wenig wüsste wie sie, sagte sie: „Wenn er sich bloß nicht so beeinflussen ließe ..."

„Das wird er nicht tun", meinte ich, war mir aber dessen gar nicht mehr so sicher.

Wir kamen auf den gestrigen Nachmittag zu sprechen, und sie erzählte mir, wie Inge auf ihn eingeredet habe. Sie wolle sich das Leben nehmen, wenn Jürgen nicht zurückkäme.

„Das gibt's doch nicht!" Ich war fassungslos. „Das glaubt er doch wohl hoffentlich nicht?"

„Ich weiß es auch nicht mehr. Ich weiß nur eines, dass Jürgen dieses ganze Theater von Inge mit Sicherheit nicht gut tut."

„Ja, das kannst du wohl glauben", murmelte ich betroffen.

Als sie auflegte, spürte ich auf einmal ein Gefühl, das ich lange, sehr lange nicht mehr empfunden hatte: Angst – nackte Angst. Angst um Jürgen, Angst um unsere Beziehung. Urplötzlich fiel sie mich an – wie ein wildes Tier, das aus dem Dickicht auftaucht. Und ich hatte immer geglaubt, ich wäre dagegen gefeit durch meine positive Geisteshaltung. Nun war sie da! Wie gelähmt saß ich an meinem Schreibtisch. Keinen klaren Gedanken konnte ich mehr fassen. Jürgen, dachte ich immerzu – Jürgen!

Ich konnte Inge auf einmal sehr gut verstehen, denn auch ich hatte plötzlich Angst, ihn zu verlieren. Was hatte ich anderen Menschen immer geraten, wenn sie mich um Hilfe baten, ihre Angst zu besiegen? Ihrem Leben zu vertrauen. Alles, was uns im Leben begegnet, will uns fördern. Das war auch meine Ansicht. Mein Lebensspruch war geworden: Jeder scheinbare Misserfolg trägt stets den Keim eines neuen Erfolgs.

Und jetzt war ich dran! Ich befand mich in einer Situation, in der ich meine ganze Kraft brauchte, um da wieder herauszukommen. Ich wusste, was ich mit meiner Angst anrichten konnte: Ein Gedanke, mit starken Gefühlen verbunden, wird zur vorherrschenden geistigen Vorstellung und beginnt, sich zu verwirklichen. Vater im Himmel, nein, lass es nicht geschehen. Lass Jürgen bei mir bleiben!

Nach meinem Stoßgebet kam dann die Antwort. Ich erinnerte mich an meinen Freund Peter Wenzel, der mir für eine derartige Situation den Rat gab: „Gila, wenn dich mal die Angst anfällt, dann setz dich einfach hin, nimm dir ein Blatt Papier und schreibe die drei Worte auf:

URVERTRAUEN – NUR VERTRAUEN.

Und das schreibe, bis die Angst weg ist – und wenn es Stunden dauert!"

Mit zitternden Händen nahm ich mir mein Schreibzeug. Immer wieder schrieb ich die Worte auf meine Blätter – immer wieder: URVERTRAUEN – NUR VERTRAUEN.

Es dauerte Stunden. Ich weiß nicht mehr, wie viele Seiten ich vollgeschrieben hatte, als ich dann wirklich spürte, wie die Angst nachließ. Ganz langsam zog wieder ein Gefühl des inneren Friedens bei mir ein. Mein Vertrauen in mein Leben kehrte zurück. So oft hatte ich erfahren, wie sehr ich dem Leben vertrauen konnte und dass wirklich alles, was sich in meinem Leben ereignete, auch einen Sinn hatte. So wollte ich auch annehmen, was jetzt eventuell auf mich zukam.

Außerdem ist ja noch gar nichts passiert, tröstete ich mich. Wahrscheinlich hatte ich mich durch meinen Anruf bei Stephan nur selbst verrückt gemacht. Jürgen wusste doch, wohin er gehörte. Bei uns fühlte er sich wohl. Hier lebte er auf und war glücklich. Viele Dinge in seinem Leben hatten sich seit unserem Zusammenleben positiv für ihn verändert. Er brauchte diese Veränderungen so nötig, um gesund zu werden.

Ja, sagte ich beruhigt, es wird alles gut.

Es war eigenartig – nachmittags hatte sich Jürgen immer noch nicht gemeldet. Sowohl Stephan als auch seine Mutter riefen des öfteren bei mir an, um nach ihm zu fragen. Bei Inge zu Hause nähme keiner ab. Besonders die Mutter machte sich ernste Sorgen und brauchte meinen Zuspruch, während Stephan sich mehr mit den unzufriedenen Kunden, deren Termine nicht eingehalten wurden, herumschlagen musste.

Immer wieder dachte ich an die drei Worte vom Vormittag und flüsterte sie leise vor mich hin – und sie halfen mir.

Abends aß ich allein mit den Kindern Abendbrot. „Wo ist Jürgen?" fragte Dana, als sein Platz am Tisch leer blieb.

„Er kommt später", antwortete ich ruhig.

Die Kinder waren schon im Bett, als ich gegen acht Uhr abends dann die Haustür hörte. Ich ging Jürgen entgegen. Er wankte auf mich zu und hielt sich am Türrahmen fest. Kreidebleich im Gesicht sah er mich an. Pfefferminzgeruch schlug mir entgegen – ein typisches Zeichen dafür, dass er wegen seines Herzens wieder inhaliert hatte.

Er zitterte am ganzen Körper, als er die Worte aussprach: „Ich kann nicht mehr, Gila! Bitte, gib mich frei!"

Wie Peitschenhiebe trafen mich diese Worte, zeigten sie mir doch, wie fertig Jürgen sein musste. Verzweifelt nahm ich ihn in die Arme. „Was ist geschehen?“

„Sie bringt sich heute nacht um, wenn ich nicht zurückkomme!“

„Jürgen, das ist doch reine Erpressung,!“ Mein Herz klopfte überlaut.

„Ich weiß das alles. Was meinst du, wie viele Leute sie heute zusammengetrommelt hat, die den ganzen Tag auf mich eingeredet haben. Ich bin fix und fertig. Ich kann nicht mehr. Wenn sie sich etwas antäte wegen mir, würde ich verrückt. Ich muss zu ihr zurück. Und wenn es nur für ein paar Tage ist, Gila.“

„Okay!“ Ich ließ ihn los. Völlig aufgewühlt sagte ich: „Du weißt, dass du jetzt eine Entscheidung getroffen hast, die gegen dich und dein Leben spricht?“

„Ja, das weiß ich, Gila. Aber ich halte diesen Druck von ihr nicht mehr aus!“

Alles in mir war tot. Weg hier – bloß raus! Ich konnte nicht mehr mit ihm reden. Jedes Wort wäre jetzt überflüssig gewesen. Um ihm die Möglichkeit zum Packen zu geben, verließ ich das Haus. Verzweifelt lief ich in die Dunkelheit hinein. Mein Herz klopfte zum Zerspringen. Ich wollte nicht eher heimgehen, bis ich seinen Wagen aus der Hofeinfahrt fahren sähe.

Nun war es doch passiert. Mein Gefühl hatte mich nicht getrogen. Heute morgen hatte mein Unterbewusstsein bereits mehr gewusst, als ich mir eingestehen wollte.

Dann dachte ich an die beiden Kleinen. Wie sollte ich es ihnen beibringen, wenn Jürgen nicht wiederkäme? Der Gedanke an Danas kleinen Porzellankorb mit den bunten Blümchen trieb mir die Tränen in die Augen. Vier Kilometer war sie bei Regenwetter dafür mit ihrem Fahrrad ins Dorf gefahren.

Immer wieder stellte ich mir die Frage: Hatte ich etwas falsch gemacht? Immer wieder beschäftigte mich dieser Gedanke. Ich fand keine Antwort darauf.

Ich war in die Dunkelheit gelaufen, die mich gnädig einhüllte, als ich plötzlich hörte, wie Jürgens Auto ansprang. Die Scheinwerfer leuchteten auf. Er fuhr los. Mein Herz krampfte sich zusammen.

Jürgen fuhr vom Hof, wider Erwarten jedoch nicht in die Richtung, in die er fahren musste – sondern in meine. Obwohl ich mich etwas abseits vom Weg befand, schien er zu ahnen, wo ich war. Er stoppte seinen Wagen an der Straße und stieg aus.

„Gila, ich möchte nicht gehen, ohne dir auf Wiedersehen zu sagen“, presste er hervor. „Lass mich wiederkommen, bitte.“

„Auf Wiedersehen“, sagte ich leise zu ihm.

Langsam ging er zurück zu seinem Auto. Er startete und fuhr los. Komisch, dachte ich noch, er fährt genau in die entgegengesetzte Richtung, aus der er das erste Mal gekommen ist, als er mich besuchte.

Dann ging ich zurück ins Haus. Ich wusste, dass mir noch die schwere Aufgabe bevorstand, mit den Kindern zu reden.

Nie habe ich Dana so erschütternd und verzweifelt weinen sehen wie an diesem Abend, während Rico seine Gefühle zu verbergen suchte, indem er mit verbissenem Trotz sagte: „Na, dann soll er doch gehen!“

In dieser Nacht tat ich kein Auge zu. Tausend Gedanken schossen mir durch den Kopf. Warum war er gegangen? So wie ich Inge kennen gelernt hatte, wie Jürgen die Verbindung geschildert hatte und jeder diese Dinge zu bestätigen schien, musste ganz einfach der Eindruck bei mir und anderen entstehen: Er muss sich so schnell wie möglich aus dieser Verbindung lösen. Er selbst hatte mir das auch oft genug gesagt und diesen Schritt letztendlich auch vollzogen.

Bei uns war er endlich zur Ruhe gekommen. Wie oft hatten wir miteinander gelacht! Wie wohl hatte er sich gefühlt bei uns! Wenn auch durch Jürgens Herzprobleme wenig sexueller Kontakt zwischen uns stattfinden konnte, so konnten wir dieses durch viel Liebe und Zärtlichkeit in unserer Verbindung wieder ausgleichen.

Alles in mir war erstarrt. Ich konnte noch gar nicht begreifen, was da eigentlich abgelaufen war. Ich konnte Jürgens Beweggründe einfach nicht nachvollziehen. Gut, er war sehr weich, aber hier ging es doch um sein Leben! Was war in ihm vorgegangen, als er sich entschied, zu Inge zurückzugehen? Es war mir unverständlich. Ich horchte in mich hinein. Nein, es war kein verletzter Stolz in mir, keine Eifersucht. Dafür war ich wirklich dankbar. Es war das Nicht-verstehen-können, was mich so beunruhigte.

Da war die Sorge um Jürgens Gesundheit. Ich wusste, woher seine Herzprobleme kamen. Das Herz steht immer für das Gefühl. Er war gerade dabei gewesen, seine Probleme zu lösen, die Ursachen zu ändern, indem er anfing, ein anderes Leben zu führen. Nun hatte er sich entschieden, die Umstände wieder zu akzeptieren, die ihn krank werden ließen.

Gut, dachte ich, auch ich muss begreifen: Es ist sein Leben. Er hat ein Recht auf diese Entscheidung, warum er sie auch immer getroffen haben mag. Er ist verantwortlich für sein Leben, und auch er schafft sich seine Lebensumstände selbst. Ich muss Respekt haben vor dieser Entscheidung, selbst wenn ich sie noch nicht verstehe. Vielleicht würde es mir irgendwann einmal gelingen zu begreifen, welchen Sinn diese Trennung hatte.

Erstaunlich war, dass ich nicht weinen konnte. Was war los mit mir? Ich hatte ihn sehr lieb gehabt. Vielleicht war es ein zu großer Schock gewesen, weil alles wie aus heiterem Himmel kam.

Am nächsten Tag stand das Telefon nicht still. Zuerst rief Jürgens Mutter an, die völlig aus dem Häuschen war, dann Stephan, danach Andrea. Niemand konnte Jürgen verstehen. Immer wieder versuchte ich trotz allem, Verständnis für seine Entscheidung bei den anderen zu wecken, aber ich konnte ihre Gedanken nachempfinden. Ich funktionierte nur noch an diesem Tag. Immer noch waren meine Gefühle wie erstarrt.

Kapitel 6

Leidenschaft und Beharrlichkeit sind die besten Garantien für die Erfüllung eines Wunsches.
(Gila van Delden)

Es hat sich inzwischen sogar in der Wissenschaft herumgesprochen, dass der Mensch aus mehr besteht als aus seinem Intellekt, seinem Verstand, nämlich aus Geist, Seele und Körper. Etwas kleinlaut mussten unsere Wissenschaftler vor noch gar nicht so langer Zeit feststellen, dass Geist und Materie doch eins sind, das heißt: sie unterliegen dem gleichen Gesetz. Jahrhunderte lang ist das abgestritten worden.

Der Geist beherrscht die Materie. Das wussten schon die alten Griechen. Ich behaupte, dass diese mit ihrem Wissen um die geistigen Gesetze viel weiter waren als wir moderne Menschen, die zum Mond fliegen können und die schnellsten Computer herstellen. Wie kommt es, dass wir uns wieder so weit entfernt haben von dieser Erkenntnis?

Die für mich logische Antwort auf meine Frage erhielt ich vor längerer Zeit durch eine weitere Kassette von Peter Wenzel, auf der er über den 'Kartesianismus' berichtet. Er spricht darüber, dass Mitte des siebzehnten Jahrhunderts René Descartes, Mathematiker und Philosoph, mit der Idee 'Geist und Materie stehen beziehungslos nebeneinander' weltweites Aufsehen erregte.

Interessant an der ganzen Sache ist: René Descartes öffnete mit dieser Unwahrheit die Türen zu den Wissenschaften! In Windeseile verbreitete sich seine Idee um den ganzen Erdball und fand Zugang zu allen Universitäten. Damals führte das dazu, dass sich die bis dahin fest verschlossene Pforte zum freien naturwissenschaftlichen Forschen öffnete, mit dem man in die Geheimnisse Gottes eindrang und damit zum Ketzer, zum Hexenmeister wurde. Es war von den Kirchen absolut verboten und wurde gnadenlos verfolgt!

Der These des 'Kartesianismus' musste sich die Kirche dann beugen. Und damit war endlich das Sezieren erlaubt. Laboratorien wurden eingerichtet, und man durfte dementsprechende Versuche machen.

Heute ist es eine historische Tatsache, dass diese Idee nicht nur ein Irrtum ist, sondern der Anfang der technischen und naturwissenschaftlichen Entwicklung war, die uns heute so viele merkwürdige, aber auch zum Teil segensreiche Erfindungen beschert hat.

Erst Mitte des 19. Jahrhunderts entstand dann eine neue philosophische Strömung, der Idealismus, der genau das Gegenteil von dem aussagt, was Descartes feststellte: Die Idee durchdringt alle Materie – das heißt: Geist und Materie sind eins!

Damit wurde die Aussage des René Descartes wieder korrigiert. Doch diese neue Strömung konnte sich bisher noch nicht ganz durchsetzen. So kommt es, dass sich die meisten naturwissenschaftlich ausgerichteten Menschen noch heute völlig unbewusst im sogenannten Dualismus des René Descartes bewegen, nämlich in der Vorstellung: Materie hat nichts mit Geist zu tun.

Jetzt wird uns plötzlich einiges klar. Aber rechtfertigt das die Tatsache, dass bis zum heutigen Tag in den Schulen die Lehre der geistigen Lebensgesetze schlichtweg übergangen wird?

Wie sehr hatte ich mich auf das Seminar gefreut! Tieftraurig dachte ich daran, welche Chance es für Jürgens Leben bedeutet hätte.

Als Günter und Röschen am Freitag Nachmittag bei mir eintrafen, war die Begrüßung wieder ausgesprochen herzlich. Es waren einige Monate vergangen, seit wir uns das letzte Mal gesehen hatten.

„Hallo!“ riefen die beiden und nahmen mich stürmisch in die Arme. Ich hatte mich so gefreut auf sie. Es sind zauberhafte Menschen. Durch Günters Seminar war mir 1983 schlagartig klargeworden, dass Gedanken immense Kräfte haben, die bewusst oder auch unbewusst Ereignisse in unser Leben bringen. Letztendlich war er es auch, der indirekt für das Entstehen meines Buches verantwortlich war, in dem ich näher auf die Themen seines Seminars eingehe.

Als Günter das erste Mal von meinem fertigen Husky-Manuskript erfuhr, hatte er bewegt gesagt: „Immer wieder habe ich mir vorgenommen, selbst ein Buch zu schreiben – aus irgend einem Grund habe ich es dann aber gelassen. Jetzt weiß ich warum: Die geistige Welt wollte, dass es durch dich geschrieben wurde.“

Als ich den beiden half, ihr Gepäck zu verstauen, nahm mich Röschen zur Seite und flüsterte: „Na, wo ist er denn?“

„Setzt euch zuerst einmal“, meinte ich und schenkte Kaffee ein. Und dann erzählte ich ihnen alles.

Samstag morgen gegen halb zehn sollte das Seminar beginnen. Ich hatte meinen Wecker früh gestellt, um für uns alle in Ruhe das Frühstück vorzubereiten. Die Kinder durften das Wochenende bei ihren Freunden verbringen, so dass ich an beiden Tagen am Seminar teilnehmen konnte.

Es war noch alles still im Haus. Ich wollte aufstehen. Doch auf einmal drehte sich alles bei mir im Kopf. Was ist das denn? dachte ich überrascht und setzte mich sofort wieder hin. Plötzlich merkte ich, wie meine Füße sich wie Bleigewichte anfühlten. Nein, irgendwas war nicht in Ordnung mit mir. Wieder versuchte ich aufzustehen – und wieder das gleiche Theater.

Reiß dich zusammen, Gila, sagte ich mir, du hast Gäste, die versorgt werden müssen, die Kinder müssen weggebracht werden, und dann das Seminar. Also komm!

Diesen Zustand der Schwäche kannte ich gar nicht. Seit über zwei Jahrzehnten war ich nicht mehr krank gewesen, wenn man mal von einer starken Erkältung absah. Wieder versuchte ich, einen Fuß vor den anderen zu setzen – mit dürftigem Erfolg. Ich schaffte es gerade noch, die Kinder zu wecken. Als ich dann langsam die Treppe hinunterging, geschah es: Mir wurde schwarz vor Augen. Ich konnte mich soeben noch am Treppengeländer festhalten.

Mein einziger Wunsch war, ganz schnell wieder in mein Bett zu gelangen, bevor noch mehr passierte. Da lag ich nun – gefällt wie eine Eiche und musste zugeben, dass ich wahrscheinlich krank war.

Dana hatte inzwischen gemerkt, dass etwas nicht stimmte. „Was ist denn los mit dir? Was hast du denn?" fragte sie teilnahmsvoll.

„Geh zu Röschen und sag bitte, sie möchte mal kommen", murmelte ich schwach in die Kissen, „ich glaube, ich bin krank."

„Du warst doch noch nie krank", antwortete Dana fassungslos, ging dann aber, um Röschen zu holen.

Ein paar Minuten später standen Röschen und Günter an meinem Bett und schauten sorgenvoll auf mich herab.

„Zum Seminar kann ich heute wohl nicht mitkommen", flüsterte ich matt, „aber morgen ganz bestimmt! Ich kann nicht mal Frühstück machen für euch. Ich glaube, ich bin krank."

„Gila, mach dir keine Sorgen!" meinte Günter tröstend. „Das mit dem Frühstück kriegen wir schon hin. Bleib erst einmal liegen, damit es dir besser geht."

„Aber ich habe den Teilnehmern versprochen, dass ich dabei bin."

„Aber nicht, wenn du krank bist. Dafür wird wohl jeder Verständnis haben", entgegnete Röschen. „Schlaf jetzt weiter. Wir bringen die Kinder zu ihren Freunden. Du brauchst dich um nichts zu kümmern."

Nichts ging mehr bei mir. Als alle gegangen waren, kam das Fieber, das ich seit der Kindheit nicht mehr gehabt hatte. Zwischendurch wieder ein Schüttelfrost – immer abwechselnd. Obwohl ich am Vorabend noch keinerlei Anzeichen einer Erkältung gespürt hatte, setzte jetzt plötzlich auch ein Hustenreiz ein.

Gegen Mittag rief ich meinen Hausarzt an, der kurze Zeit später auch erschien. Nach der Untersuchung stellte dieser fest: „Verdacht auf Lungenentzündung – und das bei Ihnen?"

Ich versuchte zu lachen, aber es wurde nur eine Grimasse daraus. Er kannte meine Überzeugung, dass alle Krankheiten nur Symptome sind und ihr Ursprung in einer seelischen Disharmonie zu finden ist. Des öfteren hatten wir darüber diskutiert. Auch er ist ein Arzt, der ganzheitlich behandelt, deshalb schätze ich ihn so sehr, als Arzt und auch als Menschen. Vor mehr als dreißig Jahren war er in unseren kleinen Ort gezogen und hatte hier seine Praxis eröffnet. Er hatte es anfangs nicht leicht gehabt, da er aus Ägypten kam. Aber durch seine liebevolle und nette Art, mit Patienten umzugehen, wurde er äußerst beliebt.

„Na ja", lächelte er, „wir kriegen Sie schon wieder hin."

Nachdem er mir zwei Spritzen gegeben hatte, versprach er mir, am nächsten Tag wieder vorbeizuschauen. Plötzlich fiel mir siedend heiß ein: „Ich habe ja die Lesung am Dienstag!"

Er runzelte die Stirn und meinte: „Na, darüber reden wir noch."

Das Fieber stieg, und da wir kein Fieberthermometer im Haus

hatten, wusste ich nicht mal wie hoch. Ich schlief – und fieberte.

Abends mussten die Gäste versorgt werden. In meiner Not rief ich Marianne an, die dann kam und das Abendbrot zubereitete.

Am nächsten Morgen stand ich früh auf. „Mir geht es besser", entschied ich, obwohl ich mich nicht viel besser fühlte. „Ich komme nach der Kaffeepause zum Seminar und bleibe dann bis nachmittags."

„Ob du das schaffst?" fragte mich Röschen besorgt.

„Ja, ich glaube schon."

Nachdem die beiden abgefahren waren, versuchte ich unter immensen körperlichen Anstrengungen, meine vom Fieber völlig ramponierte Frisur wieder in den Griff zu bekommen. Dann machte ich mich auf den Weg. Es war eine Tortur. Schon bald bereute ich, dass ich aufgestanden war. Aber da musste ich jetzt durch.

Erwartungsvoll wurde ich von den Seminarteilnehmern begrüßt, die mein Leben durch mein Buch kennen gelernt hatten. Für die meisten von ihnen war es das erste persönliche Zusammentreffen.

Unter ihnen befand sich auch Heide, mit der ich früher mal längere Zeit im Außendienst gearbeitet hatte. In der Pause begrüßte ich sie.

Als sie merkte, dass es mir nicht gut ging, zog sie ein Fläschchen aus der Tasche. „Gila, ich hab hier etwas, das hilft bestimmt", meinte sie überzeugt. „Das ist ein Extrakt aus der Yucca-Palme. Mach mal den Mund auf!"

„Was ist das denn?" wagte ich gerade noch zu fragen, als sie mir auch schon den gehäuften Teelöffel eines gelben Pulvers vor den Mund hielt. Ich hatte Vertrauen zu ihr und nahm es. Es schmeckte ein wenig bitter.

„Pass auf, gleich geht's dir besser!" stellte sie fest. „Garantiert!"

Ich war wie in Trance. Günter hatte mich auch hier wie in den vorhergehenden Seminaren gebeten, ein Referat über mein Leben und Erleben mit den geistigen Gesetzen zu halten und auf Fragen der Teilnehmer zu antworten.

Mit äußerster Anstrengung schaffte ich gerade noch ein paar Sätze. Dann ging nichts mehr. Noch vor dem Mittagessen verabschiedete ich mich, um bloß so schnell wie möglich wieder in mein Bett zu kommen. Mit Heides Fläschchen in der Tasche, dessen Pulver angeblich sogar euphorisch machte, fuhr ich nach Hause. Wenn Jürgen doch bloß da wäre ...

Jeden Kilometer zählte ich auf dem Tacho – es waren genau dreiundvierzig bis nach Hause. Wie ein Klotz fiel ich wieder ins Bett, völlig erschöpft und am Ende meiner Kraft – und fieberte weiter.

Am Montag, einen Tag vor meiner geplanten Lesung, spürte ich, wie das Fieber noch anstieg. Vormittags kam der Sohn meines Hausarztes, der seit einiger Zeit die Praxis zusammen mit seinem Vater führte.

„Sie sind schwer krank", diagnostizierte er, nachdem er die Lungen abgehört hatte, „keinesfalls können Sie morgen die Lesung halten!"

„Ich bin nicht schwer krank", erwiderte ich matt.

„Ach, nein?" Er lächelte ein wenig wegen meiner Eigenwilligkeit. „Und warum nicht?"

„Weil ich morgen die Lesung halte ..."

„Wie wollen Sie das denn schaffen? Sie haben fast vierzig Grad Fieber und eine Lungenentzündung. Damit können Sie doch nicht auftreten."

Es ging noch ein wenig hin und her zwischen uns. In seinen Worten spürte ich jedoch Sympathie und seine ehrliche Überlegung, mir zu helfen. Nachmittags kam dann sein Vater nochmals vorbei.

„Mein Sohn sagte mir, Sie möchten morgen trotz allem Ihre Lesung halten?"

„Ja", sagte ich entschieden.

„Na gut, wenn Sie es unbedingt wollen, dann werden Sie's auch schaffen! Wie spät beginnt das morgen Abend?"

„Um acht Uhr", erwiderte ich matt.

„Wann fahren Sie los?"

„Kurz nach sieben."

„Gut", überlegte er, „dann kommen Sie vorher in meine Praxis. Ich gebe Ihnen noch eine Aufbauspritze."

Ich dankte ihm für sein Verständnis. Immerhin war es meine erste Lesung. Zweihundert farbige Plakate waren im gesamten Umkreis aufgehängt worden. Die Presse hatte über diese Aktion in mehreren Artikeln berichtet. Außerdem waren im Vorverkauf bereits mehr als ein Drittel der Eintrittskarten verkauft worden, und die Buchhandlung hatte so manchen Kunden persönlich zu dieser Lesung eingeladen.

Seit Monaten hatte ich mich darauf gefreut. Ich musste es jetzt durchziehen. Dass das Ganze platzen könnte, war einfach nicht in meiner Vorstellung vorhanden.

Am Dienstag morgen fieberte ich immer noch. Mir ging es nach wie vor nicht besser. Wie sollte ich es bloß schaffen? Und dann betete ich um Kraft. „Vater im Himmel, ich brauche Deine Hilfe für diese Lesung. Bitte, gib mir Kraft!"

So wie ich mir in der damaligen Situation der Angst mental und schriftlich immer wieder die gleichen Worte eingeprägt hatte, so bat ich nun um Kraft für die Lesung.

Gegen Mittag stand ich auf, um meine Beine, die sich wie Pudding anfühlten, zu bewegen. Ich versuchte, mich auf den Abend vorzubereiten.

Als Karin mich ansah, fragte sie zweifelnd: „Willst du es wirklich wagen?"

„Ich fahre kurz vorher noch mal beim Arzt vorbei, um mir eine Spritze abzuholen", antwortete ich matt, während ich die Lesezeichen in mein Buch legte.

Kurz vor sieben Uhr erinnerte ich mich plötzlich an das Fläschchen, das ich von Heide bekommen hatte. Am Sonntag auf dem Seminar hatte ich zwar nicht viel Linderung erfahren, aber vielleicht hatte ich zu wenig genommen.

Allmählich wurde es Zeit zum Aufbruch. Ich ging nochmals ins Badezimmer und nahm diesmal statt eines Teelöffels einen gehäuften Esslöffel. So, das musste reichen.

Wenn Jürgen doch hier wäre und mit mir fahren könnte, dachte ich wehmütig, als ich das Fläschchen verschloss, schob den Gedanken aber wieder zur Seite, um mich auf meine vor mir liegende Aufgabe zu konzentrieren. „Vater, gib mir Kraft!" murmelte ich wieder.

Kurz bevor ich das Haus verlassen wollte, spürte ich plötzlich, wie sich mein Gesicht stark rötete und anschwoll. Nanu, dachte ich, was ist denn jetzt los? Ich schaute in den Spiegel und erschrak. Mein Gesicht und mein Hals waren krebsrot! Das war doch eben noch nicht. O Himmel – woher kam das denn? Vom Fieber? Oder ob das was mit dem gelben Pulver zu tun hatte?

So schnell es mein angeschlagener Zustand zuließ, ging ich noch mal ins Badezimmer und nahm das Fläschchen zur Hand. Ich brauchte meine Lesebrille, um zu erkennen, dass unter dem Produktnamen die Worte 'Happy Pets' – glückliche Haustiere – standen, und darunter in kleinen Buchstaben: Futterzusatz – bei größeren Tieren entsprechend höher dosieren. Na, bitte! Ich hatte Tierfutterzusatz geschluckt!

Was nun? Mein Gesicht glühte wie zehn überreife Tomaten, aber die Zeit rannte mir davon. Ich musste jetzt wirklich los.

Wie abgemacht, fuhr ich noch zur Praxis unseres Arztes. Als er mich sah, fragte er erschrocken: „Wie sehen Sie denn aus? Sie haben hohes Fieber!"

„Nein", antwortete ich kleinlaut und bat alle Engel im Himmel, mir zu helfen.

„Es ist vielleicht nur die Aufregung, was?" meinte er lächelnd. „Dann gebe ich Ihnen noch mal eine Aufbauspritze."

Weil mir nach den letzten Spritzen immer sehr heiß geworden war und ich befürchtete, bald auszusehen wie ein roter Luftballon kurz vorm Platzen, fragte ich meinen Arzt, ob das weitere Hitzewellen auslösen könnte.

„Ja, das kommt vor."

Wegen meines Tomaten-Teints bat ich ihn dann doch, für heute darauf zu verzichten. Er traute dem Braten ganz und gar nicht und nahm mich mehrmals ins Visier. Für nichts auf der Welt hätte ich ihm eingestanden, dass ich gerade eine Überdosis Pulver für ein glänzendes Fell verputzt hatte.

Aus Sorge um mich traf er schließlich eine einsame Entscheidung. Er bot mir an, mit seiner Frau zu meiner Lesung zu kommen, allerdings erst dann, wenn die Praxis leer war. Das war ein Angebot!

Und dann war die Stunde da! Der große Saal des Bürgerhauses, der knapp 150 Leute fasste, reichte bei weitem nicht aus, um allen Zuhörern Platz zu bieten. Eiligst wurden noch Tische hereingetragen, auf denen einige Leute Platz fanden. Selbst die Fensterbänke und die nach oben führende Wendeltreppe waren dicht besetzt mit Zuhörern. Später erfuhr ich, dass so mancher wegen Überfüllung gar nicht mehr eingelassen werden konnte.

Für meinen Arzt und seine Frau hatten wir in der ersten Reihe zwei Plätze reserviert. Ich war sicher, dass er seinen kleinen Notfallkoffer dabei hatte.

„Vater, gib mir Kraft!“ hatte ich vorher immer wieder gebetet, bevor ich in den Saal geholt wurde. Jetzt saß ich hier im Rampenlicht vor all den Zuhörern, die gespannt waren auf mich und meine Story. Bewusst kann ich mich nur noch daran erinnern, dass ich bei der Ansprache des Bibliothekars dachte: Vater, gib mir Kraft!

Und dann war ich dran. Ich schaute in die Zuschauerreihen. Alle waren sie gekommen – mein gesamter Freundes- und Bekanntenkreis, auch die Innenarchitektin und ihre Freundinnen aus Bielefeld, die noch nichts von unserer Trennung wussten.

Ich zog das Mikrofon an mich heran. Und plötzlich geschah etwas Eigenartiges: Ohne eine Spur von Lampenfieber fing ich an zu erzählen. Nach der lockeren Begrüßung der Gäste sprach ich darüber, dass der Erlös dieses Abends für die Kriegsopfer in Jugoslawien bestimmt sei. Dann erzählte ich von meinem Leben, merkte, wie die Zuhörer auftauten und nach den verschiedenen Passagen, die ich las, offene Fragen stellten.

Ich hatte manchmal das Gefühl, dass nicht ich spräche, sondern jemand anderes, der all diese lustigen Dinge erzählte, die die Zuhörer zum Lachen brachten. Es war ganz merkwürdig. Ich konnte mir zuhören und staunte über mich selbst. So etwas hatte ich noch nie erlebt. Es war, als wäre ich nur Werkzeug für diese Lesung.

Der Abend wurde ein derartiger Erfolg, wie ich es nie zu hoffen gewagt hatte. Alle meinten später übereinstimmend, die Lesung sei etwas ganz Besonderes gewesen. Auch ich empfand es so, denn ich weiß, dass ich in meinem angeschlagenen Zustand den Abend nie allein durchgestanden hätte. Ich habe Gott um Hilfe gebeten, und ich bin überzeugt, dass er seine Kraft durch mich hat wirken lassen.

Als die letzte Widmung geschrieben war, brachte mich Marianne zu meinem Auto. Ein paar Mal musste sie mich festhalten.

Jetzt erst, nachdem alles vorbei war, spürte ich, wie nassgeschwitzt ich war. Immer wieder bot sie mir an: „Gila, ich bringe dich nach Hause.“

„Ich fahre ganz langsam, Marianne“, erwiderte ich kraftlos. „Versprochen! Es ist ja nicht so weit.“

Noch drei Tage lang lag ich danach mit Fieber im Bett, bis es dann langsam abklang und es mir endlich wieder besser ging.

Irgendwann während einer Fieberphase hatte ich mitbekommen, dass das Fernsehen sich für mein Buch interessierte und es in der Sendung ‘WDR-Buchladen’ mit einem Film Anfang April im Abendprogramm vorstellen wollte.

Alles lief noch ein wenig gedämpft an mir vorbei. Die Freude über das Interesse des Fernsehens war zwar groß, aber überschattet von den Ereignissen der letzten Wochen.

Durch meine Krankheit hatte ich die Erfahrung gemacht, wie schnell sich unverarbeitete Dinge, mit denen unsere Seele nicht fertig wird, in unserem Körper manifestieren können. Wenn die Seele blaue Flecken bekommt, versucht sie sich zu wehren und gibt diese als Symptom – in meinem Fall in Form einer Erkrankung – an den Körper weiter.

Von Jürgen hatte ich seit seinem Auszug nichts gehört. Ein Bekannter sagte mir, er habe ihn auf meiner Lesung gesehen, aber das konnte ich mir nicht vorstellen. Vielleicht war es auch nur eine Verwechslung. Was mochte wohl in ihm vorgehen? Wie hatte er sich sein Leben eingerichtet? Wie mochte es Inge gehen?

Die Kinder hatten aufgehört, nach ihm zu fragen. Nach dieser Woche Abstand durch meine Krankheit war ich mir nicht mehr ganz sicher, wie ich reagieren würde, wenn er zu mir zurückkäme.

Mittwoch, 24. März 1993

Bei seinem Abschied hatte Jürgen seinen Mantel an der Garderobe hängen lassen. Vor zwei Tagen hatte ich ihm den Mantel mit ein paar lieben Zeilen zugeschickt. Heute musste er ihn erhalten haben. Was er wohl dabei empfunden haben mochte?

Als ich abends im Bett lag und versuchte, noch etwas zu lesen, schweiften meine Gedanken immer wieder zu ihm. Darüber schlief ich ein.

Ich musste wohl schon einige Zeit geschlafen haben, als das Telefon läutete. Ich schreckte hoch und schaute auf meinen Wecker. 0.10 Uhr. Da hat sich jemand verwählt, dachte ich müde und versuchte, wieder einzuschlafen. Nach einer Weile hörte das Läuten auf.

Doch dann begann es erneut zu klingeln. Wieder wurde ich wach. Okay, dachte ich müde und hob ab.

„Hallo?“ meldete ich mich verschlafen.

„Gila? Bist du es?“ fragte eine weibliche Stimme, die ich wegen meiner Müdigkeit zuerst gar nicht einordnen konnte. „Hier ist Andrea!“

„Andrea? Hallo“, entgegnete ich nicht sehr geistreich, weil ich die Augen kaum aufhalten konnte.

„Gila, es ist etwas Furchtbares geschehen!“

Ich war auf einmal hellwach und presste den Hörer an mein Ohr, als sie leise sagte: „Jürgen ist tot.“

„Nein, Andrea, nein“, rief ich entsetzt, „sag, dass es nicht wahr ist! Andrea, nein!“

„Doch, Gila!“ sagte sie mit kaum hörbarer Stimme. „Er hat heute Abend einen zweiten Herzinfarkt bekommen und ist dann kurz nach zehn im Krankenhaus gestorben.“

Ich zitterte am ganzen Leibe. Das konnte nicht wahr sein.

„Bitte, Gila – können Stephan und ich zu dir kommen?“

„Ja“, erwiderte ich, noch völlig geschockt von dieser Nachricht. „Wo ist Inge?“

„Sie ist jetzt wahrscheinlich wieder zu Hause. Sie hat uns aus dem Krankenhaus angerufen. Wir sind gleich da.“

Jürgen – tot! Das kann nicht sein, dachte ich dumpf.

Noch im Nachthemd lief ich zu Rolfs Appartement und klopfte an seine Tür. Nach mehrmaligem Klopfen meldete er sich. Ich hörte, wie er aufstand und die Tür aufschloss.

„Rolf“, sagte ich, am ganzen Leibe zitternd, „Jürgen ist eben gestorben!“

Er war genauso entsetzt über diese Nachricht und nahm mich in die Arme. Mit tonloser Stimme sagte ich ihm, dass Stephan und Andrea gleich kämen.

„Gila, ich komme runter und warte mit dir auf die beiden.“

Wie eine Marionette ging ich zurück in mein Schlafzimmer und zog mit zitternden Fingern meine Kleidung an. Als ich in den Spiegel sah, erschrak ich über mein aschfahles Gesicht. Alles Blut war daraus gewichen.

„Es war seine Entscheidung zu gehen – seine Entscheidung“, murmelte ich dumpf vor mich hin. Es war doch erst ein paar Tage her, dass er gegangen war ...

Rolf und ich hatten schon eine Zeitlang im Wohnzimmer gesessen und miteinander gesprochen, als Stephan und Andrea eintrafen. Ich nahm die beiden in meine Arme und hielt sie lange fest.

„Wollt ihr nicht zu Inge?“ fragte ich leise, als sie sich zur mir setzten.

„Nein“, meinte Stephan entschieden, „wir haben mit Inge nichts zu tun.“

„Aber vielleicht braucht sie euch jetzt“, warf ich ein.

„Nein, wir bleiben bei dir, wenn es dir recht ist“, sagte Andrea fest.

Natürlich war es mir recht. Aber wie musste sich Inge jetzt fühlen? Meine Gedanken kamen nicht von ihr und den Ereignissen der letzten vierzehn Tage los.

Kurz nach zwei Uhr morgens klingelte erneut das Telefon. Ich meldete mich, und ein Mann fragte, ob Stephan bei mir sei. Ich reichte den Hörer weiter. Es war ein Bekannter von Inge, der bei ihr war, und der Stephan bat, zu kommen.

„Nein, wir bleiben bei Gila", entschied Stephan. „Ich sehe absolut keinen Grund, jetzt zu Inge zu fahren." Nach einem heftigen Wortwechsel legte er auf.

Stundenlang redeten wir uns unsere Betroffenheit von der Seele. Plötzlich – mitten in einem Satz – sagte Stephan: „Ihr mögt mich ja für verrückt halten, aber mir ist, als ob Jürgen jetzt hier wäre."

Es war auf einmal eine ganz eigenartige Stimmung bei uns im Wohnzimmer. Wir schwiegen eine Weile und ließen diese Atmosphäre auf uns wirken.

„Ich glaube", sagte ich leise, „dass Menschen, die ihren Körper gerade verlassen haben, ohne weiteres die Möglichkeit haben, sich mit ihrem Lichtkörper, also ihrem eigentlichen Ich, in die Gemeinschaft von Menschen einzuklinken, bei denen die Energie sehr hoch schwingt. Seht mal, wir haben die ganze Zeit über sehr liebevoll über Jürgen gesprochen, und obwohl wir alle seinen plötzlichen Tod erst verarbeiten müssen, ist doch ab und zu auch ein Lachen über unsere Lippen gekommen. Wir haben gespürt, wie wunderbar es ist, dass hier Menschen zusammengekommen sind, die Jürgen geliebt haben. Und das, Stephan, spürt er sofort. In eine hohe positive Energie kann sich der Lichtkörper eher einschalten, als wenn ein Mensch trauert und sich damit blockiert für diese kosmische Kraft."

Unsere Gespräche nahmen noch an Intensität zu, bis die Müdigkeit gegen Morgen ihren Tribut forderte. Beim Abschied versprach ich Stephan, ihm gerade jetzt bei allen finanziellen Dingen zur Seite zu stehen, wie ich es auch Jürgen schon angeboten hatte. Stephan bat mich, nachmittags mit ihm zu seiner Bank zu fahren, die auch unsere Hausbank war.

Ich versuchte, noch eine Stunde zu schlafen, denn am späten Vormittag sollte das Fernsehteam aus Köln bei uns zu Hause drehen. So kurzfristig konnte ich niemanden mehr umbestellen. Wohl oder übel musste es bei diesem Termin bleiben.

*

Durch das nächtliche Ereignis traten die Fernsehaufnahmen tagsüber völlig in den Hintergrund.

Die Kameraleute brachen gerade auf, als Stephan und Andrea zu mir kamen, um gemeinsam mit mir zur Bank zu fahren. Kurze Zeit später saßen wir zusammen mit dem Prokuristen in seinem Büro und kalkulierten die finanzielle Lage von Stephans Firma. Einige Sicherheiten gehörten der Bank, unter anderem die Eigentumswohnung, in der Inge wohnte. Da wir alle noch sehr unter dem Eindruck von Jürgens Tod standen, klangen die Diskussionen für uns sehr nüchtern und sachlich.

Stephan entschied, diese Wohnung umgehend zu verkaufen, damit Gelder frei wurden. Gerade wollte ich die Bemerkung machen, ob er nicht warten wolle, bis Inge sich eine neue Wohnung gesucht hätte, als ich plötzlich auf der rechten Schulter eine Hand wahrnahm. Erstaunt sah ich mich um. Es war niemand da. Doch die Wärme und der leichte Druck blieben. Und als dann noch jemand fast unhörbar „Danke“ sagte, war's um meine Fassung geschehen. Ich bekam einen Weinkrampf. Obwohl es vielleicht nicht gerade der idealste Ort dafür war, schluchzte und schluchzte ich. Ich konnte mich gar nicht wieder beruhigen. Nicht Trauer um Jürgen ließ mich weinen, sondern die Erkenntnis, dass er wirklich da gewesen war. Ich war überzeugt davon, dass Jürgen auf seine Art nochmals Danke sagen wollte.

Was war das nur für ein Tag gewesen ...

Abends benachrichtigte ich Jürgens Freunde aus Bielefeld von seinem Tod und spürte förmlich ihre Betroffenheit. Ein gemeinsames Treffen war nicht mehr zustande gekommen, weil niemand ahnen konnte, dass unserer Freundschaft so wenig Zeit blieb.

Einigermaßen gefasst kam am nächsten Tag Jürgens Schwester Renate aus Berlin zu mir. Erst Stunden zuvor hatte sie von seinem Tod erfahren. Sie hatte ihren großen Bruder sehr geliebt.

Gegen den ausdrücklichen Wunsch von Jürgens Familie entschied ich mich, nicht an seiner Beerdigung teilzunehmen. Ich wollte Inge nicht kompromittieren.

„Gila, es ist Jürgens Tag", sagte Renate eindringlich zu mir. „Jürgen hätte gewollt, dass du mitkommst."

„Ich trage Menschen, die ich lieb habe, im Herzen, Renate. Ich kann nicht mitkommen."

Obwohl sie immer wieder versuchte, mich umzustimmen, blieb ich bei meiner Entscheidung.

Am Tag von Jürgens Beerdigung besuchten mich unsere Freunde Petra und Horst aus Halle an der Saale. Horst, schon über ein Jahr arbeitslos, war es gelungen, einen Vorstellungstermin bei einer Firma in unserer Nähe zu bekommen. Ich war froh, dass ich ihm dabei helfen konnte, auch wenn diese Situation früher oder später mit einem Umzug verbunden war. Horst erhielt am gleichen Tag noch eine Zusage von dieser Firma und war darüber sehr glücklich.

Und doch konnten die beiden Jürgens Tod noch gar nicht fassen. Die Tage auf ihrer Datscha drei Wochen zuvor waren noch in zu starker Erinnerung.

Mit meinen Gedanken war ich an diesem Tag kaum bei den Ereignissen, die sich bei mir zu Hause abspielten, sondern nur bei Jürgens Begräbnis. Erst gegen Nachmittag, als alles vorbei war, wurde ich etwas ruhiger.

Als ich über meine Krankheit nachdachte, wurde mir klar, dass die seelischen Erschütterungen auch bei mir ihren Tribut gefordert hatten. Mein Immunsystem lag zu der Zeit völlig am Boden. Und dann kam mir der Gedanke, dass ich bei der Lesung eine wunderbare Lektion gelernt hatte – loszulassen, abzugeben, nicht alles selbst machen zu wollen, einfach zu vertrauen.

Was in der letzten Zeit alles geschehen war, konnte ich noch gar nicht richtig einordnen. Warum war ich krank geworden? Weil ich ihn loslassen musste? Und jetzt – war es die Trauer um Jürgen? Nein, ich wusste ihn sicher und geborgen. Ich glaube, er hat diese Welt verlassen müssen, weil er die Chance, das Leben seinem Naturell entsprechend zu führen – nämlich Freude, Harmonie, Lachen und Lebendigkeit –, nicht wahrgenommen hatte.

Oft musste ich an Karins Worte denken. Sie, die sich in persönlichen Dingen sehr zurückhielt, hatte nach Jürgens Tod schlicht und einfach gesagt: „Gila, bei uns wäre er nicht gestorben ...“

*

Wir haben viel Werbung für das Husky-Buch gemacht. Dadurch ist es inzwischen auch über Deutschlands Grenzen hinaus bekannt geworden. Einige Fernsehsender haben mich zu ihren Talk-Shows eingeladen – leider nicht so sehr unter der Prämisse des positiven Denkens, sondern deshalb, weil ich meiner Freundin den Mann ausgespannt habe. Das war spektakulärer und brachte mehr Zuschauer.

In dem Zusammenhang denke ich auch mit etwas gemischten Gefühlen an die Lektion, die ich bei zwei meiner Fernsehauftritte erhielt.

Wie bereits erwähnt, hatte mich während meiner Krankheit der WDR angesprochen, eine Präsentation über mein Buch zu bringen. Während der Außenaufnahmen mit Udo, unserem Husky-Freund, und seinen sieben Huskies im Gespann im Tatenhausener Forst versuchte ich, meine Gedanken an Jürgens Tod immer wieder zu verdrängen.

Durch die Fernsehaufnahmen wurden unsere beiden Tageszeitungen auf den Fall aufmerksam und brachten am nächsten Tag einen großen Bericht auf der ersten Lokalseite. Von allen Seiten her wurde für die anstehende Sendung kräftig die Werbetrommel gerührt. Für die weiteren Aufnahmen interviewte mich der Journalist bei mir zu Hause, wo ich seine Fragen beantworten sollte. Was ich jedoch nicht wusste, war, dass diese später gar nicht eingeblendet wurden, sondern nur meine Antworten, die von ihm willkürlich zusammengeschnitten waren.

Durch eine etwas unglückliche Formulierung, die plötzlich ohne die Frage des Reporters einen gänzlich anderen Bezug bekam, war es dann geschehen: Meine Aussage hatte eine völlig andere Bedeutung und war wohl so markant provokativ, dass sie auch noch als Leitsatz für meinen Bericht genommen wurde.

Die Zuschauer waren erschüttert. Von allen Seiten her hagelte es Proteste gegen mein Interview. Daran konnte ich erkennen, wie viele diese Sendung gesehen haben mussten. Und ich stand mitten drin – und wusste gar nicht, wie mir geschah!

Hin und her überlegte ich, was das wohl zu bedeuten hatte – warum diese Sendung offensichtlich so viel Aufruhr ausgelöst hatte, fand aber zu dem Zeitpunkt noch keine Antwort. Ich erinnere mich noch an meinen nächsten Einkauf in unserer kleinen Stadt, den ich nur mit Sonnenbrille und Kopftuch tätigen konnte.

Ende Juni 1993 wurde ich wieder eingeladen, diesmal von einem Privatsender in Köln zu einer Nachmittagssendung eines sehr bekannten Moderators. Da es eine Live-Sendung war, konnte mir so etwas wie beim WDR nicht noch mal passieren. Davon war ich fest überzeugt.

Ich kannte die tägliche Sendung und hatte mir vorher den Moderator und seine Talk-Show genau angesehen. Die sensible, aber offene Art, wie dieser mit seinen Gästen umging, gefiel mir. Also fuhren Marianne und ich mit einem guten Gefühl nach Köln, um uns dort mit Günter und Röschen zu treffen. Die beiden waren ebenfalls zum Talk eingeladen.

Wir wurden ins Studio gebeten und bildeten zusammen mit dem Moderator die Gesprächsrunde. Die Einführung verlief noch sehr freundlich, dann aber ging es zur Sache. Die Gesprächsführung wurde immer provokativer, und ich musste den Moderator mehrmals in seine Schranken weisen, was ihm weniger zu gefallen schien. Mir übrigens auch nicht, aber ich konnte vieles einfach nicht so hinnehmen. Mir schwoll der Kamm.

Einige Freunde, die die Sendung live vor dem Bildschirm miterlebt hatten, meinten später belustigt: „Gila, wir konnten sehen, wie dein Hals immer mehr rote Flecken bekam – ein typisches Zeichen dafür, dass du gleich loslegst.“ Und so war es auch.

Nach der Sendung waren wir alle enttäuscht. Der Produktionsleiter, der uns eingeladen hatte, kam zu uns und entschuldigte sich mehrmals für seinen Moderator. „Also, was da abgelaufen ist, ist mir völlig unbegreiflich. So aggressiv wie heute war er noch nie!“

Später standen wir ziemlich geknickt vor dem Kölner Dom. Wir hatten noch etwas Zeit bis zur Abfahrt.

„Na, das war ja wohl wirklich nicht die feine englische Art“, meinte Günter mitfühlend, während er mir anerkennend auf die Schulter klopfte. „Aber du hast dich gut geschlagen, Gila.“

Etwas hilflos meinte ich: „In keiner Sendung, die ich mir vorher angesehen habe, war der Moderator so provozierend wie heute. Ich weiß absolut nicht, warum."

„Mach dir keine Gedanken, Mädchen", sagte Günter väterlich, „du hast wirklich gut reagiert."

Leider mussten wir uns bald trennen, denn Günter und Röschen fuhren nach Heidelberg – wir nach Bielefeld.

Marianne und ich stiegen in den Zug. Froh, ein Abteil für uns zu haben, konnten wir die ganze Sendung nochmals durchsprechen.

„Der Moderator muss wirklich einen äußerst schlechten Tag gehabt haben", meinte sie betroffen. Die ganze Fahrt über zerbrachen wir uns den Kopf, warum die Sendung so provokativ und unsensibel gelaufen war.

Nachdem ich einige Zeit schweigend meinen Gedanken nachgehangen hatte, meinte ich kopfschüttelnd: „Ich kann nicht verstehen, dass sowohl damals die erste Sendung als auch jetzt diese so mies gelaufen ist. Warum bloß? Warum passiert mir das jedes Mal?"

Abends schauten Marianne und ich uns die Videoaufnahme an, und da traf mich die Erkenntnis wie ein Blitz. „Ich hab's!" rief ich. „Marianne, ich hab's!"

„Was hast du?"

„Eigentlich hätte ich schon viel eher darauf kommen müssen. Sieh mal, ich werde doch meistens von Lesern und auch bei Lesungen auf die Offenheit, mit der ich über mein Leben berichte, angesprochen. Und aus irgend einem Grunde benutze ich fast immer den Satz: 'Mir ist völlig klar, dass ich mich mit der Veröffentlichung ***angreifbar*** gemacht habe, weil ich so ***schonungslos*** über meine Fehler in meinem Leben geschrieben habe.'"

„Ja, Gila – das kann es sein!" meinte Marianne nachdenklich.

Als ich diesen Satz dann analysierte, fiel es mir wie Schuppen von den Augen: schonungslos und angreifbar. Was heißt es denn, wenn ich diese beiden Worte laufend verwende? Mein Unterbewusstsein nimmt mich direkt beim Wort. Wenn wir uns doch nur immer bewusst wären, dass unsere Gedanken aus der Vergangenheit unsere Gegenwart ausmachen! Denken wir doch noch mal an das Beispiel mit dem Kapitän und der Mannschaft. Verglichen mit meinem Fall hat es folgende Botschaft: „Jungs, der Kapitän will, dass er schonungslos behandelt und angegriffen wird. Sorgt dafür bei jeder sich bietenden Gelegenheit. Kommando ausführen!“

Genau das ist in beiden Sendungen geschehen. Völlig ohne Bewertung hat das Unterbewusstsein nur die Botschaft, die ich ihm durch laufende, allerdings unbewusste Suggestionen eingegeben habe, umgesetzt. Mir lief es eiskalt den Rücken herunter, als ich erkannte, dass ich es selbst war, der diese Aggressionen verursacht hatte.

Das war eine wunderbare Lektion, die ich in Sachen Programmierung erhalten hatte. Wenn man mich jetzt auf dieses Thema anspricht, sage ich stets: „Ich habe für die Veröffentlichung sehr viel Mut gebraucht, weil ich sehr offen über meine Fehler in meinem Leben geschrieben habe.“

Nach dieser Erkenntnis waren auch die Probleme verschwunden – und die nächste Fernsehsendung verlief reibungslos.

*

Und dann hatte ich ein Erlebnis, das mich ganz tief in meiner Seele anrührte und das ich anfangs überhaupt nicht mit Jürgen in Zusammenhang brachte.

Ende 1992 hatte ich auf einem Seminar Jutta wiedergetroffen, die ich ein Jahr zuvor auf einem ähnlichen Seminar kennen gelernt hatte. Mir war aufgefallen, dass sie meistens etwas in sich gekehrt dasaß.

Jutta lebte seit ein paar Jahren in Italien. Irgendwie war ich überrascht, als sie mich um eine Widmung meines Buches bat, aber es freute mich auch.

Dieses Ereignis war mir Monate später längst wieder entfallen, als plötzlich im Mai 1993 das Telefon schellte.

„Gila, hier ist Jutta. Weißt du, wer ich bin?"

„Hallo Jutta!" sagte ich munter und versuchte krampfhaft, mich an sie zu erinnern.

Sie spürte wohl, dass ich überlegen musste, und half mir weiter. „Aus Italien ..."

Da klickte es bei mir.

„Gila, du bist sicher überrascht über meinen Anruf. Aber pass auf – ich habe eine Nachricht für dich."

Unbedarft fragte ich: „Eine Nachricht? Von wem?"

„Ich habe sie gestern während der Meditation für dich empfangen", sagte sie lieb und so selbstverständlich, als wäre es das Natürlichste auf der Welt, solche Meldungen für andere zu erhalten.

Ich tat äußerst cool, als sei der Empfang von Nachrichten aus dem Jenseits von einem Menschen, dem ich zweimal in meinem Leben begegnet war, für mich wiederum ganz normal.

„Hast du was zu schreiben?" fragte sie.

Nicht ahnend, was da auf mich zukam, schrieb ich mit. Ihre Botschaft enthielt die Erklärung für meine Auswanderung nach Kanada mit Rainer, meinem damaligen Lebensgefährten, und welche unterschiedlichen Bedeutungen diese für ihn und für mich hatten. Sie gab mir die folgenden Worte durch, die in einem etwas verschroben anmutenden Deutsch bei ihr durchgekommen waren und die ich im Originalton weitergeben möchte:

Mag mit Gott das Buch geschrieben sein, nur im Glauben Gottes zu leben, das musste sie begreifen. Es lag mächtig viel Karma in der Beziehung von Rainer und Gila.

Es folgten einige Passagen, die Rainers Leben angingen. Dann ging es weiter:

Zum Leben musste sie wieder nach Deutschland kommen, um total im Vertrauen leben zu können, lagen auch schwierige Zeiten am Anfang vor. So kann aber Gila doch heute erkennen, dass in dem schnellen Aufbau Gottes Segen lag, erworben durch Karmaabtragen. Beim Kanadaaufenthalt ist ganz klar die Botschaft Gottes mit fatalen Zeichen ihr zu Hilfe gekommen. Die Botschaften waren immer so gewesen, dass sie sehen konnte. Mehr Lebensmöglichkeiten standen dort doch bloß Rainer zu, damit er die Möglichkeit besaß, sein Karma abzubauen. Blickt sie heute aus dieser Perspektive ganz objektiv zurück, kann sie jetzt alles besser beurteilen. Gott gab ihr die Kraft dazu und den Glauben zum Durchhalten. Kannst Gila mitteilen: Zum Gottesglauben leben ist Gottesglauben wichtig. Formt gute Gedanken, damit formt ihr euer ganzes zukünftiges Leben. Mit Gott im Bunde schafft man alle Hürden.

Gut, dachte ich, und eine Spur von Zweifel kam in mir hoch, das war meine Vergangenheit. Da sie meine Geschichte durch das Buch kannte, hätte sie sie mit ein wenig Fantasie dementsprechend interpretieren können.

Dann jedoch kam etwas, was sich damals in keine Schablone einordnen ließ. Sie prophezeite mir meinen zukünftigen Partner.

Kommt kosmisch gesehen Gilas zukünftiger Lebenspartner bald auf sie zu. Macht mit ihm emsig Gottes Worte, welche Botschaften wiedergeben. Das ist lange schon vorbereitet worden. Durch das Weitergeben von kräftigen Affirmationen heilen sie viele Menschen. Bist, kleine Jutta, ausersehen, ihnen Mut zum Mitteilen zur Gestaltung der Affirmationen zu machen.

Lass glücklich, kleine Jutta, Glauben Gottes verbreiten. Kommt mächtig mit Glück auf einen selbst zurück. Worte Gottes bringen kräftige Gesundheit.

Gott zum Gruße. Amen.

Ich wusste nicht, was ich von der ganzen Sache zu halten hatte. Mir hatte noch niemand in meinem Leben jemals etwas prophezeit – und nun das! In dem Moment durchströmten mich ganz unterschiedliche Empfindungen, teilweise sogar widersprüchliche Gefühle.

Ich wollte Jutta nicht mit diesen Gedanken belasten und bedankte mich ganz herzlich bei ihr. Zu Anfang der Durchsage war Rolf, der mir nachmittags in der Buchhaltung half, ins Büro gekommen. Er interessierte sich sehr für Dinge zwischen Himmel und Erde. Ich hatte mein Telefon auf Lauthören geschaltet und ihn zu mir herangewinkt. So konnte er der Originaldurchsage folgen.

Nachdem Jutta aufgelegt hatte, schaute ich Rolf an. „Was hältst du davon?"

Rolf war ebenso überrascht wie ich und meinte: „Du kannst nur abwarten, was sich in der nächsten Zeit ereignet. Mal sehen, ob du wirklich jemand kennen lernst."

Nachdenklich antwortete ich: „Rolf, ich habe keine Probleme, jemanden kennen zu lernen, das weißt du. Juttas Botschaft lautet, dass mein Partner, der mit mir zusammen anderen Menschen durch Affirmationen Heilung bringen wird, in mein Leben treten soll."

„Vielleicht sollst du Seminare leiten?" überlegte Rolf. „Ich denke, Gila, darüber zu fachsimpeln, erübrigt sich im Moment. Es wird sich zeigen, was ihre Botschaft zu bedeuten hat."

Dieses Gespräch fand Anfang Mai 1993 statt.

Unwillkürlich dachte ich an Jürgen, der nun das Jenseits selbst erfahren hatte. Knapp sechs Wochen war es her, dass er gegangen war. Ob er mir ein Zeichen geben wollte? Oft hatten wir abends am Kamin über diese Themen geredet. Wie war das doch damals bei dem Gespräch in der Bank einen Tag nach seinem Tod, als ich plötzlich seine Hand ganz deutlich auf meiner Schulter spürte und ein leises „Danke" hörte ...

Lange saß ich nach diesem Ereignis in Gedanken versunken im Büro, bevor ich mich wieder meiner Arbeit zuwandte.

*

Mitte Mai bekam ich unerwartet einen Brief von Peter Wenzel, der mir vorschlug, im folgenden Jahr ein eigenes Wochenseminar in Todtmoos zu leiten und über meine Erfahrungen mit den geistigen Lebensgesetzen zu sprechen. Ich freute mich über seinen Vorschlag und sagte zu – voller Vertrauen zu meinem Leben, obwohl ich zu der Zeit noch nie ein eigenes Seminar geleitet hatte ...

Zwei Wochen später besuchten mich Esthi und Peter für ein Wochenende.

Während eines Spaziergangs durch den Teutoburger Wald schnitt Peter Jürgens Tod an, den ich immer noch nicht ganz verarbeitet hatte. Er blieb plötzlich stehen, und seine Stimme klang sehr nachdenklich, als er fragte: „Was meinst du, Gila, warum musste Jürgen gehen, wo ihr euch gerade gefunden hattet?"

Überrascht über die unvermutete Frage, antwortete ich: „Ich glaube, dass Jürgen dort, wo er jetzt ist, bessere Chancen hat, seine Aufgabe zu erfüllen als hier.“ Ganz bewusst ließ ich Juttas Durchsage, die diese Gedanken erstmals in mir aufkommen ließ, aus dem Spiel. „Ich denke, er hat in der geistigen Welt mehr Möglichkeiten für seine Entwicklung gefunden, die hier auf Erden begrenzt war.“

Seinen Gedanken nachhängend, meinte Peter: „Hat er sich hier denn nicht selbst dadurch begrenzt, dass er den Weg der Liebe bewusst wieder verlassen hat?“

Ich dachte eine Weile nach, bevor ich antwortete: „Zum Schluss hatte er einfach keine Kraft mehr. Darum ist er den Weg des geringeren Widerstandes gegangen, um vielleicht dadurch sein Leben zu retten. Er wusste, dass von meiner Seite her kein Druck kam.“

Während wir weitermarschierten, schaltete sich Esthi in unser Gespräch ein. „Diese Aufgabe hat er nicht mehr gelöst“, warf sie in ihrem unverkennbaren Schweizer Dialekt ein, „aber vielleicht hat er dafür im Jenseits die Aufgabe übernommen, dein geistiger Helfer zu sein?“

Ja, das war eine wunderschöne Vorstellung, dass Jürgen meine Familie und mich fortan beschützte, und ein Gefühl tiefer Freude kam bei dem Gedanken in mir auf.

*

Es war am ersten Weihnachtstag 1993 morgens um sechs Uhr. Alle schliefen noch. André war mit seiner Freundin Kari zu Besuch gekommen, und wir hatten mit unserer ganzen Familie gefeiert. Ich hatte mir das Ausschlafen nach dem turbulenten Heiligabend redlich verdient. Gerade wollte ich mich noch mal wohlig in meinem Bett herumdrehen, da hörte ich die Stimme wieder.

Zweimal in meinem Leben hatte ich es bisher erlebt, dass sich eine Stimme in meine Gedanken einschaltete. Über das erste Mal habe ich bereits vorher im Zusammenhang mit meinen Zweifeln bezüglich des Hauserwerbs gesprochen. Das zweite Mal hatte nichts mit diesem Buch zu tun.

Und nun geschah es wieder:

„Bist du bereit, die Seminare zu übernehmen?“

Was war das? Ich saß senkrecht im Bett und war hellwach. Und wieder:

„Bist du bereit, die Seminare zu übernehmen?“

Voller Erschütterung und ohne nachzudenken, was mich davon abhalten könnte, irgendwelche Seminare zu übernehmen, sagte ich: „Ja!“

Das war's! Ich sagte „Ja!“ und wusste nicht einmal, was ich überhaupt übernehmen sollte. Richtig, da war das Seminar in Todtmoos, das ich erstmals im September 1994 allein führen sollte.

Doch das konnte nicht gemeint sein. Tief im Innern war mir klar, dass es um die Seminare ging, die mein großer Freund und Lebenslehrer Günter Ilse mit Pep und Power führte. Aber diese waren in allerbesten Händen. Mit einer Freude und einer sprühenden Persönlichkeit, die ihresgleichen sucht und die einer ungeheuren Lebenserfahrung entspringt, zeigt Günter den Menschen Wege auf, die eigene Kraft zu entdecken. Ich bin dankbar, Günter meinen Freund nennen zu dürfen.

Ich wünschte, dass es doch noch Jahre dauerte, ehe Günter sich irgend wann einmal zurückziehen würde. Ich fühlte mich zu dem Zeitpunkt wirklich noch nicht imstande, sein Seminar zu übernehmen – und hatte bisher auch nicht einen Gedanken daran verschwendet.

Beruhigt über diese Aussicht, aber dennoch sehr berührt, versuchte ich wieder einzuschlafen. Doch meine Gedanken ließen mir keine Ruhe. Immer wieder dachte ich daran, ob ich mit Günter darüber sprechen sollte. Wenn ich es täte, könnte er es nicht so auffassen, als ob ich ihn unbedingt ablösen wollte? Nein, keinesfalls durfte dieser Eindruck entstehen. Dieser Gedanke war wirklich nicht in mir selbst entstanden. Das Beste war zu schweigen, niemand brauchte zu wissen, was mir soeben widerfahren war. Ich wusste, Günter würde meinen Worten Glauben schenken, wie damals, als ich ihm von der ersten Begebenheit erzählt hatte. Irgendwann würde ich ihm davon erzählen, wenn die Zeit reif war.

Doch wer rief gegen zehn Uhr morgens an?

„Hallo, Gila“, rief Günter fröhlich ins Telefon, „mein Röschen und ich wünschen dir und deiner ganzen Familie ein gutes und besinnliches Weihnachtsfest!“

Es durchzuckte mich siedend heiß. Den ganzen Morgen über hatte mich das Erlebnis stark beschäftigt. Ausgerechnet jetzt rief er an! Was bedeutete das?

Allen weisen Überlegungen zum Trotz gab ich mein Vorhaben auf, ihm irgendwann einmal von der Stimme zu berichten, und erzählte ihm mit klopfendem Herzen, was mir am frühen Morgen widerfahren war.

Seine spontanen Worte, so echt und herzlich, werde ich wohl nie im Leben vergessen, als er sagte: „Gila, ich könnte mir niemanden vorstellen, der für diese Aufgabe geeigneter wäre als du.“

Kapitel 7

Jeder Mensch,
alle Ereignisse in deinem Leben sind da,
weil du sie selbst angezogen hast.
Was du mit ihnen anfängst, ist deine Sache.
(Richard Bach)

Im Juni 1993 rief Edeltraud an. Wir hatten lange keinen Kontakt mehr miteinander gehabt, aber das war ganz normal zwischen uns. Mehr beiläufig fragte sie nach einer Weile: „Sag mal, hättest du nicht Lust, mit mir nach Arizona zu fliegen?“

„Wohin?“ fragte ich entgeistert.

„Nach Arizona“, wiederholte sie geduldig. „Bevor du mich jetzt noch nervst und fragst, was wir da machen sollen, will ich dich aufklären. Wir haben vor ein paar Monaten in der Nähe von Phoenix ein Haus gekauft. Jetzt müssen wir's einrichten. Ich habe aber keine große Lust, allein zu fliegen. Also, wie ist es – kommst du mit?“

Mit keinem Gedanken hatte ich je an Arizona gedacht, darum ging ich locker auf ihren Ton ein. „Habe ich noch fünf Minuten Zeit oder muss ich mich sofort entscheiden?“

„Ich weiß doch, wie spontan du bist. Also los, geh Koffer packen ...“

Obwohl sie mich wirklich recht gut kannte, glaube ich noch heute nicht daran, dass sie wirklich mit meiner Zusage rechnete. Sie hatte einiges für uns während der Vorbereitungen unserer Auswanderung nach Kanada geregelt. Wir kannten uns schon über zwanzig Jahre, in denen sie gelernt hatte, mein Naturell realistisch einzuschätzen, aber so spontan war ich nun doch wieder nicht.

Am Mittagstisch sagte ich zu Karin: „Übrigens – ich bin eingeladen.“

„Heute Abend?“

„Nein, übernächste Woche – und zwar nach Arizona“, erwiderte ich trocken.

Sie blickte mich genauso entgeistert an, wie ich wohl bei Edeltrauds Einladung am Telefon ausgesehen haben musste. Dann berichtete ich ihr von dem Telefongespräch.

Karin murmelte: „Also, das ließe ich mir nicht zweimal sagen.“

Auf mein Argument, dass eine Zusage schon wegen der beiden Kleinen gar nicht möglich sei, erinnerte sie mich daran, dass Dana und Rico genau während dieser Zeit im Kinderferienlager seien. So würde ich für die Zeit meiner Abwesenheit nur drei Tage jemanden für die Beaufsichtigung der Kinder benötigen.

Jetzt war der Gedanke an Arizona doch nicht so abwegig, und die Entscheidung lag auf der Hand, Edeltrauds Einladung anzunehmen. Petra, die inzwischen mit Horst in unsere Umgebung gezogen war, bot mir an, die Kinder in der verbleibenden Zeit zu versorgen.

Ein paar Tage vor unserer Abreise rief Edeltraud an. „Sag mal, hast du eigentlich eine Auslandskrankenversicherung?“

„Wozu?“

„Was meinst du, was uns unterwegs alles passieren kann ...“

In lockerem Ton gab ich zurück: „Weißt du, Edeltraud, ich bin der Meinung, wenn mir hier nichts geschieht, muss mir nicht unbedingt etwas in Arizona passieren. Da ich hier fast nie krank bin, werde ich’s dort bestimmt auch nicht!“

„Du bist und bleibst ein Snob“, entrüstete sie sich.

Lachend fragte ich sie: „Und du? Hast du wenigstens eine?“

„Selbstverständlich!“

In dem Zusammenhang machte sie mich auf die Möglichkeit aufmerksam, dass wir im voraus bereits unsere Sitzplätze in der Maschine buchen konnten. „Am besten wären natürlich Sitzplätze mit ein wenig mehr Beinfreiheit. Wenn ich da an meine Krampfadern denke ...“

Ich entgegnete locker, dann wäre es sicherlich das Beste, wir würden Business Class fliegen. Vielleicht bekämen wir ja einen Last-Minute-Preis.

Edeltraud sagte schwärmerisch: „Oh, yes! Business Class!“

„Ja, das ist genau richtig für mich“, grinste ich. „Wenn ich an den Service denke, der mir da zuteil wird. Gnä’ Frau, was dürfen wir Ihnen servieren? Lachs, Champagner? Oder doch lieber zuerst etwas Kaviar ...?“

„Hör auf!“ erwiderte Edeltraud. „Du denkst auch immer nur ans Essen. Denk mal lieber an meine Krampfadern! Wie ich lässig meine Beine ausstrecken könnte!“

Ich lachte. Wir stellten uns in allen Einzelheiten vor, wie wir ein wenig versnobt in der Business Class Platz nähmen und uns mit allem Luxus verwöhnen ließen. Vielleicht kämen wir sogar mit unserem Sitznachbarn ins Gespräch, der eventuell unbeweibt war und eine Frau suchte. Man konnte ja nie wissen ...

Unsere Phantasie schlug Blüten, und wir hatten unseren Spaß am Telefon. Wir malten uns diese Situation so richtig aus, bis ich dann auf den Gedanken kam und vorschlug: „Wir sollten wirklich mal anrufen, was so ein Flug in der Business Class kostet. Vielleicht ist er gar nicht so teuer.“

Sehr schnell holte uns der Sachbearbeiter der Airline auf den Boden der Tatsachen zurück, als er uns den Preis nannte.

Ich seufzte: „Na, dann eben das nächste Mal – ganz bestimmt.“

Ein Problem tat sich auf, als wir die Zugverbindung von Bielefeld nach Frankfurt/Flughafen erfragten. Es gab morgens nur einen Zug, der erst kurz vor elf Uhr am Flughafen eintraf – eigentlich viel zu spät, denn unser Flieger startete bereits um zwölf Uhr mittags nach Boston. Dort würden wir zwischenlanden und dann nach Phoenix weiterfliegen.

Sollten wir es riskieren, obwohl die Sicherheitsvorschriften ganz klar aussagten, dass man bei einem Intercontinental-Flug zwei Stunden vor Abflug am Flughafen sein sollte? Wenn diese Vorschrift nicht eingehalten wird, hat die Fluggesellschaft das Recht, eine Stunde vor Abflug die Flüge freizugeben.

Ich bat den Sachbearbeiter, der uns soeben sehr unsanft aus unseren VIP-Träumen gerissen hatte, uns wenigstens dafür einen anderen Gefallen zu tun. Ob er seiner Gesellschaft mitteilen könne, dass wir aufgrund der knappen Zugverbindung erst eine Stunde vor Abflug einträfen. Nach einiger Diskussion bekamen wir sein Okay.

So kam der Tag der Abreise.

War ich auch sonst ein Verfechter von viel Gepäck – sechs bis dreizehn Koffer pro Flug waren zu meiner Kanadazeit so ziemlich normal gewesen – hatte ich mich jetzt wirklich zurückgehalten und es dieses Mal nur auf einen einzigen Hartschalenkoffer gebracht, sehr zum Vorteil von Edeltraud, wie sich später herausstellte. Sie schaffte dafür locker den Ausgleich mit vier weiteren Gepäckstücken.

Mein Koffer besaß natürlich sein Gewicht, denn zwei Tage vor meiner Abreise kam ich auf die Idee, André in Vancouver anzurufen. Ich hatte ihm vorgeschlagen, ob wir uns am ersten Wochenende in Phoenix treffen könnten. Freitag wollte er mit dem Flugzeug eintreffen und am Sonntag wieder abfliegen. So blieb uns mindestens der komplette Samstag miteinander, um nicht über Kontinente hinweg immer nur Telefongespräche führen zu müssen.

Was für mich die Kentucky Fried Chicken waren, diese herrlichen, in Teig gebackenen Hühnerteile, das stellte für André seine Schwarzwälder Kirschtorte dar. Wenn er aus Kanada kam, musste ich sie immer gleich für ihn backen. Nun wollte ich ihn überraschen und hatte drei Gläser Sauerkirschen neben diversen anderen Backzutaten in meinem Koffer verpackt. Mich wundert heute noch, dass ich nicht auch drei Becher flüssige Sahne eingepackt habe. Die hatte ich wohl schlichtweg vergessen.

Sehr vorsichtig hatte ich die Sauerkirschen in diverse Dessous eingepackt, damit die Gläser nicht beschädigt werden konnten. Ich stellte mir vor, wie alles heil ankam. Ich wusste doch: „Vorstellung schafft Wirklichkeit." Alle meine guten Gedanken hatte ich beim Einpacken verwandt, damit die Gläser ganz blieben.

Nun gut – ich stand also auf dem Bielefelder Bahnhof und wartete auf Edeltraud. Da kam sie auch schon mit ihren vielen Koffern. Ich erkannte sie sofort an ihren blonden Haaren, die sie leger auf dem Rücken zu einem Zopf zusammengebunden hatte.

Es tat unendlich gut, mal selbst ein wenig über das viele Gepäck lästern zu können. Ich hatte mir damals genug anhören müssen, als ich alles erdenklich Brauchbare hin- und hergeschleppt hatte. Jetzt war es an Edeltraud, für ihren zweiten Haushalt in Arizona all das heranzuschaffen, was es ihrer Meinung nach dort nicht gab. Ihre Tochter studierte seit Jahren in Phoenix und wohnte in dem Haus, in welchem wir Urlaub machen wollten.

„Hör auf zu lästern", konterte sie, „übernimm lieber ein paar Gepäckstücke, damit ich kein Übergewicht bezahlen muss beim Einchecken. Vorsicht mit meinem Windlicht!"

Waren es bei mir die Sauerkirschen, so war es bei Edeltraud

das Windlicht, das sie vermeintlich in ganz Arizona nicht auftreiben konnte. Wie sich die Fälle glichen ...

So stiegen zwei etwas verrückte Ladies in den Intercity nach Frankfurt ein.

Gegen elf Uhr traf unser Zug im Frankfurter Flughafen ein. Wie erwartet, waren wir spät dran. Am dringendsten mussten wir jetzt den Abflugschalter unserer Airline finden. Na bitte, wie bestellt wartete ein leerstehender Gepäckwagen auf uns – keine zehn Meter entfernt. Schnell hatten wir sämtliche Gepäckstücke darauf verfrachtet und schoben ihn eiligst in das Flughafengebäude.

Um nicht noch mehr Zeit zu verlieren, wollten wir den nächstbesten Aufzug nehmen. Ein Beamter mit einem Sprechfunkgerät stand davor. Ich eilte auf ihn zu und fragte ihn, wie wir am schnellsten zum Abflugschalter unserer Airline kämen.

Er antwortete: „Sie können nur die Rolltreppe nehmen, denn der Fahrstuhl fährt in eine andere Etage."

„Aber wir können doch nicht mit dem vollgepackten Gepäckwagen auf die Rolltreppe", entgegnete ich konsterniert.

„Doch, doch", erwiderte er, „der ist für Rolltreppen geeignet. Sie müssen ihn nur etwas schräg stellen."

Okay, er muss es wissen, dachte ich, während wir den Karren eiligst vor uns herschoben, um zur Rolltreppe zu gelangen.

Dort angekommen, sagte ich zu Edeltraud: „Halte du den Wagen fest, ich gehe vor und nehme oben die Koffer entgegen."

Ein paar Stufen über ihr stehend, half ich ihr, den Karren auf die Rolltreppe zu schieben. Oben trat ich von der Rolltreppe zurück, um ihn entgegenzunehmen. Edeltraud konnte ich wegen der vielen Koffer nicht sehen. Jetzt hatte der Gepäckwagen die letzte Stufe erreicht. Gerade wollte ich ihn annehmen, da geschah es: Der Karren schien vor dem Ansatz des Bodens zu blockieren –

und ich bemerkte entsetzt, wie er vollgepackt mit den vielen schweren Koffern Übergewicht bekam. Wie in Zeitlupe sah ich, wie Edeltraud von dem Karren mitsamt den schweren Gepäckstücken auf der rotierenden Rolltreppe begraben wurde.

Mein Herz stand still. Nein! dachte ich voller Entsetzen. Sie stirbt! Nein – lieber Gott, lass es nicht wahr sein! Nein!

Endlose Sekunden vergingen, bis auch der letzte Koffer auf die verkrümmt daliegende Frau geschlagen und über sie hinweggeknallt war.

Totenstille nach diesem furchtbaren Gepolter. Wie gelähmt stand ich oben an der Treppe mit schreckgeweiteten Augen und wollte nicht wahrhaben, was ich da sah.

Mehrere Passagiere liefen sofort zu der starr auf der laufenden Rolltreppe liegenden Frau, die sich – Gott sei es gedankt – jetzt bewegte und versuchte, sich aufzurichten. Kreidebleich von dem Schock nahm ich sie in Empfang.

Panik in den Augen, hielt sie mit rechts ihre linke Hand fest. „Meine Hand“, jammerte sie leise. „Mein Rücken, meine Beine!“

Ich spürte, wie sie kurz davor war, ohnmächtig zu werden, und stützte sie.

Mit versagender Stimme flüsterte sie: „Ich hätte tot sein können! Wenn mein Zopf in die Rolltreppe gekommen wäre ...“

Sie schien arge Schmerzen zu haben, denn immer wieder versagte ihr die Stimme.

„O Himmel“, konnte ich nur stammeln, als ich mir ihre Hand ansah, die einige tiefe Fleischwunden aufwies und dementsprechend blutete. Ich machte mir große Vorwürfe, dass ich sie mit dem ganzen Gepäck allein gelassen hatte, aber das machte die Situation jetzt auch nicht ungeschehen.

Zwei Herren halfen jetzt, die Gepäckstücke einzusammeln. Mit irrem Blick flüsterte Edeltraud: „Da laufen deine Sauerkirschen schon aus dem Koffer ...“

Obwohl mir das jetzt im Moment völlig gleichgültig war, riskierte ich einen Blick. Doch es war nur der Zipfel meines rotes Blazers, der durch den Sturz aus dem Koffer herauslugte. Ich konnte sie beruhigen, obwohl ich gar nicht mehr so sicher war, ob ich wirklich Grund dafür hatte.

Um die Blutung einigermaßen zu stillen, legte ich ihr ein paar Papiertücher über ihre Wunden. Doch ihr Bein schien auch verletzt zu sein, denn sie konnte kaum laufen.

Ich entschied: „Wir müssen dringend ins Krankenhaus. Die Hand muss geröntgt werden." Aber ich hatte nicht mit Edeltrauds Reaktion gerechnet.

„Nein", protestierte sie matt. „Wir fliegen! Meine Tochter wartet auf uns! Ich muss unbedingt rüber!"

Ich fragte sie: „Du willst mit den Verletzungen fliegen, ohne dass du weißt, was mit deiner Hand los ist?"

„Ja. Wir haben mehr als drei Stunden Aufenthalt in Boston. Ich gehe dort zum Arzt oder ins Krankenhaus. Lass uns bitte jetzt zum Schalter gehen und einchecken."

Ich war ganz und gar nicht ihrer Meinung, denn sie sah aus, als würde sie jeden Moment umfallen. Aber ich dachte mir, vielleicht geht es ihr wirklich besser, wenn sie im Flugzeug sitzt. Ihre Hand musste jedoch schnellstens versorgt werden.

Inzwischen waren unsere teilweise demolierten Koffer auf ein motorisiertes Gepäckauto geladen worden, auf das auch wir aufsteigen konnten. Während der Fahrt schimpfte der Fahrer: „Wie kann man bloß mit dem Gepäckwagen auf die Rolltreppe gehen. Das ist doch ein Karren vom Bahnhof!"

Schwach verteidigte ich mich: „Uns ist gesagt worden, wir könnten den Karren auf die Rolltreppe stellen."

„So ein Schwachsinn!" knurrte er. „Dauernd passieren hier solche Sachen!"

Endlich waren wir bei unserem Abflugschalter angelangt.

Niemand stand mehr an, weil das Flugzeug in einer halben Stunde bereits starten sollte.

Ich hielt Edeltraud im Arm, deren Hand immer noch stark blutete, und suchte mit der noch freien Hand nach unseren Tickets.

Eine weibliche Aufsicht unserer Fluglinie mit einem Funkgerät in der Hand kam auf uns zu. Sie hatte gemerkt, dass bei uns etwas nicht stimmte, und fragte auf Englisch: „Kann ich Ihnen helfen?"

Meine Nerven vibrierten noch immer, als ich ihr mit zitternden Händen die Tickets überreichte und kurz den Hergang des Unfalls schilderte.

Nachdem sie sich Edeltrauds Hand angeschaut hatte, meinte sie erschrocken: „O je, das sieht aber nicht gut aus." Auch sie versuchte, Edeltraud davon zu überzeugen, nicht zu fliegen und ihre Hand und die Verletzungen an ihrem Bein im Krankenhaus röntgen zu lassen. Doch auch sie biss bei ihr auf Granit.

Edeltraud war am Ende ihrer Kraft. Sie bat um einen Stuhl.

Die Aufsichtsdame der Airline schaute sich die Tickets an und ging damit zu ihrer Kollegin am Schalter.

Ich sah, wie sie ihrer Kollegin unsere beiden Flugscheine überreichte, und hörte ihre Worte: „Die beiden Damen fliegen Business Class!"

Träumte ich? Wir sollten Business Class fliegen? Vor einer Woche erst hatten wir uns in allen Varianten ausgemalt, wie herrlich es sei, diesen Vorzug genießen zu können – und nun sollte sich dieses Bild auf so dramatische Weise verwirklichen?

„Hast du gehört, wo wir sitzen?" flüsterte ich Edeltraud zu und konnte mir trotz allem ein Grinsen nicht verbeißen.

„Das kann doch nicht wahr sein", murmelte Edeltraud kopfschüttelnd. „Ich glaube das alles nicht!"

Mit einer gehörigen Portion Galgenhumor sagte ich: „Siehst

du, Vorstellung schafft wahrhaftig Wirklichkeit“, während ich unter Aufbietung aller Kräfte unsere lädierten Koffer mit den sicherlich undefinierbar mit Sauerkirschen vermengten Dessous auf die Waage hievte. Wie Edeltrauds Windlicht jetzt wohl aussah?

Nachdem auch Edeltraud erfasst hatte, dass wir den Flug nach Boston mit Beinfreiheit und hervorragendem Service verbringen sollten, schien es auch ihr etwas besser zu gehen. Sie konnte sich sogar ein schwaches Lächeln abringen, als ich sie vorsichtig in die Seite stupste und leise sagte: „Heb' bloß die Tickets auf! Das glaubt uns sonst keiner.“

Nun schaute die aufsichtführende Dame auf die Uhr und traf die Entscheidung: „Wenn ich Sie schon nicht davon abhalten kann zu fliegen, dann werden wir jetzt nach dem Einchecken den Arzt rufen, der sich Ihre Hand kurz ansieht und medizinisch versorgt. Mit den Papiertüchern als Verband können Sie nun wirklich nicht fliegen.“

Die Zeit lief uns davon. Mit einem Blick zur Uhr nahm ich wahr, dass unser Flugzeug in ungefähr zwanzig Minuten starten sollte.

Die Aufsichtsdame deutete meinen Blick richtig und wandte sich an Edeltraud: „In ein paar Minuten ist der diensthabende Arzt hier und versorgt Sie. Ich verspreche Ihnen, dass Sie mitfliegen werden. Ist das okay?“

Edeltraud nickte dankbar. Aus dem Fenster unserer Abflugetage konnten wir dann wenig später beobachten, wie ein Unfallwagen mit Blaulicht und quietschenden Bremsen vor dem Eingang hielt. Doch wohl nicht für uns? Offensichtlich doch, denn es dauerte nicht lange, bis ein Arzt in unseren Raum stürmte. Auch er warnte Edeltraud vor dem Flug nach Phoenix, nahm ihr dann aber das Versprechen ab, wenigstens auf unserem Zwischenstop in Boston die Hand und auch ihr Knie, das ihr inzwischen sehr zu schaffen machte, im Krankenhaus oder bei einem Arzt röntgen zu lassen.

Nachdem Edeltraud dann eine Bescheinigung unterschrieben hatte, dass sie ihre Reise auf eigene Verantwortung fortsetzen wollte, wurden wir in das Innere des Flugzeugs geleitet – gleich auf die ersten beiden freien Plätze in der vorderen Reihe. So ganz unbeschwert konnten wir den hervorragenden Service dennoch nicht genießen, weil Edeltraud immer noch mit starken Schmerzen zu kämpfen hatte.

Sechs Stunden später landeten wir in Boston. Eine Gluthitze schlug uns entgegen, als wir zur Zwischenlandung auscheckten.

„Als erstes brauchen wir einen Arzt", stellte ich fest und ging mit meiner humpelnden Bekannten zur Flughafenaufsicht. Dort führte man uns zum Arzt. Vor uns warteten noch mehrere andere Patienten.

„Uns stehen nur knapp zweieinhalb Stunden Aufenthalt zur Verfügung", erklärte ich der betreuenden Schwester im Empfangszimmer.

„Okay", meinte sie freundlich, „das kriegen wir schon hin. Aber es kann dennoch einige Zeit dauern, bis Sie dran sind."

Das brachte mich auf mir eine Idee. Ob hier in der Umgebung ein Kentucky Fried Chicken Restaurant sei, fragte ich sie. Sie überlegte, schüttelte den Kopf und meinte dann, etwa zehn Kilometer weiter wüsste sie eines. Zehn Kilometer? Ich zögerte, traf dann aber eine einsame Entscheidung. Zu groß waren meine Entzugserscheinungen in den vergangenen Jahren gewesen.

„Ich bin gleich zurück", sagte ich zu der verdutzten Edeltraud, der wohl der Schreck auf den Magen geschlagen war. Sie saß bereits im Wartezimmer und hatte unser Gespräch nicht gehört. „Ich gehe nur kurz mal was essen", sagte ich betont locker. „Kommst du allein zurecht?"

Sie nickte, und ich eilte voller Tatendrang zum Taxistand des Flughafens. Nur mit Schwierigkeiten konnte ich dem Taxifahrer klarmachen, dass ich die ganze Strecke bloß wegen der gebratenen Hühnchenteile hin- und zurückfahren wollte.

Geduldig wartete er draußen auf mich, bis ich das komplette Angebot des Tages vertilgt hatte. Rundherum satt und zufrieden fuhr ich mit dem Taxi zum Flughafen zurück. Es hatte sich wirklich gelohnt. Mit etwas schlechtem Gewissen erblickte ich Edeltraud, die mich bereits ungeduldig mit einem frischen Verband vor der Ambulanz erwartete.

Als sie mich so wohlgelaunt aus dem Taxi steigen sah, fragte sie entgeistert: „Wo kommst du denn her?"

Lachend erzählte ich ihr die Story, während sie nur ungläubig den Kopf schüttelte und entgegnete: „So was kann auch nur dir passieren."

Ich versuchte abzulenken, indem ich fragte: „Was macht deine Hand?"

„Der Arzt hatte kein Röntgengerät in seiner Praxis und wollte, dass ich zum Krankenhaus fahre, aber dann hätten wir den Weiterflug nach Phoenix verpasst. Ich kann meine Hand morgen in Phoenix röntgen lassen."

Am ganzen Körper verspürte sie jetzt die Schmerzen und war froh, als wir wieder im Flugzeug saßen, das uns über einen erneuten Zwischenstop in Memphis nach Phoenix brachte.

In Edeltrauds Haus angekommen, sah ich mit Betroffenheit, wie viele dunkelblaue riesige Blutergüsse ihr ganzer Körper aufwies, und dann die Streifen der Rolltreppe, die sich auf ihrem Rücken eingefräst hatten ... Wir hatten so viel Glück gehabt!

Völlig erschlagen von der Zeitumstellung lag ich nachts endlich im Bett. Ohne Klimaanlage wäre es nicht auszuhalten gewesen, denn jetzt im August zeigte das Thermometer tagsüber wahrhaftig 46 Grad im Schatten an.

Trotz meiner Müdigkeit ließ ich die Ereignisse dieses Tages nochmals an mir vorbeiziehen. Wie hatten wir vor der Reise noch geflachst wegen der Reiseunfallversicherung und der Business Class! Beides hatte sich verwirklicht nach dem Kausalitätsgesetz: Gedanken sind Kräfte.

Wir setzen mit unseren Gedanken den geistigen Ursprung für die Ereignisse, die in unser Leben treten. Je mehr wir diesen Gedanken Energie geben, desto schneller erfolgt die Verwirklichung.

Unser Unterbewusstsein hatte den Inhalt unserer Gedanken als Auftrag entgegengenommen und auf eine Weise ausgeführt, die wir vom Verstand her niemals geplant hätten. Hier wurde sogar eines mit dem anderen direkt verbunden, obwohl alle Dinge ineinander greifen. Doch so manches Mal ist der direkte Zusammenhang, wie bei diesem Ereignis, für uns nicht immer gleich erkennbar.

Als meine beiden Kinder eine Woche später wieder von ihrem Campingurlaub heimgekehrt waren, rief ich zu Hause an.

Petra meldete sich. „Ach, Gila", sagte sie, während Mitgefühl in ihrer Stimme schwang, „Rico hat offensichtlich Heimweh nach dir. Hör doch mal ..."

Im Hintergrund lief eine CD mit dem uralten Ohrwurm 'Mama' – und ich musste lächeln.

Auch Petra lachte. „Sobald Rico zu Hause ist, spielt er die CD bis zum Umfallen. Und wehe, uns wird's zuviel! Hier kommt er!"

Ich kannte meinen rustikalen Rico gar nicht wieder, als er mit weinerlicher Stimme fragte: „Wann kommst du wieder, Mama?" Ich tröstete ihn, dass es nur noch ein paar Tage dauerte.

Petra murmelte etwas, und Rico sagte: „Ach ja, ich soll dir sagen, Petra hat dich lieb!"

Äußerst erstaunt, was so ein Urlaub alles an Überraschungen brachte, vernahm ich Petras helles Lachen. Sie nahm Rico den Hörer aus der Hand, um die Sache aufzuklären, und meinte immer noch lachend: „Ich habe Rico nur gesagt, er solle dir sagen: Ich hab dich lieb."

Rico schien gar nicht zu verstehen, warum unsere weitere Konversation in lautem Gelächter unterging. Aber egal, die Hauptsache war: Wir hatten uns lieb.

Kapitel 8

Hast du schon einen kleinen Vogel gesehen,
der zu fliegen beginnt?
Als erstes öffnet er die Flügel.
Der Flügel ist Vermittler
zwischen Materie und Luft.
Du bist Mensch.
Dein Arm ist dein Flügel.
Als erstes müsstest du UMARMEN können,
dann wirst du auch fliegen können.

(Antwort der Engel)

Januar 1994

Der Amerikanische Autor Raymond Hull beschreibt in seinem Buch 'Alles ist erreichbar' die Methode des täglichen Aufschreibens unserer Wünsche. Hier wird auf eindringliche Weise klar, wie wir unser Unterbewusstsein mit der täglichen Beeinflussung von vorgegebenen Zielen programmieren können.

Das Wissen um dieses System machte ich mir zu eigen und wollte aufschreiben, welche Ziele für mein Leben ich eigentlich hatte. Dabei fielen mir Wünsche ein, deren Verwirklichung sicherlich länger dauern würde. Wenn ich da so an meine inzwischen angefutterten Pfunde dachte, die sicher nicht nur von den Kentucky Fried Chicken herrührten, war ich erstaunt, wie schnell der Zeiger der Waage unbeirrbar nach oben kletterte. Es schmeckte ja auch immer so gut.

Mit vielen Dingen dagegen konnte ich inzwischen ganz gut umgehen. Zum Beispiel versuchte ich, niemandem mehr etwas vorzuwerfen und die Menschen so zu nehmen, wie sie waren, was mir immer öfter gelang.

Jetzt begann ich mit meiner Lebensplanung nach Raymond Hulls Buch, setzte mich an meinen Schreibtisch und dachte über meine Wünsche nach. O ja, da waren einige, die mir einfielen, und ich fing an, diese aufs Papier zu bringen. Über meinen Herzenswunsch brauchte ich nicht lange nachzudenken, den kannte ich: ein Mann fürs Leben.

Dazu schrieb Raymond Hull: Man soll sich die Eigenschaften vorstellen, die man bei einem Lebenspartner erwartet – verglichen mit der Planung einer Brücke. Auch hier werden unentbehrliche Eigenschaften vorausgesetzt, wie Stabilität und Sicherheit. Bevor eine Brücke gebaut wird, muss sich der Architekt Gedanken machen, wie sie später aussehen soll, denn letztlich ist Stabilität für dieses Bauwerk am wichtigsten. Er stellt Überlegungen an, welche Eigenschaften diese Brücke braucht, um allen Belastungen standzuhalten und zu funktionieren.

Anfang Januar 1994 saß ich eines Morgens wieder vor meinem Zettel und überlegte, wie ich meine Wünsche formulieren sollte. Was war mir am wichtigsten bei einem Partner? Immer wieder gingen mir diese Gedanken durch den Kopf. Immerhin konnte ich davon ausgehen, dass es sich bei meinem zukünftigen Partner um einen lebenserfahrenen Menschen handelte, denn ich hatte ja auch bereits sechsundvierzig Jahre auf dieser Welt gelebt.

Bis auf die kurze Zeit mit Jürgen hatte ich lange allein gelebt. Das sollte auf Dauer aber nicht so bleiben. Intuitiv spürte ich, dass irgendwann eine Veränderung eintreten würde. Doch wann? Wenn bloß diese Ungeduld nicht gewesen wäre!

Immer wieder hatte ich den folgenden Satz als Affirmation geschrieben: Mein optimaler Lebenspartner tritt jetzt in mein

Leben. Er ist zuverlässig, kinderlieb, großzügig, klug, tatkräftig, lebenserfahren, spirituell, herzlich.

Ja, das war's doch! Ich war zufrieden mit meinem Werk. Täglich schrieb ich in der Folgezeit diesen Satz nieder. Es mag eigenartig anmuten, doch ich stellte mir vor: Wenn ich in einem Restaurant beim Ober meine Bestellung aufgebe, dauert es eine gewisse Zeit, ehe diese Bestellung ausgeführt werden kann, was für jeden nachvollziehbar ist.

Und genauso verhält es sich mit unseren Wünschen. Wir geben die Wunschenergie in den Kosmos ab und ziehen magnetengleich Dinge, Ereignisse und Menschen an, die uns bei der Erfüllung dieses Wunsches bewusst oder auch unbewusst helfen. Zweifeln wir jedoch im Nachhinein daran, so neutralisieren wir diese gläubige Erwartungshaltung wieder und blockieren dadurch die Verwirklichung.

Fast täglich schrieb ich meine Sätze auf – mit sauberer Handschrift, langsam und sehr konzentriert. Die Worte, die ich schrieb, sprach ich leise mit. Dadurch gab ich meinem Unterbewusstsein die suggestive Vorstellung für die Verwirklichung ein.

Ich wusste: Nach dem Kausalitätsgesetz musste ich dementsprechende Resultate auf meine Aktion erhalten. Immer wieder lernte ich in der Zwischenzeit Männer kennen, die äußerst interessant, aber leider gebunden waren. Durch leidige Erfahrungen geprägt, fragte ich meistens beim ersten Kennenlernen ganz beiläufig: „Und was macht Ihre Frau beruflich?" Einige drucksten daraufhin etwas herum, aber kaum jemand sagte, er habe keine Frau. Und damit war die Sache wieder gelaufen ...

Was machte ich bloß falsch? Täglich programmierte ich mich mit der Vorstellung meines zukünftigen Lebenspartners. Warum gab mir mein Unterbewusstsein dann immer wieder Gelegenheiten, Männer kennen zu lernen, die allesamt gebunden oder verheiratet waren? Warum nur?

Die Lösung, so sagt man, liegt immer im Einfachen – so auch diese. Als ich längere Zeit über die Situation nachdachte, fiel es mir ein. Bei den Eigenschaften meines zukünftigen Partners fehlte ein wichtiges Kriterium, und ab sofort fügte ich hinzu: frei für eine neue Beziehung. Daran hatte ich nicht gedacht! Wie bei einem Computer, dem man gewisse Selektierungsmerkmale eingibt, erhält man ungenaue Ergebnisse, wenn man etwas vergisst.

Ich habe daraus viel gelernt. Aber erst in dem Moment, als ich begriff, welches Versäumnis ich begangen hatte, konnte ich eine Änderung herbeiführen. Durch meine Aufzeichnungen kann ich nachvollziehen, wann ich das erste Mal diesen Zusatz mit aufschrieb: Es war im Dezember 1993.

*

Nach einem langen Spaziergang durch Bielefelds Wälder an einem Sonntag im Januar 1994 bettelten meine Kinder so lange, bis ich mich erweichen ließ, mit ihnen zu McDonald's zu fahren. Während die beiden sich ausgiebig auf der außen angebrachten Rutsche vergnügten, saß ich drinnen am Tisch und las eine nationale Sonntagszeitung. Wie viele Menschen auf Partnersuche schaute auch ich gern in die Bekanntschaftsanzeigen und vertiefte mich in deren Text.

Plötzlich sah ich sie – die Anzeige, die mich Wort für Wort immer mehr gefangen nahm. Sehr ausführlich suchte dort jemand eine Partnerin. Jede, aber auch jede Formulierung schien zu passen! Immer wieder las ich die Worte. Ein eigenartiges Gefühl beschlich mich: Das war ich – ganz klar! So hätte ich mich auch beschrieben. Nachdem ich mich vergewissert hatte, dass mir niemand zusah, riss ich mit klopfendem Herzen heimlich die Seite aus der Zeitung heraus.

Abends rief ich meinen Freund Günter Ilse an und las ihm den Text vor. Lachend entgegnete er nur: „Woher kennt dich dieser Mann so genau?"

Lange dachte ich über die Worte der Anzeige nach. Was für ein Mensch verbarg sich dahinter? Sehr feinsinnig formuliert, waren lediglich Alter, Größe und sein akademischer Grad Dr. phil. angegeben. Sollte ich antworten? Eigentlich forderte mich dieser Text geradezu heraus. Als die Kinder abends im Bett lagen, nahm ich mir die Anzeige nochmals zur Hand. Ja, dachte ich, es gibt keine Zufälle – ich antworte darauf!

Drei Tage später bereits erhielt ich ein Fax von Bodo, der dahinter steckte – und eine interessante Zeit begann.

Zur gleichen Zeit lernte ich Walter kennen. Gemeinsam mit einem Bekannten führte er ein kleines individuelles Reiseunternehmen in der Nähe von Bielefeld. Da ich geschäftlich viel mit Werbung im Touristikbereich zu tun hatte, kam ich telefonisch mit ihm ins Gespräch. Er sagte mir, dass seine Firma noch zu sehr in den Kinderschuhen stecke, um bereits mit Werbung auf sich aufmerksam zu machen.

„Und wie lange ist die Firma auf dem Markt?" fragte ich und lauschte seiner warmen, angenehmen Stimme.

„Eigentlich erst seit einem Jahr", meinte er.

Als ich ihn fragte, ob er vorher auch bereits in der Touristikbranche tätig gewesen sei, antwortete er bereitwillig: „Nicht direkt. Ich habe zwar seit fast sechzehn Jahren Reisen für junge Leute im Auftrag der Kirche geplant und organisiert, aber als Sozialpädagoge und Seminarleiter."

„Sie leiten Seminare?"

„Nicht nur das. Über lange Zeit hinweg habe ich auch Seminarleiter ausgebildet."

Irgend etwas veranlasste mich, weiter auf ihn einzugehen. Er schien mir ein sehr interessanter Gesprächspartner zu sein. Unmerklich nahm unser Gespräch dann privatere Formen an, als er von seinem Traumland Island erzählte. Ich nahm seine Worte zum Anlass und berichtete ihm meinerseits von der Auswanderung nach Kanada.

„Und warum haben Sie Kanada wieder verlassen?“

Diese Frage hörte ich oft. Ich erzählte ihm, dass mein Partner und ich uns dort getrennt hätten und ich allein mit den Kindern nach Deutschland zurückgekehrt sei.

„Leben Sie auch allein?“ fragte er.

„Ja, warum? Sie auch?“

„Ja“, lachte er leise, „ich glaube, wir sollten unsere Konversation mal bei einem Glas Wein fortsetzen.“

*

Es verging kaum ein Tag, dass Bodo und ich nicht miteinander telefonierten oder zumindest einmal pro Tag per Fax korrespondierten. Ich hielt ihn für einen hochspirituellen Menschen und mochte seinen trockenen Humor. Er wohnte ungefähr 300 Kilometer von mir entfernt.

Der 16. Januar 1994 – ein Sonntag – hatte es in sich. Es ging bereits morgens los, als ein Fax mit einem liebevollen Vers von Bodo kam. Auch ich hatte ein Repertoire an solchen kleinen Weisheiten und schickte ihm postwendend ein Fax zurück. Immer mehr steigerten wir uns nun in neue Varianten hinein und hatten einen diebischen Spaß dabei.

Dann geschah etwas, was mich sehr berührte. Zu Weihnachten hatte ich von einem Seminarteilnehmer die folgenden wunderbaren Worte erhalten:

Desiderata

Gehe ruhig und gelassen deinen Weg
durch Lärm und Hast dieser Welt,
und vergiss nicht, welcher Frieden in der Stille liegt.
Lebe, soweit ohne Selbstaufgabe möglich,
in guten Beziehungen zu anderen Menschen.
Äußere deine Wahrheit ruhig und klar.
Höre aber auch anderen zu,
selbst den Törichten und Unwissenden.
Auch sie haben ihre Geschichte.
Meide laute und aggressive Menschen.
Sie sind eine Qual für den Geist.
Es ist möglich, dass du entweder stolz oder verbittert wirst,
wenn du dich mit anderen vergleichst,
denn immer wird es bedeutendere und unbedeutendere geben
als du selbst.
Übe Vorsicht in deinen Geschäften,
denn die Welt ist voller Betrügereien.
Verschließe dich aber auch nicht
der gleichermaßen vorhandenen Rechtschaffenheit.
Viele Menschen streben nach hohen Idealen,
und das Leben ist voll von stillem Heldentum.
Sei du selbst. Heuchle keine Zuneigung,
und spotte nicht über die Liebe.

Trage freundlich die Bürde der Jahre,
und gib mit Anmut alles auf, was der Jugend zusteht.
Stärke die Kraft deines Geistes,
um plötzlichem Unglück gegenüber gewachsen zu sein.
Viele Ängste entstehen durch Müdigkeit oder Einsamkeit.
Neben einer heilsamen Disziplin sei freundlich mit dir selbst.
Du bist ein Kind des Universums,
nicht weniger als die Bäume und Sterne.
Du hast ein Recht darauf, hier zu sein.
Und das Universum wird sich so entfalten,
wie es sein muss, ob dir dies bewusst ist oder nicht.
Darum lebe in Frieden mit Gott,
was immer du dir unter ihm vorstellst.
Und was immer deine eigenen Bemühungen
und Absichten sein mögen:
Halte Frieden mit deiner Seele
in diesem lärmigen Durcheinander des Lebens.
Mit all ihrem Schein,
ihren Kümmernissen und zerbrochenen Träumen
ist diese Welt dennoch wunderbar.
Strebe behutsam danach,
glücklich zu sein.

(Aus der alten St. Pauls Kirche, Baltimore, von 1692)

Nachdem wir unser Spielchen mehr als ein Dutzend Mal mit kindlicher Freude betrieben hatten, nahm ich diese Worte und überlegte, ob ich sie Bodo senden sollte. Noch während ich den Text in der Hand hielt, ging erneut das Fax – und Bodo schickte mir 'Desiderata' durch ...

Ich war im Innersten getroffen – ein ganz tiefes Berühren meiner Seele! Meine Gefühle überschlugen sich. Ich war so erschüttert, dass ich, während seine Worte durch das Fax liefen, auf STOP drückte. Ich atmete ein paar Mal tief durch und wählte dann mit zitternden Fingern Bodos Telefonnummer.

„Hallo – lange nichts voneinander gehört", flachste er.

„Du weißt nicht, was eben geschehen ist ...", sagte ich tonlos.

„Dein Fax hat gestreikt!"

„Nein", sagte ich, immer noch tief berührt, „ich habe die Übertragung bewusst abgebrochen. Weißt du, was ich in der Hand halte? 'Desiderata!' Ich wollte es dir gerade senden – und im gleichen Augenblick schickst du es mir durch. Was heißt das, Bodo?"

„Das heißt, Gila", sagte er in seiner sanften Art, „dass wir seelisch sehr stark miteinander verbunden sind und eine große Bedeutung haben füreinander."

Am Montag, den 17. Januar 1994, besuchte mich Walter. Den ganzen Tag über waren meine Gedanken noch bei Bodo und dem gestrigen Ereignis gewesen.

Aber dann stand Walter vor mir – groß und kräftig. Durch sein volles dunkles Haar wirkte er sehr viel jünger, obwohl er zwei Jahre älter ist als ich. Sein schwarzer Schnäuzer stand ihm gut. Als ich ihn begrüßte, nahm ich wahr, dass er schielte, doch es störte mich nicht so sehr, da er sonst sehr sympathisch wirkte.

Wie selbstverständlich sagte er: „Da bin ich!" Nachdem er seine Jacke abgelegt hatte, schaute er sich um. Seine langjährige

Tätigkeit in der Jugendarbeit hatte ihn sehr geprägt. Wohl deshalb ging er ganz unkompliziert sofort zum vertraulichen Du über. „Du hast es schön hier. So richtig zum Wohlfühlen."

Ich freute mich, dass es ihm gefiel. Wieder einmal war ich dankbar für mein schönes Zuhause. Das Feuer im Kamin prasselte. Die vielen kleinen Lampen strahlten dezente Behaglichkeit aus. „Komm, setzen wir uns ins Wohnzimmer."

Nachdem ich ihm etwas zu trinken angeboten hatte, machten wir es uns gemütlich. Mir fiel auf, dass gleich eine gewisse Vertrautheit zwischen uns da war. Es war nicht nur sein sympathisches Lachen, das mich für ihn einnahm, es war auch seine Art, Verständnis für Menschen aufzubringen, die ihn in seinem bisherigen Leben sehr verletzt hatten.

Walter hatte drei ältere Schwestern. Seine Mutter war am Tag nach seiner Geburt gestorben. Schon wegen der Kinder hatte sein Vater kurze Zeit später wieder geheiratet. Walter wurde mit seinen drei älteren Schwestern und einer jüngeren Schwester, die aus der neuen Ehe hervorgegangen war, von seiner Stiefmutter aufgezogen. Wie ich zwischen den Zeilen heraushören konnte und auch später von allen vier Schwestern bestätigt bekam, hatten die Kinder eine lieblose Kindheit.

Und dennoch meinte er nachdenklich: „Damals habe ich oft rebelliert, aber heute weiß ich, dass auch meine Mutter nur so handeln konnte, wie sie gehandelt hat."

Es lag viel Lebensweisheit in seinen Worten, und nach und nach gerieten wir doch wahrhaftig ein wenig ins Philosophieren, obwohl wir uns gerade erst persönlich kennen gelernt hatten.

„Weißt du", sinnierte ich, als er mir die Geschichte seiner Jugend erzählt hatte, „wir können erst wirklich lieben, wenn wir in der Lage sind zu vergeben. Ich glaube, dass echte Vergebung die Voraussetzung ist für unser körperliches und seelisches Wohlbefinden. Wer kennt den Ausdruck nicht: Es kränkt mich!

Was kränkt uns denn eigentlich? Der Gedanke an ein Ereignis, das uns widerfahren ist? Das Verhalten eines Menschen uns gegenüber? Selbst wenn wirklich die Absicht bestünde, uns zu treffen, wer entscheidet denn darüber, ob wir die Kränkung auch zulassen? Doch nur wir selbst. Sind wir selbstsicher genug, so hat sie gar keine Wirkung. Die gerade abgeschossenen Giftpfeile prallen wie an einem Panzer an jemandem ab, wenn dieser uns verständnisvoll in die Arme nimmt. Das heißt, trotz unserer Absicht haben wir ihn nicht erreicht. Und warum nicht? Weil er unserer negativen Energie durch sein positives Bewusstsein einfach keine Chance gegeben hat. Also liegt es doch bei uns, ob wir durch unsere positive Geisteshaltung dafür sorgen, Kränkungen auszuschalten und nur gute Gedanken zuzulassen."

„Das klingt ja alles sehr gut, Gila", erwiderte Walter, jetzt aber doch mit einem Anflug von Bitterkeit, „nur wenn du in so einem tiefen Loch steckst, wie es mir vor kurzem noch widerfahren ist, dann denkst du anders."

„Magst du darüber sprechen?"

„Nun, ich habe fast sechzehn Jahre als Sozialpädagoge und Diakon in der Landeskirche gearbeitet. Ich habe meinen Job nicht nur gern gemacht – ich ***war*** mein Job, mit Haut und Haaren! Ich spürte jedoch immer mehr, wie mich dieser ganze kirchliche Apparat hemmte, und hielt meine Seminare in meinem eigenen Tenor ab, was keinesfalls erwünscht war. Und dann war es die Liebe zu meiner Assistentin, die halb so alt war wie ich, aus der man mir einen Strick gedreht hat. Unzucht mit Abhängigen, wurde mir vorgeworfen, dabei war sie schon seit einigen Jahren volljährig – ein gefundenes Fressen für die Kirche! Als die Sache herauskam, wurde ich entlassen."

„Kannst du heute einen Sinn darin sehen?"

Nach einer Weile antwortete Walter: „Eigentlich nicht. Meine

Beziehung ist zerbrochen – meinen Job, der mir wirklich alles bedeutet hat, bin ich los – meine Ehe ist gescheitert. Wie sollte ich darin etwas Gutes sehen?"

„Ich denke, alles, was uns im Leben geschieht, will uns fördern, auch wenn es noch so chaotisch erscheint", gab ich zu bedenken. „Wir sind dazu da, um die Erfahrungen zu machen, die wir brauchen für unser Leben. Auch wenn du es jetzt noch nicht annehmen kannst, glaube ich schon, dass etwas auf dich wartet, was du jetzt noch gar nicht für möglich hältst. Immer, wenn du etwas verlierst, ist es nur ein Zeichen dafür, dass etwas Besseres in dein Leben treten wird."

„Aber mir ist übel mitgespielt worden ...", sagte Walter bitter.

„All die Menschen, von denen wir glauben, dass sie uns irgendwann einmal verletzt haben, haben auch nur das getan, was ihrem damaligen Reifegrad entsprach. Für alles, was du im Leben tust, erhältst du deinen Preis oder musst ihn zahlen. Du hättest sicher freiwillig nie deinen Job aufgegeben – oder?"

„Natürlich nicht. Ich habe mich wohl gefühlt dort, hatte eine Top-Position und ein hervorragendes Einkommen. Von heute auf morgen war alles weg!"

Ich spürte, wie es innerlich in ihm brodelte, und sagte leise: „Das ist verflixt hart, was dir da widerfahren ist. Und was ist aus der Beziehung zu deiner Assistentin geworden?"

„Sie ist nach Neuseeland gegangen und lebt dort in einer neuen Beziehung."

„Mit einem Aborigine?" neckte ich ihn.

Walter lachte leise. „Nein, die gibt's nur in Australien – mit einem neuseeländischen Farmer."

Ich spürte, dass seine trüben Gedanken sich wieder aufhellten, und fuhr fort: „Wenn uns in der Vergangenheit übel mitgespielt wurde, haben wir auch nur das bekommen, was wir glaubten, verdient zu haben."

„Oh, willst du damit sagen, dass ich das alles verdient hätte?“ brummte er.

„Na ja – du bist schon verantwortlich für die Dinge, die in deinem Leben geschehen, auch wenn es so scheint, als ob andere dir etwas antun, wofür du nichts kannst. Mit dem Wissen darum sind wir dabei, uns zu entfalten und zu verwandeln, und sind dadurch erst in der Lage, Dinge zu verändern, die wir sonst anders gemacht hätten. Wir sind alle hier auf der Welt, um zu lernen.“

Das Feuer war inzwischen niedergebrannt. Während ich eine Kleinigkeit zu essen aufdeckte, bemerkte ich, wie Walter ein paar Scheite Holz nachlegte und sich wie selbstverständlich um das Feuer kümmerte. Irgendwie mochte ich ihn.

Ich dachte an Bodo, mit dem der Kontakt immer intensiver zu werden schien, schon allein durch die Ereignisse vom Vortag. Durch tägliche Anrufe, Faxe, Briefe oder andere Aufmerksamkeiten wusste er mir immer ein kleine Freude zu bereiten. Erst vorgestern hatte er mir ein Eilpaket gesandt mit liebevollen Kleinigkeiten – ganz oben eine zauberhafte Orchideenblüte in einem Glasröhrchen mit Wasser.

Bodo war für jeden Schabernack zu haben. Seine Briefe waren so voller Feingefühl und Humor, dass ich mich unweigerlich zu ihm hingezogen fühlte. Wir hatten zwar Bilder ausgetauscht, aber unser persönliches Kennenlernen stand noch bevor. Und dafür versuchte ich wieder fleißig abzunehmen. Bei einem Gespräch hatte Bodo durchblicken lassen, dass er Elfentypen bevorzugte, und das war ich nun beileibe nicht.

Aus besagtem Grund hielt ich mich jetzt zurück beim Essen, freute mich aber, dass es Walter so gut schmeckte, vor allem, weil ich den Salat mit einer Prise Knoblauch angerichtet hatte.

„Hm – Knoblauch!“ strahlte er. „Was meinst du, wie gern ich den esse!“

„Echt?“ lachte ich. „Ich mag ihn zwar auch, aber in Maßen.“

„Warte mal ab, wenn ich erst Knoblauch mit Zaziki mache“, bemerkte er grinsend und ließ sich den Salat schmecken.

„Aha“, lachte ich, „Knoblauch mit Zaziki?“

Trotz meiner Gedanken an das bevorstehende Treffen mit Bodo war es ein lockerer und geselliger Abend mit Walter. Ich muss zugeben, ich hatte überrascht aufgehorcht, als er im Laufe des Abends beiläufig erwähnte, dass er ein Computerfreak, aber als Ausgleich sehr gern handwerklich tätig sei. Oh, dachte ich, absolut ideal für unsere Familie.

Was hatte ich in meinen Affirmationen geschrieben: tatkräftig! Das schien er wirklich zu sein, klug – tiefschürfend, alles passte! Doch ich wartete auf Bodo.

Als es für Walter Zeit wurde zu gehen, begleitete ich ihn zu seinem Auto. Beim Abschied spürte ich, dass er Anstalten machen wollte, mich in die Arme zu nehmen, ließ es dann aber aus irgendeinem Grunde doch sein. Auch ich hielt mich zurück.

Beim Abschied fragte er leise: „Können wir diesen Abend fortsetzen?“ Er nahm meine Hände und hielt sie einen Moment lang fest. Er hatte gute, kräftige Hände, die ich mochte.

„Ja“, erwiderte ich, „ruf mich an, wenn du Zeit hast.“

Ein paar Tage später erhielt ich einen Brief von Walter, in dem er sich für den schönen Abend bedankte. Besonders habe ihm die warme, liebevolle Atmosphäre bei mir gefallen. Beinahe, so schrieb er, hätte er mich beim Abschied in die Arme genommen.

Genau eine Woche später kam Bodo.

Er wollte abends mit der Bahn kommen und hatte mir die Zeit seiner Ankunft per Fax durchgegeben. Ein wenig aufgeregt stand ich am Bielefelder Hauptbahnhof und erwartete ihn. Da ich ein Foto von ihm besaß, wusste ich ungefähr, wie er aussah.

Bodos Zug lief ein, und ich versuchte etwas nervös, ihn zwischen den Reisenden auszumachen. Nach und nach verstreuten sie sich in Richtung Ausgang – aber niemand war da, der ihm ähnelte. Offensichtlich war er nicht gekommen. Etwas enttäuscht schaute ich auf die Ankunftstafel, wann der nächste Zug aus Richtung Düsseldorf einlief – ungefähr eine halbe Stunde später. Gut, dachte ich, den warte ich noch ab, ehe ich wieder nach Hause fahre. Auch im nächsten Zug war er nicht. Was war los? Ich hielt ihn für einen sehr zuverlässigen Menschen. Aber er hätte ja nicht einmal die Möglichkeit gehabt, mich telefonisch zu erreichen, wenn er den Zug verpasst hätte.

Sicherheitshalber entschied ich mich, noch einen weiteren Zug abzuwarten. Wieder nichts! Dann fuhr ich nach Hause. Birgit, meine Nachbarin, hatte die Kinder beaufsichtigt und sagte mir, dass auch in der Zwischenzeit niemand angerufen hätte. Nun gut, dachte ich, vielleicht hat es jetzt noch nicht sein sollen. Meine Diät hatte sowieso nicht viel genutzt.

Es war schon sehr spät abends, als das Telefon klingelte.

„Hallo, Gila“, sagte Bodos vertraute Stimme. „Ich stehe hier am Bielefelder Bahnhof. Kannst du mich abholen?“

„Sag mal – wo kommst du denn her?“

„Ach, das ist eine irre Geschichte. Aus welchem Grund auch immer habe ich Hamm/Westfalen mit Halle/Westfalen verwechselt und bin dort aus dem Zug gestiegen. Ich war verwundert, dass du nicht da warst. Na ja, dachte ich, nehme ich mir halt ein Taxi und lasse mich zu deiner Adresse fahren. Eigenartigerweise wusste der Taxifahrer mit deiner Anschrift nichts anzufangen. Als ich ihm dann deine Visitenkarte zeigte, lachte er laut auf und meinte, ich müsste noch ’ne ziemliche Strecke fahren, um nach Halle zu kommen. Das sollte ich dann doch besser mit der Bahn machen. Darum bin ich jetzt erst angekommen.“

Das erklärte die Situation. „In einer halben Stunde bin ich da", sagte ich belustigt. „Warte in der Ankunftshalle auf mich."

Auf der Fahrt zum Bahnhof dachte ich an diese komische Begebenheit. Welche Bedeutung hatte sie? Wer war dieser Bodo, Doktor der Philosophie, eigentlich? Wie empfand ich ihn? Es gab viele Eigenschaften an ihm, in denen ich mich wiederfand. Beide empfanden wir unser spirituelles Bewusstsein offensichtlich als sehr homogen, wenn auch bisher nur am Telefon. Wie würde er dagegen als Mann auf mich wirken? Na ja – ich würde es gleich wissen. Was mich ein wenig nachdenklich stimmte, war seine Antwort auf meine Frage gewesen, was er beruflich machte. Zwei Jahre zuvor hatte er seine Anteile an einem Unternehmen verkauft und widmete sich seither nur noch seiner spirituellen Aufgabe. Seine Ausführungen hatte er dann mit den Worten ergänzt: „Auf Dauer suche ich aber wieder eine anspruchsvolle Tätigkeit, die meinen Neigungen entspricht."

Während ich den Wagen unvorschriftsmäßig direkt vor dem Bahnhof parkte, war ich gespannt wie ein Flitzebogen. Ich hatte extra meinen schwarzen sportlichen Mantel angezogen, in dem ich etwas schlanker wirkte.

Als ich mit klopfendem Herzen durch das Portal in die Vorhalle ging, sah ich ihn. Groß, mittelschlank, in einem hellen Mantel, mit einer Reisetasche in der Hand. Er kam auf mich zu. Sekundenlang sahen wir uns an. Also, das war Bodo!

„Hallo", sagte er lächelnd mit seiner mir sehr vertrauten Telefonstimme.

„Schön, dass du da bist!" entgegnete ich, ihn etwas verlegen anschauend. Leicht mitgenommen sah er aus, was erklärlich war nach seiner Odyssee. „Jetzt lass uns erst einmal nach Hause fahren. Du bist sicher müde nach der Fahrt."

Wir stiegen ins Auto und fuhren los. „Schon komisch", versuchte Bodo die Konversation in Gang zu bringen, „wenn man sich plötzlich persönlich gegenübersteht – vor allem, wenn man einen ganzen Monat lang nur miteinander telefoniert hat."

„Ja, das ist wirklich eigenartig", lachte ich leise und sah ihn von der Seite an.

Er trug seine hellbraunen Haare recht lang und hatte einen bräunlichen Schnäuzer. Besonders ansprechend an ihm waren seine hellwachen braunen Augen, die einen schelmischen und sehr warmen Ausdruck hatten. Irgendwann während der Fahrt schaute ich auf seine Hände. Selten hatte ich so zarte, feine Hände bei einem Mann gesehen. Trotz seiner Größe schien er mir auch eine starke weibliche Komponente zu haben. Ich stellte mir vor, wie Bodo bei uns Holz für den Kamin hackte, und musste leicht grinsen.

Er hatte mich beobachtet und verzog jetzt auch das Gesicht. Sein verschmitztes, sympathisches Lachen gefiel mir. Nun wurde auch ich etwas lockerer. Da – in der Ferne erkannte ich im Dunkeln unser Haus.

„Herzlich willkommen", sagte ich, als ich die Tür aufschloss. Wir hängten unsere Mäntel an die Garderobe und gingen ins Wohnzimmer. Birgit war wieder bei den Kindern geblieben und verabschiedete sich schnell.

Während meiner Abwesenheit hatte ich die gläsernen Kamintüren geschlossen. Jetzt legte ich etwas Holz nach, und kurze Zeit später brannte das Feuer wieder.

Nachdem wir eine Kleinigkeit gegessen hatten, setzten wir uns ins Wohnzimmer. Doch auch die leise Musik, die im Hintergrund spielte, konnte mir meine Befangenheit nicht ganz nehmen. Da war eine Spannung zwischen uns, die es am Telefon nicht gegeben hatte. Er war ganz anders, als ich ihn mir vorgestellt hatte. Irgendwie kam er mir etwas weltfremd vor. Und jetzt fiel mir auch wieder die Redensart von dem zerstreuten Professor ein. Die Geschichte mit dem verfrühten Aussteigen passte dazu.

Wir saßen nebeneinander auf der Couch. Ich wurde mutig und musterte ihn unverhohlen. Auch er sah mich mit seinem verschmitzten Lächeln so lange an, bis wir beide anfingen zu lachen. Es war schon eine spannende Situation.

Mittendrin klingelte das Telefon. Es war Walter, der sich bei mir wieder meldete. Ich hätte gerade Besuch, sagte ich und versprach, ihn am nächsten Tag zurückzurufen.

Bis spät in die Nacht ging unser Gespräch, und wir waren so richtig in unserem Element, bis die Müdigkeit uns übermannte.

Während ich ein Gähnen unterdrückte, sagte ich: „Lass uns schlafen gehen und morgen weiterreden."

Auf dem Weg zum Gästezimmer fragte ich Bodo: „Wie lange kannst du bleiben?"

„Bis morgen Nachmittag. Ich müsste dann sehen, wann ein Zug in Richtung Hamburg geht."

Er stellte seine Reisetasche auf das Bett. Nachdem er eine Weile darin gesucht hatte, meinte er belustigt: „Jetzt habe ich auch noch meinen Schlafanzug vergessen."

Ich hatte keine Hemmungen, ihm mein weißes langes Spitzennachthemd anzubieten, und war keineswegs überrascht, dass er allen Ernstes sagte: „Ja, das wird passen!" Die Szene war filmreif, als er dann später in meinem Nachhemd, das ihm wegen seiner Größe nur bis an die Waden reichte, aus der Dusche kam.

„Bleibt Herr Doktor länger?" fragte Karin mit einem eigenartigen Unterton, als sie mich am nächsten Tag in der Küche erwischte.

Ich kannte sie gut genug, um zu merken, dass sie auf irgend etwas hinauswollte, und fragte sie direkt: „Warum fragst du?"

„Nun, ich muss wissen, ob ich in Zukunft für jemanden mehr kochen muss", sagte sie äußerst diplomatisch.

Wie kam sie bloß darauf? rätselte ich. Aber dann war mir's klar. Das Nachthemd! Sie hatte beim Bettenmachen mein Spitzennachthemd in Bodos Bett gefunden – eine eindeutige Situation. Ein paar klärende Worte – und Karin war wieder beruhigt.

Der nächste Tag mit Bodo war ein Geschenk ganz besonderer Art.

Wir saßen oben in meinem Büro. In alter Gewohnheit diskutierten wir wieder ausgiebig – aber dieses Mal von Angesicht zu Angesicht – über das Thema Spiritualität und die Ausstrahlung der Menschen.

Während ich Bodo noch etwas Wasser einschenkte, meinte ich: „Menschen mit einem spirituell entwickelten Bewusstsein sind oft ideale mentale Sende- und Empfangsstationen. Auch ohne Worte versteht man den anderen."

„Das ist doch klar", entgegnete Bodo und sah mich aufmerksam an. „Gedanken durchdringen alles um uns herum und stellen die Verbindung zu unserer Seele dar. Diese kennt die Begrenzung unseres physischen Körpers nicht, der geboren wird und stirbt."

„Weißt du", sinnierte ich, „es ist ja schon gut, wenn wir das erkannt haben, aber noch besser ist es, wenn wir lernen, nur jene Art von Botschaften zu senden, die wir auch empfangen möchten."

„Und welche Botschaft möchtest du jetzt von mir empfangen?" fragte Bodo und sah mich dabei treuherzig an.

„Du wolltest mir doch gestern noch etwas Wichtiges sagen", wich ich aus.

Er spürte mein Ausweichen und lachte.

„Okay, fangen wir mit einem anderen Thema an: Weißt du eigentlich, dass dein ganzer Tag so verläuft, wie du ihn morgens beginnst? Ich gehe sogar noch weiter und behaupte: Wie du deinen Geburtstag begehst, so verläuft dein gesamtes neues Lebensjahr."

„Und wie soll ich meinen Geburtstag begehen?"

„Zuerst einmal mit mir", grinste Bodo. „Er ist doch nächste Woche, oder?"

„Na, darüber reden wir noch", lachte ich etwas verlegen und erntete wieder seinen sanften wissenden Blick.

„Aber Spaß beiseite, Gila. Du solltest das nächste Jahr planen, indem du ganz genau aufschreibst, was sich an wichtigen Dingen ereignen soll."

„Das tue ich bereits seit längerem." Abwartend sah ich ihn an. Seit einiger Zeit arbeitete ich fast täglich an meiner Lebensplanung. Ich ging an meinen Schreibtisch und holte den Zettel mit meinen Affirmationen aus der Mappe.

„Darf ich mal sehen?"

Da er mir in spiritueller Hinsicht sehr vertraut war, übergab ich ihm den Zettel, der sonst für niemand anderen gedacht war.

Es war interessant, was dann folgte. Nachdem ich mit Bodos Hilfe all das, was mir wichtig war, noch mal in Stichworten aufgeschrieben hatte, ging er jetzt daran, mir zu helfen, sämtliche Sätze auszumalen. Bis ins kleinste Detail wurden Formeln gebildet, die mir sehr wichtig für mein Leben erschienen. Bodo war ein äußerst kritischer Ratgeber.

„Ich sehe, du hast es richtig gemacht", sagte er zur Bestätigung, „Affirmationen dürfen immer nur in der Gegenwart benutzt werden, damit sie wirken. Unser Unterbewusstsein kann mit dem Auftrag: 'Ich werde gesund' oder 'Ich möchte gesund sein' nichts anfangen. Es muss heißen: 'Ich bin gesund' – auch wenn dies noch gar nicht der Fall ist. Nur so klappt es."

„Ja, ich weiß", entgegnete ich lächelnd. „Ungeduld heißt zweifeln. Wenn wir etwas bestellen, so müssen wir auch immer mit einer gewissen Lieferzeit rechnen."

Bis in den Nachmittag hinein war er damit beschäftigt, mir zu helfen, mein Leben zu planen.

Immer mehr bekam ich das Gefühl, dass er als zukünftiger Lebenspartner nicht für mich in Frage kam. Er hatte zu wenig familiäre Ambitionen. Bei den Mahlzeiten war mir aufgefallen, dass er mit den beiden Kleinen kaum ein Wort gewechselt hatte. Er musste sie schlichtweg übersehen haben.

Urplötzlich kam mir Walter in den Sinn, der mit seiner Frau neben drei eigenen Kindern noch zwei Pflegekinder großgezogen hatte. Ich dachte an seine kräftigen Hände, die das Zupacken gewöhnt waren, und an seine Worte, wie viel Freude es ihm machte, handwerkliche Dinge zu verrichten. Aber dann fiel mir wieder das Gespräch mit Marianne ein. Ich selbst hatte doch gesagt, man solle einen Partner nicht nach seinen Fähigkeiten auswählen, sondern ihn um seiner selbst willen lieben. Na ja, noch war alles nicht spruchreif.

Eine feine Spur von Enttäuschung machte sich in mir breit nach all den guten Gefühlen, die sich vor dem persönlichen Kennenlernen mit Bodo aufgebaut hatten. Aber vielleicht war es viel mehr wert, einen geistigen Seelenfreund in ihm gefunden zu haben, dem an diesem Tag eine ganz besondere Aufgabe zukam – mich zu unterrichten.

Wie sich später herausstellte, hatte er einige dieser geistigen Beziehungen in der ganzen Welt. Ein Mensch wie Bodo war mir vorher noch nie in meinem Leben begegnet. Es war, als wenn er mir vom Himmel geschickt worden wäre. Als ich ihm das sagte, lächelte er in seiner unnachahmlich sanften Art und sagte schlicht: „Du hast es verdient."

Dann wurde es Zeit für ihn, dass er seinen Zug erreichte. Wir stiegen ins Auto und fuhren los in Richtung Bielefeld.

„Gila, ich würde gern nächste Woche an deinem Geburtstag wieder bei dir sein und unsere Beziehung auch in anderer

Richtung ein wenig intensivieren", deutete er mit einem milden Lächeln an, hinter dem eine gehörige Portion Erotik zu stecken schien. Als er aus meinem Auto stieg, blickte er mich mit seinen braunen Augen treuherzig an und gab mir einen Abschiedskuss. Jetzt schien doch der Mann in ihm durchzukommen.

„An meinem Geburtstag bin ich gar nicht zu Hause", erwiderte ich ausweichend, um etwas Zeit zu gewinnen.

„Und wo bist du?"

Ich lachte. „Ich habe meiner Freundin Gudrun, die am gleichen Tag Geburtstag hat, ein Seminar geschenkt – und sie hat mir eines geschenkt. Wir fahren also an unserem Geburtstag zusammen dorthin."

Eigenartigerweise ging er nicht auf mein Lachen ein, und ich war erstaunt über seinen Ernst, als er mich ermahnte: „Denk daran, die Planung deines neuen Lebensjahres mit mir wäre wichtiger!" Er war wohl sehr von seiner Aufgabe überzeugt. Doch ich wollte mein Seminar, das ich Monate zuvor bereits gebucht hatte, nicht absagen. Glücklich war er nicht über meine Entscheidung – doch er nahm sie nach einigen Diskussionen hin.

Jetzt wurde es wirklich Zeit, uns endgültig zu verabschieden. Mit etwas gemischten Gefühlen sah ich ihm nach, wie er zum Bahnsteig ging.

Auf dem Weg nach Hause schwirrten mir die Gedanken nur so im Kopf herum. Was für ein Leben führte er eigentlich? War es seine Aufgabe hier auf Erden, dass er anderen Menschen half, die so plötzlich in sein Leben schneiten wie ich? Was empfand ich für ihn? In den Stunden seiner Anwesenheit hatte ich sehr viel von ihm gelernt.

Fragen über Fragen, die mich beschäftigten. Um Klarheit in diese Dinge zu bekommen, brauchte ich einfach etwas Zeit. Doch eines kristallisierte sich mehr und mehr heraus: Als Partner konnte ich mir Bodo immer weniger vorstellen ...

Kapitel 9

Erfahrungen sind wie Schrot im Hintern;
wer noch nichts abgekriegt hat, bezweifelt,
dass es so etwas gibt.

(Johann Ludi)

Nach Bodos Abreise rief ich Walter an.

„So, da bin ich!“ sagte ich, als er sich gemeldet hatte.

„Schön, dass du zurückrufst“, meinte er, offensichtlich erfreut über meinen Anruf. Es wurde ein netter Plausch am Telefon, der damit endete, dass wir uns für den kommenden Freitag verabredeten.

Als er dann kam, blieb er bis nachts um halb drei, ohne dass sich irgend etwas Interessantes ereignete. Unsere anfangs lebendige Unterhaltung ebbte nach und nach immer mehr ab. Ich saß neben ihm. Beide schauten wir aus dem Fenster zum Teich in unserem Garten und unterhielten uns brav über den gewaltigen Sturm, der inzwischen um unser Haus tobte und die hundertjährigen Eichen bis in ihre Wurzeln zu erschüttern drohte – obwohl es darüber eigentlich kaum stundenlang etwas zu erzählen gab. Irgendwie war die Luft raus. Nicht einmal, dass er versucht hätte, mir auch nur etwas näher zu kommen, geschweige denn, mal meine Hand zu nehmen. Bis Mitternacht hatte ich noch Hoffnung gehabt, aber sie dann aufgegeben, und nun war ich einfach nur müde.

Gegen halb drei entschied Walter: „Jetzt fahre ich besser nach Hause.“ Und ich widersprach nicht. Aber als ich ihn zur Tür brachte, nahm er mich wahrhaftig kurz in die Arme und sagte: „Tschüs! Danke für den schönen Abend."

Auch ich sagte: „Tschüs!" und ließ es geschehen, dass er seine Arme um mich legte.

„Ich ruf dich an", rief Walter mir noch zu, als er mit hochgeschlagenem Kragen durch den peitschenden Regen zu seinem Wagen lief.

Ich löschte die Lichter und kam endlich in mein Bett. Na, das war wohl doch nichts, dachte ich etwas enttäuscht, als ich den Abend nochmals an mir vorbeiziehen ließ. Er suchte sicher nur eine nette Bekanntschaft, während ich auf der Suche war nach meinem Mann. Wahrscheinlich war ich ihm zu mollig, sonst hätte er mir doch irgendein Zeichen von Nähe gegeben. Dabei hatte ich doch meinen schwarzen engen Rock getragen, der mir so gut stand. Ich würde Walter jedenfalls nicht wieder anrufen. Basta!

Bevor ich einschlief, entschied ich rigoros, auch Walter trotz aller beglückenden handwerklichen Fähigkeiten als meinen zukünftigen Partner aus meinem Leben zu streichen.

*

Ein paar Tage später besuchte mich Marianne. Rico rannte erfreut auf sie zu. Auch Dana hing sehr an ihr.

Während ich den Abendbrottisch deckte, nahmen die beiden Marianne voll in Beschlag. Als dann Ruhe eingekehrt war, setzten wir uns in alter Gewohnheit vor den Kamin und unterhielten uns. Ich liebte die Gespräche im Halbdunkel vor dem flackernden Feuer mit leiser Musik im Hintergrund. Die Stimmung animierte so schön, in die Tiefe zu gehen.

Ich berichtete ihr von Bodo und von seiner Hilfe bei den Affirmationen.

„Und, was hältst du von ihm?“ Interessiert sah sie mich an.

„Meinst du als Mann?“

Sie nickte, und ich erzählte ihr von meinen Gedanken über Bodo und wie ich ihn empfunden hatte. Ganz zum Schluss erwähnte ich dann noch Walter, obwohl dessen Aktien bei mir wieder gesunken waren.

Überrascht lachte sie auf. „Plötzlich sind ja so viele Männer in deinem Leben, Gila. Wie machst du das?“

„Du wirst staunen: Ich gebe sie in Auftrag.“

„Was?“ fragte sie irritiert.

Sie wusste, dass ich seit geraumer Zeit meine Wünsche aufschrieb. Und dann sprach ich von meinen Erkenntnissen, dass ich seit kurzer Zeit meine Lebensformeln geändert hatte und mein Unterbewusstsein mir dadurch plötzlich Männer in mein Leben brachte, die frei waren für eine neue Beziehung.

„Das ist ja äußerst interessant“, antwortete sie aufmerksam, um dann aber mit Bedauern festzustellen: „Schade, ich habe schon einen Mann, sonst würde ich das auch mal ausprobieren.“

Ich lächelte und sagte warnend: „Sei bloß vorsichtig! Das könnte Ärger geben!“

Nachdenklich stellte sie fest: „Offensichtlich scheinen diese Gesetze wirklich zu funktionieren.“

„Ja, Marianne“, bestätigte ich. „Du weißt, von Natur aus sind wir geistige Wesen, und alles in diesem Kosmos besteht aus Energie, so wie jeder von uns. Darum unterliegt alles, was lebt, diesen Gesetzen.“

„Das ist richtig“, antwortete sie, „und die einzige Möglichkeit, diese Welt zu verändern, haben wir nun mal nur durch unser Denken.“

Ich warf ein: „Die Gedanken, die ich wähle, bestimmen die Tatsachen, die in mein Leben treten. Verkürzt ausgedrückt, kann man sagen: Gedanken wählen heißt Tatsachen wählen.“

Nach einer Weile fuhr ich fort: „Ich muss gerade an Peter Wenzels Worte denken, der mal gesagt hat: Wenn du dir dieses geistigen Gesetzes nicht bewusst bist oder es aus Ignoranz ablehnst, bedeutet das, ständig mit Formkräften zu spielen, ständig mit universellem Hochspannungsstrom zu spielen, oder – wenn du willst – in einem Sandkasten zu sitzen und mit Sprengstoff zu spielen."

Marianne erwiderte: „Das Beispiel ist natürlich gut, aber viele Menschen sagen: Ich kann doch denken, was ich will."

„Natürlich kannst du denken, was du willst, das ist schöpferische Absicht. Aber du erntest das, was du gedacht hast. Dein Leben spiegelt immer das wider, was du am intensivsten gedacht hast, aber auch was du befürchtet hast. Denke doch mal an Hiobs Worte: 'Was ich befürchtet habe, ist über mich gekommen.'"

Marianne überlegte eine Weile und meinte dann: „Da ist was dran. Das könnte auch der Grund sein, warum die meisten Leben so unglücklich verlaufen. Ist es dir nicht auch so gegangen, je krampfhafter wir versuchen, einen negativen Gedanken nicht zu denken, um so intensiver erscheint er in unserem Leben?"

„Richtig", bestätigte ich und legte noch ein paar Holzscheite nach. Das Feuer loderte auf und warf warmes Licht in das Halbdunkel. Ich setzte mich wieder in den Schaukelstuhl. Fienchen, unsere Katze, die von meinem Schoß aufgesprungen war, machte es sich jetzt wieder bei mir bequem. Ich sagte: „Du kennst doch das Phänomen mit dem rosa Elefanten."

Marianne schüttelte den Kopf.

„Also, pass auf. Ich bitte dich jetzt: Denke bloß ***nicht*** an einen rosa Elefanten! Was geschieht?"

„Ich versuche, nicht daran zu denken", sagte Marianne etwas naiv.

„Und was passiert?"

„Na ja, ich versuche, das Bild des rosa Elefanten zu verdrängen."

„Eben. Aber das heißt doch, dass du das Bild vorher in deiner Vorstellung gehabt hast."

„Ja, klar."

„Du solltest aber ***nicht*** daran denken." Ich grinste.

„Das geht doch gar nicht ..."

„Genau!" bestätigte ich. „Und da liegt bei vielen Menschen die Unwissenheit. Unser Unterbewusstsein kann mit Verneinungen nichts anfangen. Dazu kommt: Die Sprache des Unterbewusstseins ist das Bild. Wenn man sich jetzt eingibt: Ich will keine Kopfschmerzen haben, speichert das Unterbewusstsein 'Kopfschmerzen', weil es ***nicht*** mit dem Begriff 'nicht' und 'keine' umgehen kann."

Unsere Diskussionen gingen noch eine Weile weiter. Dann verabschiedete sich Marianne. Ich brachte sie zum Auto und winkte ihr nach, bis ihr Auto meinem Blickfeld entschwunden war.

Ich konnte nicht gleich einschlafen, weil meine Gedanken noch bei Bodo weilten. Er hatte heute wieder angerufen und war immer noch nicht damit einverstanden, dass ich meinen Geburtstag nicht mit ihm verbringen, sondern ein Seminar mitmachen wollte.

„Mit mir wäre der Tag effektiver", hatte er etwas zweideutig gesagt, doch ich ließ mich nicht von meinem Plan abbringen. Seine Reaktion hatte mich irgendwie gestört, und ich hielt mich etwas zurück. Danach hatten wir noch ein wenig über meine Affirmationen geplaudert und dann aufgelegt.

Es waren einige Tage vergangen – kein Lebenszeichen von Walter. Nach dem letzten Abend schien er wohl das Interesse an mir verloren zu haben, aus welchem Grund auch immer. Nun gut, dann hat es sich erledigt, dachte ich.

Aber kurz danach schellte das Telefon.

„Hallo, hier ist Walter."

Gerade hatte ich ein wenig gedöst, doch jetzt war ich hellwach.

„Geht's dir gut?" fragte er weiter.

„Ja, ja", lachte ich, „mir schon. Bist du denn gut nach Hause gekommen bei dem Sturm?"

Schon wieder waren wir beim Thema Wetter angelangt, und unser Gespräch drohte erneut in die gleichen Banalitäten abzusinken wie an jenem Abend. Da sagte Walter plötzlich: „Also, bei uns beiden schien neulich nachts hinterher irgendwie die Luft raus gewesen zu sein."

Jetzt kam er wahrhaftig aus sich heraus! Das Gespür für solche Feinheiten und den Mut, dieses auch offen auszusprechen, hatte ich bei ihm gar nicht erwartet und antwortete berührt: „Hast du das auch so empfunden?"

„Ja, sicher! Da lief ja kaum noch etwas zwischen uns. Wie kam das?"

„Sollte denn überhaupt etwas zwischen uns laufen?" fragte ich bewusst harmlos.

„Ich wünsche mir das schon, dass es vielleicht weitergeht mit uns ..."

Hoppla – was war das denn? Das stimmt ja überhaupt nicht mehr mit meinem Bild überein, das ich von seiner Einstellung zu mir hatte. Seine Offenheit, mit der er aussprach, was er wirklich empfand, rührte mich, vor allem, weil ich nicht damit gerechnet hatte.

„Ja, ich auch", gab ich zu.

„Wann können wir uns wiedersehen?" fragte er leise.

Da ich nun immer sehr spontan bin, dachte ich nicht lange nach und meinte: „Wie wär's mit morgen Abend?"

„Oh“, sagte er etwas kleinlaut, „ich hoffe, dass sich bis dahin mein Knoblauchgeruch verflüchtigt hat. Ich habe nämlich gerade eine ganze Schüssel Zaziki vertilgt.“

„Bestimmt“, lachte ich und freute mich darauf, ihn wiederzusehen.

„Du kennst aber mein Rezept nicht“, gab er zu bedenken.

„Na gut. Ich werde es schon überstehen“, grinste ich. „Dann bis morgen Abend!“

Ein ganz eigenartiges Gefühl machte sich bei mir breit nach diesem Telefonat. Es war einfach schön, dass er sich von selbst wieder gemeldet hatte. Ich hätte ihn nicht wieder angerufen. Ja, ich freute mich auf ihn.

Am nächsten Morgen geschah im Büro ein Desaster. Iris, meine Mitarbeiterin, hatte versehentlich mit einem Befehl alle Dateien im Computer gelöscht und war völlig aufgelöst. Jetzt war guter Rat teuer. Ob ich mal Walter anrufen sollte? Ich probierte es einfach.

„Gila!“ antworte er überrascht. „Gerade habe ich an dich gedacht. Schön, dass du anrufst. Es bleibt doch bei heute Abend?“

„Ja, natürlich. Ich freue mich schon. Aber ich habe eine andere Frage. Du hast doch Ahnung vom Computer, oder? Wir haben da ein Problem ...“ Und ich berichtete ihm von unseren Nöten.

„Hast du ’ne Datensicherung gemacht?“

„Nicht regelmäßig. Meinst du, du kannst uns helfen?“

„Soll ich mal rüber kommen?“

„Oh“, sagte ich freudig überrascht, „jetzt schon?“

„Wenn’s dir nichts ausmacht?“

Nein, im Gegenteil! Ich freute mich riesig, als er ungefähr zwei Stunden später bei mir eintraf. Es lagen immerhin fünfzig Kilometer Entfernung zwischen uns. Ich hörte sein Auto auf den Hof fahren und ging zur Tür, um ihm zu öffnen.

„Da bin ich!“ begrüßte er mich herzlich und zog mich an sich.

„Schön, dass du da bist!“ lachte ich und nahm ihm seine Jacke ab. O Himmel, was war das denn? Ein extremer Knoblauchgeruch wehte mir ins Gesicht. Ich ging glatt einen Schritt zurück.

„Oh!“ meinte ich nur und machte eine unbewusste Handbewegung, um die Knoblauchfahne zu vertreiben.

„So schlimm?“ Walter grinste etwas verlegen.

„Unbeschreiblich!“

„Ich habe dich ja gewarnt“, meinte er leise lachend. „Du kennst eben mein Zazikirezept noch nicht.“

„Na, ich denke, jetzt kenne ich's!“ Eigentlich hatte ich gedacht, wir könnten uns heute ein wenig näher kommen. Aber bei der Knoblauchfahne?

Nun gut – es war noch nicht aller Tage Abend. Walter begab sich jedenfalls zuerst einmal an den Computer, um zu sehen, wie er die Dateien retten konnte.

Es gab mir ein gutes Gefühl, ihn dort so konzentriert am Computer sitzen und arbeiten zu sehen. Endlich jemand, der Ahnung von der Sache hatte, und nach einigem Hin und Her hatte er's auch geschafft. Standhaft versuchte ich, den Geruch, der sich langsam in allen Büroräumen breit machte, zu ignorieren.

„Danke“, sagte ich, als ich hinter ihm stand und auf sein fertiges Werk schaute. Ich legte meine Arme um ihn und gab ihm mutig einen Kuss auf die Wange. Er nahm meine Hände. Ein warmes, lange nicht mehr erlebtes Gefühl durchströmte mich. Ja, es war gut, dass er da war.

Trotz Walters Zazikifahne wurde dieser Abend sehr locker und schön. Zum ersten Mal lernte er nun auch die Kinder kennen, die ihn beide in Beschlag nahmen.

„Wieso riecht es denn hier so nach Kuhstall?“ fragte Dana, als sie sich an den Abendbrottisch setzte.

„Das ist Walter!“ kommentierte Rico munter. „Hab’ ich eben auch schon gerochen. Mama sagt aber, Knoblauch ist gesund!“

Aufmerksam schaute Dana Walter an. „Riechst du immer so?“

„Nein, nicht immer. Nur manchmal!“ grinste Walter und ging fröhlich auf weitere Fragen der Kinder ein. Plötzlich fragte er: „Wer bleibt eigentlich bei deinen beiden, wenn du mal irgend etwas vorhast?“

„In der Einliegerwohnung nebenan wohnt ein junges Ehepaar ohne Kinder, zu denen wir einen sehr liebevollen Kontakt haben. Sie passen gern auf, wenn ich mal nicht da bin. Sonst wäre sicher für mich so manches nicht möglich. Übermorgen habe ich zum Beispiel einen Termin, wenn Karin Feierabend hat. Bei solchen Gelegenheiten kann ich die beiden immer fragen.“

„Übermorgen?“ Walter überlegte eine Weile. „Soll ich da kommen?“

„O ja“, sagte Rico spontan, während Dana etwas zurückhaltend meinte: „Wenn du dann anders riechst ...“

„Versprochen“, lachte Walter. „Das ist nur mein Zaziki. Was sollen wir denn übermorgen zusammen kochen?“

Wie aus einem Mund antworteten die beiden: „Bloß kein Zaziki!“ Und Rico hakte nach: „Lieber selbstgemachte Pommes!“

„Na gut, dann machen wir eben selbstgemachte Pommes, wenn Gila weg ist. Ihr müsst mir nur zeigen, wo alles steht. Einverstanden?“ Die beiden nickten zufrieden. Walters Aktien stiegen zusehends.

Während ich die Kinder ins Bett brachte, zündete Walter das Holz im Kamin an. Jetzt hatten wir Zeit für uns.

„Seitdem ich das letzte Mal bei dir war, ist mir so viel durch den Kopf gegangen“, begann Walter und setzte sich zu mir.

Trotz des Kuhstallgeruchs war es angenehm, so nah bei ihm zu sitzen und seine Wärme zu spüren.

Nachdenklich sprach er weiter: „Ich komme immer mehr zu der Überzeugung, Gila, dass es deine Art zu denken und zu leben ist, die ich in den vergangenen Jahren gesucht habe.“

„Wie meinst du das?“

„Ich habe dir doch erzählt, dass ich seit Jahren Seminare selbst veranstaltet und auch Seminarleiter ausgebildet habe. Es war nicht nur die Beziehung zu meiner Assistentin, die letztendlich für meinen Abschuss bei der Kirche sorgte. Ich glaube, man hätte mich am liebsten schon viel eher entlassen. Sieh mal, ich habe dein Buch inzwischen gelesen. Deutlich geht daraus hervor, wie wichtig die Liebe zu den Menschen ist, nicht nur die Liebe zu einem Partner.“

Unser Gespräch wurde intensiver. Als Walter dann nochmals die Funktion unseres Unterbewusstseins anschnitt, fiel mir ein Beispiel ein. „Es sind drei Ebenen, auf denen der Mensch denken kann: Das Bewusstsein, das Unterbewusstsein und das Überbewusstsein – ich nenne es gern Höheres Selbst. Das sind die Ausdrucksformen des geistigen Wesens. Du kennst die chemische Formel H_2O für Wasser. Schreib diese Formel mal in Gedanken in ein Dreieck. Ich weiß, ich brauche dich nicht zu fragen, welche Formel Eis hat.“

„Natürlich auch H_2O!“

„Und Wasserdampf hat wiederum die gleiche Formel, auch wenn es eine andere Form darstellt. Genauso ist es bei unserem Ich: Bewusstsein, Unterbewusstsein und Höheres Selbst haben – wie Eis, Wasser und Wasserdampf – die gleiche Formel mit drei Ausdrucksformen! Bewusstsein, Unterbewusstsein und Höheres Selbst – das ist der geistige Mensch.“

Walter wirkte nachdenklich, als er erwiderte: „Aber doch wirken diese drei Ausstrahlmöglichkeiten aufeinander ein und haben verschiedene Zuständigkeiten, verschiedene Funktionen. Erst wenn man sie kennt und richtig versteht, ist man besser in der Lage, sich richtig zu verhalten."

„Genau das ist es, Walter. Mir fällt noch ein anderes Beispiel ein. Stell dir eine Firma vor. Dieses Unternehmen heißt: ICH BIN MEIN LEBEN. Jeder besitzt so eine Firma, die von drei leitenden Angestellten geführt wird. Da gibt es zunächst einmal das Höhere Selbst, das vergleichbar ist mit einem Ratgeber. Du kennst Fachleute mit Beraterverträgen, die oft politisch sehr gut informiert sind und hervorragende Beziehungen haben. Sie wissen, wo Straßen gebaut werden, bevor ein anderer Bürger irgend etwas davon erfährt. Sie wissen sogar, welche Gesetze kommen werden und wie man optimalen Nutzen daraus zieht. Darum sind diese Leute so begehrt. Und jeder größere Konzern versucht, einen guten, erfahrenen Ratgeber unter Vertrag zu nehmen.

Dieser mischt sich nicht ständig in die Geschicke der Firma ein. Es reicht, dass er bei Bedarf verfügbar ist. Seine Fähigkeit besteht darin, dass er grundsätzlich den größeren Rahmen sieht, und vor allem, dass er phantastische Verbindungen zu den allerhöchsten Stellen hat. Das ist unser Höheres Selbst, das sich wartend im Hintergrund hält und sich nie aufdrängt. Es wird nie – wie das Bewusstsein – sagen: 'Hier bin ich, jetzt zeige ich dir mal, wo es lang geht.'"

Walter lachte, weil ich mich so richtig in das Thema hineingesteigert hatte. Aber ich war nicht zu bremsen.

„Das ist nämlich die Aufgabe des Geschäftsführers! Er trifft alle Entscheidungen, auch die großen. Er weiß genau, dass es nicht sehr weise ist, sie allein zu treffen. Er sollte dann eigentlich den Ratgeber fragen, denn das ist dessen Funktion. Aber der Geschäftsführer ist meistens so von sich eingenommen, dass er glaubt, er könne allein alles viel besser machen."

„Komm, hör auf“, grinste Walter, „ich weiß ja selbst, dass ich mich auch zu sehr auf meinen Verstand verlasse.“

„Pass auf – es geht weiter: Dann hat das Unternehmen natürlich noch einen Dritten, ohne den geht gar nichts. Das ist sozusagen der Produktionschef. Er zeichnet sich aus durch Gehorsam und Fleiß – wie unser Unterbewusstsein. Er produziert treu und brav die Gedankenbilder, die man ihm vorlegt, und die ständigen Überzeugungen aus den Ein- oder Ansichten. Das tut er bis zum letzten Atemzug. Einige dieser Produktionen sind nützlich, andere weniger, weil sie wirklich echte Vorurteile sind. Es ist nicht die Schuld des Produktionsleiters, wenn ihm Pläne für Produktionen gegeben werden, die später für den Absatz im Leben nichts taugen.

Derjenige, der das entscheidet, ist der Geschäftsführer. Und solange er den Betrieb so laufen lässt, kommt es manchmal zu Krisen. Er sollte sich seinen Stolz abgewöhnen und es sich zur Pflicht machen, den guten Ratgeber – unser Höheres Selbst – so oft wie möglich anzurufen. Mit diesem, der über gute Kontakte zu allerhöchsten Stellen verfügt, sollte er ständig Verbindung halten.“

Walter war sehr nachdenklich geworden und fragte: „Und wie würdest du diese Verbindung zu deinem Höheren Selbst nennen?“

„Du kannst sie Stille, Naturerleben, Gebet, Meditation nennen, das ist egal; aber ab und zu solltest du deine Aufmerksamkeit nach innen richten, darum geht es. Das Höhere Selbst ist bereit, auf jede Situation mit einem guten Rat zu antworten, wenn es gefragt wird. Nur in ganz außerordentlichen Krisensituationen schaltet sich der Ratgeber von selbst ein, wenn er fühlt, dass aber auch alles schief läuft. Erst dann gebraucht er seine Autorität und lenkt den Geschäftsbetrieb von oben her. Dem Geschäftsführer wird dann die Zuständigkeit entzogen. Es werden sogenannte Zwänge hervorgerufen, die dann den Geschäftsführer veranlassen einzusehen, dass er nicht mehr weiter weiß. Jetzt streckt er seine Waffen."

„Ja", gab Walter unumwunden zu, „so war's bei mir vor einiger Zeit auch. Es brach alles über mir zusammen. Ich wusste wirklich keinen Ausweg mehr."

Ich warf ein: „Dadurch bist du jetzt aber in der Lage, andere Menschen zu verstehen, denen es genauso geht oder ergangen ist wie dir. Das ist ein ganz enormer Reifeprozess, den du mitgemacht hast."

In der Zwischenzeit war das Feuer niedergebrannt. Walter legte nochmals etwas Holz nach und setzte sich wieder zu mir. Voller Freude spürte ich, wie er einen Arm um mich legte und mich zu sich heranzog. Er genierte sich wohl immer noch ein wenig wegen seiner Zazikifahne.

Als er nachts ging, hatten wir beide das starke Gefühl: Es geht weiter mit uns.

*

Dana und Rico waren ganz aus dem Häuschen, als Walter sich ein paar Tage später während meiner Abwesenheit um sie kümmerte. Es war ein gutes Gefühl, nach Hause zu kommen und einen Mann vorzufinden, der für meine beiden Kleinen da war.

Da ich an meinem Geburtstag zu einem Seminar fahren wollte, hatte ich Walter und ein paar Freunde schon am Vorabend zum Feiern eingeladen. Nachdem meine Gäste gegangen waren, setzte sich Walter zu mir an den Kamin und wollte noch Einzelheiten über das Seminar wissen.

Ich berichtete ihm von einer Erfahrung, die ich ein Jahr zuvor auf einem anderen Seminar gemacht hatte. Ich hatte dort eine

Therapeutin kennen gelernt, die damals auf Teneriffa tätig war.

„Sie sprach darüber, dass man bei ihr Urlaub mit einer Therapie verbinden könne, um damit Blockaden aus seiner Kindheit aufzulösen. Ich hatte zwar nicht das Gefühl, dass ich so etwas brauchte, aber ich konnte mir schon vorstellen, wie gut es mir tat, mit den beiden Kleinen einmal etwas mehr als nur einen Badeurlaub zu verbringen. So habe ich dann vierzehn Tage Seelenurlaub gebucht."

„Und was ist da abgelaufen?"

Ich schwieg eine Weile, ehe ich fortfuhr: „Vieles, was ich vorher gar nicht erwartet hatte. Bei ihr, die längere Zeit Kontakt zu einem indianischen Lehrer hatte, habe ich ein indianisches Gebet geschrieben. Später habe ich es als kurze Meditation auf einem Seminar meines Freundes Günter Ilse gesprochen. Es sollte mich dann immer wieder begleiten."

Walter hörte mir aufmerksam zu, als ich die Worte leise vor mich hin sprach:

„Mutter Erde, trage mich,
Vater Himmel, beschütze mich,
Schwester Sonne, wärme mich,
Bruder Wind, durchpuste mich,
Lebensodem, durchströme mich.
Ich bin ein Kind der Schöpfung
und darf aus ihr schöpfen,
wenn ich erschöpft bin,
um neu schöpferisch zu sein.
Mutter Erde, trage mich ..."

Walter stellte fest: „Wie viel schlichte Weisheit doch in diesen Worten liegt."

„Ja", bestätigte ich. Als ich eine Weile meinen Gedanken nachgehangen hatte, fuhr ich fort: „Auch ich habe meine Kindheit dort sehr gut aufarbeiten können und lernen dürfen, Frieden mit meiner verstorbenen Mutter zu schließen. Vorher war ich immer der Meinung, eine lieblose Kindheit gehabt zu haben. Doch dann wurde mir bewusst, dass sicher auch meine Mutter mir ihre ganze Liebe, zu der sie fähig war, gegeben hat, selbst wenn ich es damals nie so empfunden habe. Hat sie aber ihr Bestes gegeben, so ist es unerheblich, wie viel das war."

„Auch ich hatte lange keinen Frieden mit meiner Stiefmutter", warf Walter ein, „aber ich habe inzwischen gelernt, dass es richtig ist, was du sagst."

„Mir fiel auch gerade deine Kindheit ein. Übrigens ist während der Zeit in Teneriffa noch etwas ganz Interessantes geschehen. Ich musste immerzu an meinen Sohn André denken, der so weit entfernt von uns in Kanada lebt. Er hat meiner Freundin Karin gegenüber mal die Bemerkung fallen lassen, er habe keine schöne Kindheit gehabt. Später hat sie mich mal darauf angesprochen – ich muss sagen: Ich war erschüttert, hatte ich doch meiner Meinung nach alles für meine Kinder getan, was eben nur möglich war."

Walter sah mich aufmerksam an und fragte: „Und wie hast du André gegenüber reagiert?"

„Gar nicht, weil ich Karin nicht in den Rücken fallen wollte. Schlagartig wurde mir jedoch in Teneriffa klar, dass André den gleichen Prozess mitmachen musste wie ich hier, wollte er Frieden mit mir und sich selbst schließen. Stets war ich während dieser Zeit mit meinen Gedanken bei ihm. Erstaunlicherweise rief er mich gleich an, als ich wieder zu Hause war, und sagte, es ginge ihm gar nicht gut. Er habe derartige Verspannungen, dass er nicht mal zur Uni gehen könne. Unbewusst schien ich wohl meine Konflikte gedanklich bei ihm abgeladen zu haben."

Trotz vorgerückter Stunde erzählte ich Walter, wie ich André dann von meinen Erkenntnissen berichtet hatte. Ganz vorsichtig hatte ich ihn darauf angesprochen, ob er den nächsten geplanten Urlaub statt bei uns in Deutschland nicht lieber auf Teneriffa verbringen wolle. Er könne dann trotzdem noch ein paar Tage bei uns bleiben. Er wollte darüber nachdenken, gab dann aber zwei Tage später seine Zusage.

„Und wie hat er auf die Therapie reagiert?"

„Unbeschreiblich, Walter! Es ist noch heute für mich ein Wunder, was da abgelaufen ist. André hatte vorher öfter mit sehr starken Aggressionen zu kämpfen, und diese waren hinterher wie weggeblasen. Ich erinnere mich, dass er uns ein Jahr zuvor drei Wochen mit einer Freundin besuchte – ein ganz süßes Mädchen. Diese Beziehung zerbrach kurze Zeit später an Andrés Verhalten. Er hat sehr um seine Freundin getrauert."

„Hat er sie danach wiedergesehen?"

„Nein, das war vorbei. Aber der Grund, warum ich dir das erzähle, ist folgender: Einige Zeit vor seinem Urlaub in Teneriffa hat André Kari aus Seattle kennen gelernt. Auch diese Beziehung drohte an seinem aggressiven Verhalten zu scheitern. Bei ihrem gemeinsame Besuch vor ein paar Monaten zu Weihnachten sagte mir Kari in einem sehr persönlichen Gespräch, nach Teneriffa habe sie noch lange Zeit nicht glauben wollen, welche grundlegende Veränderung mit André vorgegangen sei. Jetzt erst war er eigentlich reif für eine Partnerschaft."

„Erzähl mal etwas über Kari."

Ich lächelte, als ich an die erste Begegnung mit ihr dachte, wie übermüdet die beiden waren, als ich sie nach dem langen Flug von Kanada am Bahnhof abholte.

„Das einzige, was sie damals brauchten, war eine Dusche und ein Bett", fuhr ich fort. „Nach dem Duschen kam Kari zu mir ins Wohnzimmer und schwenkte lachend das kleine Unity-Monatsheft mit den Tageslosungen in ihrer Hand, das stets bei uns in Griffnähe im Badezimmer liegt. Als ich ihr gerade etwas über Unity sagen wollte, da stutzte ich, und sah mir das Heft näher an: Es war in Englisch. Kari hatte ihr eigenes bei sich.

Sie erzählte mir, dass ihre Eltern sie und ihre beiden Schwestern bewusst ohne Konfessionszwang aufwachsen ließen. Jede von ihnen sollte, wenn sie erwachsen waren, selbst entscheiden, welche konfessionelle Richtung sie einschlagen wollte. Kari empfand das sehr liberal von ihren Eltern. Später hatte sie einige Glaubensrichtungen geprüft, aber das, was ihrem Denken und ihrer Lebensanschauung am nächsten kam, waren die Gedanken von Unity, die den Menschen in die eigene Verantwortung führen. Dadurch ist sie auch immer mehr in die Thematik, dass man mit seinen Gedanken sein ganzes Leben steuern kann, hineingewachsen."

Walter hatte von Unity noch nichts gehört, und ich erzählte ihm die Geschichte, wie ich Peter kennen gelernt hatte.

Es war spät geworden, und Walter unterdrückte ein Gähnen. Auch ich fühlte jetzt, wie müde ich war. Beim Abschied nahm er mich in seine Arme und sagte leise: „Übrigens – wir sind doch am kommenden Samstag bei Freunden von dir zum Geburtstag eingeladen. Kann ich nicht anschließend bei dir bleiben?"

„Meinst du, das wäre gut?" murmelte ich, während ich mich an ihn kuschelte.

Er nickte und schwieg.

*

Ausgezogen stand ich vorm Badezimmerspiegel und erlebte die schlimmste Panikattacke meines Lebens. Nein, so konnte es nicht weitergehen. Ich zog den Bauch ein. Ja, so ging's. Ich ließ die Luft wieder raus. Er schnellte nach vorn wie ein Bumerang. Unten im Wohnzimmer saß Walter auf der Couch und harrte freudig der Dinge, die da kommen sollten. Seit ich Walter kennen gelernt hatte, war bis auf ein paar liebevolle Zärtlichkeiten noch nichts passiert. Ich genierte mich ein wenig, weil ich so an Gewicht zugelegt hatte. Als sich zu meiner großen Freude andeutete, dass Walter nicht nur an meiner philosophischen Ader interessiert war, sondern auch gern mit mir schlafen wollte, hatte ich mich wirklich auf unsere erste gemeinsame Nacht gefreut.

Abends bei dem Geburtstagsessen hatte ich versucht, mich zurückzuhalten. Fleisch? Lag zu schwer im Magen. Dafür trank ich dann später zu Hause reichlich Wein, der meiner leichten Verkrampfung entgegenwirken sollte. Während Walter dem Wein genüsslich zusprach und mir, angenehm besäuselt, immer näher rückte, wurde ich panisch immer nüchterner. Alle Diätsünden der letzten Jahre fielen mir ein. Zärtlich begann er, mich zu streicheln. Mein Bauch – mir wurde siedend heiß: In dieser Sitzposition quoll er ja hervor wie ein weicher Wäschesack.

„Du fühlst dich so schön weich an", murmelte Walter, während ich unauffällig versuchte, in eine liegende Position zu rutschen. Liegend war ich flacher. Wie albern ich jetzt wohl aussah mit dem hervorquellenden Bauch. Walter hatte die Augen geschlossen. Gott sei Dank! Sicher hatte ich wieder diese fiesen roten Flecken am Hals. Mein Selbstbewusstsein war – was Männer betraf – stark angeschlagen. Die Sache mit Jürgen saß mir noch in den Knochen.

Aber dann war's mir egal. Mit einem Zug trank ich mein Weinglas aus und schenkte uns schnell wieder ein. Hoffentlich zieht er daraus keine falschen Schlüsse! schoss es mir durch den Kopf. Als ich auch dieses Glas im Eiltempo geleert hatte, ging's mir besser, und es dauerte nicht lange, bis dieses äußerst angenehme Prickeln bei mir dort entstand, wo es hingehörte. Ich schloss die Augen und war dem ungewohnten Wein dankbar, der mich nach und nach von allen Blockaden, von allen Bedenken und Komplexen befreite, die drohten meiner ersten Nacht mit Walter im Wege zu stehen.

Als ich später im Bett total besäuselt in seinen Armen lag, war es wunderschön, noch einen anderen weichen Bauch zu fühlen. Obwohl ich inzwischen fast alles doppelt sah, war ich ganz sicher, dass dieser Bauch mir nicht auch noch gehörte ...

*

Fast einmal in der Woche rief André an, um ständig über die vielen verrückten Ereignisse seiner Familie in Deutschland auf dem laufenden zu bleiben. Als er sich jetzt wieder meldete, erzählte ich ihm, dass ich Walter kennen gelernt hatte.

Sein Schweigen irritierte mich etwas. Dann meinte er total perplex: „Weißt du, Gila – das ist absolut super! Seit Kari dich vor zwei Monaten kennen gelernt hat, hat sie deinen Wunsch nach einem Partner heimlich in ihre Affirmationen aufgenommen. Nur mir hat sie davon erzählt. Immer wieder hat sie diesen Wunsch visualisiert und viel Energie hineingegeben, dass du genau so eine liebevolle Partnerschaft bekommen mögest, wie wir sie haben. Und nun sagst du mir das!“

So hatte sich das Gesetz wieder vollzogen: Vorstellung schafft Wirklichkeit! Die Gedanken von heute sind die Wirklichkeit von morgen ...

Walters Wochenenden bei uns wurden immer länger, bis er dann nur noch mittwochs nach Hause fuhr, um nach dem Rechten zu schauen.

Voller Freude begrüßten wir seinen Entschluss, sein Haus zu vermieten und ganz zu uns zu ziehen. Nur ungern ließ er Tobias, seinen damals achtzehnjährigen Sohn, allein zurück. Doch diesem schien die unerwartete Freiheit offensichtlich zu gefallen.

Vor Walters Studium als Sozialpädagoge hatte er eine kaufmännische Ausbildung abgeschlossen. Obwohl er mit der Buchhaltung im Verlagswesen nicht ganz so vertraut war, konnte er bei uns durch das Ausscheiden einer Mitarbeiterin die Buchhaltung übernehmen. Sein kleines Reiseunternehmen wollte er erst einmal von uns aus weiterführen.

Im März sollte ein Seminar von Günter Ilse in Heidelberg stattfinden. Mit dem Erscheinen meines Buches waren auch die Anfragen nach seinen Kursen stark gestiegen.

Walter wollte gern daran teilnehmen, und so fuhren wir beide ein Wochenende nach Heidelberg. Es war eine wunderschöne Reise für uns – die erste gemeinsame überhaupt. Es passte so vieles zwischen uns: Walters angenehme Art, ohne große Worte zuzupacken, wo er gebraucht wurde, die Ruhe, die er ausstrahlte und sein enormes Wissen, das mich immer wieder in Erstaunen versetzte.

Während der Fahrt drückte er zärtlich meine Hand und sagte leise: „Irgendwie kann ich das Ganze noch gar nicht fassen. Weißt du, dass ich manchmal Angst habe, es könnte wieder aus sein zwischen uns?“

Ich sah ihn an und erwiderte leise: „Ja, mir ging es anfangs ähnlich.“

Ich nahm das Bild in mich auf, wie Walter neben mir am Steuer saß und den Wagen sicher über die Autobahn lenkte. Als ich ihn eine Weile von der Seite her angeschaut hatte, bemerkte ich, wie sich seine Mundwinkel zu einem Lächeln verzogen, und er sagte: „Siehst du, es hat ganz enorme Vorteile, wenn man nicht ganz gerade guckt. Bei meinem Blickwinkel kann ich dich immer beobachten, auch wenn du es gar nicht merkst. Ich sehe selbst noch Dinge, die ich nicht mehr sähe, wenn meine Augen gerade stünden.“

Ich musste lachen. Es gefiel mir, dass er so unkompliziert mit seinem Handicap umging. Es störte ihn keineswegs. Er schien nur Vorteile darin zu sehen. Überhaupt war er ein Mensch, der nicht auf Äußerlichkeiten achtete. Die Persönlichkeit war für ihn entscheidend.

Zwei Monate kannten wir uns erst, hatten aber sehr viel Zeit miteinander verbracht. Irgendwann hatten wir beide gespürt, dass zwischen uns mehr war als nur Verliebtheit. Wir brauchten nicht viele Worte, um zu erkennen, dass sich offensichtlich eine dauerhafte Beziehung zwischen uns anbahnte, und waren beide darüber sehr glücklich.

Wir standen vor Günters und Röschens Haustür. Walter schnupperte. Es duftete nach Knoblauch. Ich spürte förmlich seine Begeisterung, als er flüsterte: „Oh, riech mal! Haben sie das gewusst?"

Die Begrüßung von meinen beiden Freunden war wie immer an Herzlichkeit nicht zu überbieten.

„So – und das ist der Walter!" lachte Röschen, und ihre schönen großen Augen strahlten, als sie ihn in die Arme nahm. Während Günter und Walter etwas später unsere Reisetaschen aus dem Auto holten, nahm mich Röschen beiseite und flüsterte mir anerkennend zu: „Mensch, Gila – wo hast du denn den jungen Hüpfer aufgegabelt?"

Ich prustete los und stellte die Dinge erst einmal richtig.

Aufmerksam folgte Walter in den nächsten zwei Tagen Günters Ausführungen. Nach Ablauf des Seminars sagte er: „Gila, das war einfach Klasse, wie Günter das macht. Es würde mir auch gefallen, so ein Seminar abzuhalten."

Siedendheiß fielen mir die Worte vom ersten Weihnachtstag ein, als ich gefragt wurde, ob ich bereit wäre, die Seminare zu übernehmen. Gleichzeitig dachte ich an Peter Wenzels Anfrage, der mich gebeten hatte, Anfang Oktober in Todtmoos ein Seminar zu halten.

Unterwegs hatte ich Walter von dem Termin in Todtmoos erzählt. Seine Augen hatten aufgeleuchtet, als er vorschlug: „Gila, das machen wir zusammen, ja? Das ist etwas, was jahrzehntelang mein Job war."

Das war ja die Lösung! Ich brauchte nicht gleich voll in die Seminartätigkeit einzusteigen, und er hatte wieder eine Aufgabe. Außerdem hatte ich weiterhin Zeit genug für meine bisherige Tätigkeit.

Und urplötzlich kam mir die Durchsage von Jutta in den Sinn. Ich bekam eine Gänsehaut, als ich daran dachte, wie viel Wahrheit in den Worten zu liegen schien, die ihr vor kurzem in altertümlichem Deutsch durchgegeben worden waren:

Kommt kosmisch gesehen, Gilas zukünftiger Lebenspartner bald auf sie zu. Macht mit ihm emsig Gottes Worte, welche Botschaften wiedergeben. Das ist lange schon vorbereitet worden. Durch das Weitergeben von kräftigen Affirmationen heilen sie viele Menschen.

Wie sollte das in Zukunft vonstatten gehen? Es wäre doch ideal, kam mir in den Sinn, wenn Walter als kompetenter Seminarleiter sich langsam in die Themen einarbeitete, die sich aus meinem Buch ergaben. Vielleicht stellte das für Walter eine ganz neue Aufgabe dar und er könnte wieder neu aufbauen? Ich nahm mir vor, mit Günter Ilse über meine Gedanken sprechen und zu hören, was er dazu meinte.

Doch die Frage war ganz klar an mich gerichtet:

„Bist du bereit, die Seminare zu übernehmen?"

Es hieß hier nicht, ob ein anderer bereit sei, die Seminare zu übernehmen, sondern ich.

„Aber“, so versuchte ich vorsichtig in Gedanken mit meinen Engeln zu verhandeln, „schaut mal, ich habe einen so guten Job, den ich so gern mache, alles stimmt, die Finanzen, die Arbeitszeit, ich habe Zeit für meine Kinder – alles hat sich wieder eingependelt, was damals aus dem Lot war. Eigentlich wäre es doch ideal, wenn Walter die Seminare auf Dauer allein machte.“

Und so kam es – wie es kommen musste ...

Kapitel 10

Die Stärke, die das Herz
vor Verletzungen bewahrt,
hindert es auch daran,
seine wahre Größe zu entwickeln.
(Khalil Gibran)

Rolf, der Jürgens Tod damals so hautnah miterlebt hatte, rief eines abends an und wollte hören, wie es uns in der Zwischenzeit ergangen war.

Ich erzählte ihm von meiner Beziehung zu Walter. Als ich ihm dann auch noch von unseren Plänen bezüglich der Seminare berichtete, antwortete er fassungslos: „Gila, das ist doch genau die Situation, die Jutta dir damals vorausgesagt hat!"

Jetzt fiel mir wieder ein, dass Rolf die Botschaft damals im Originalton mitgehört hatte, und ich entgegnete berührt: „Ja, Rolf, das ist mir vor ein paar Tagen auch erst klargeworden."

„Na ja", sagte Rolf in seiner ruhigen Art, „dann weißt du ja, dass alles gut wird."

Und daran glaubte ich auch – ganz fest.

Ich freute mich auf die tiefgehenden Gespräche mit Walter abends am Kamin. Ihm als Pädagoge waren viele Dinge vertraut, die er jetzt plötzlich von der spirituellen Seite her beleuchten konnte. Auch hatte er sich schnell mit den Teilnehmern unseres Gesprächskreises angefreundet, der Ende 1992 nach dem Erscheinen meines ersten Buches entstanden war und von mir geleitet wurde.

Eines Abends fragte Walter: „Gila, du hast mir so viel von Peter und Esthi erzählt. Wann kommen sie eigentlich?“

„Am 16. Juni. Sie bleiben ein Wochenende, weil Peter am Sonntag einen Vortrag in Osnabrück hält. Es wird sicherlich voll werden. Unser gesamter Gesprächskreis ist dabei. Peter wird dir gefallen“, lachte ich. „Ich freue mich schon auf eure Diskussionen!“

„Na, ich bin mal gespannt auf die beiden“, meinte Walter.

Die letzten Tage im Mai waren schon recht warm. Ich stand auf, um uns einen Eiskaffee zu machen.

„Eigentlich darf ich das nicht“, sagte Walter, „ich bin Diabetiker.“

Da er vorher nie darüber gesprochen hatte, fragte ich erstaunt: „Musst du spritzen?“

„Nein, so schlimm ist es nicht. Der Arzt hat vor einiger Zeit bei mir erhöhte Blutzuckerwerte festgestellt und gemeint, es bestünde die Gefahr einer Diabetes.“

„Wann war das?“

Er dachte eine Weile nach, ehe er antwortete: „Ich denke, zur selben Zeit, als mein Leben für mich einen absoluten Tiefpunkt erreichte.“

„Na, da hast du’s doch! Du bist kein Diabetiker, dein Körper hat nur damals auf die blauen Flecke deiner Seele reagiert.“

„Das kann ich mir nicht vorstellen.“

„Walter, wenn du die drei Worte benutzt: ICH BIN – ICH HABE und ICH KANN, setzt automatisch eine Lebensspeicherung ein. Wenn du also sagst: ICH BIN krank oder ICH BIN Diabetiker, dann setzt du einen Kreislauf in Gang, und das Makabre ist, dass dein Unterbewusstsein alles daransetzen wird, dass du es wirklich wirst und letztendlich auch bist. Wendest du die Worte ICH BIN im negativen Bereich an, so kehrst du das Prinzip der Vollkommenheit in das Gegenteil um. Du merkst also, was man anrichten kann, wenn man mit den geistigen Lebensgesetzen noch nicht so vertraut ist."

„Das heißt also, ich darf eine Eigenschaft, die ich in meinem Leben nicht haben möchte, nicht hinter einen ICH-BIN-Satz stellen?" fragte Walter zweifelnd.

„Richtig. Du programmierst dich damit immer wieder neu. Dein Unterbewusstsein nimmt den Satz als unweigerliche Tatsache an."

Walter schwieg einen Moment und meinte dann: „Du glaubst also, dass unser Unterbewusstsein aufnimmt, was wir uns durch unser Denken einprägen und wir damit dementsprechende Wirkungen erhalten? Das hieße ja, dass durch die Art, wie wir selbst die Segel unseres Lebensschiffes setzen, bestimmt würde, wohin unsere Fahrt geht – und nicht durch den Wind."

Ich dachte eine Weile über Walters Frage nach. Wir Menschen sind wirklich wie ein Schiff. Viele verhalten sich jedoch wie ein Schiff ohne Kurs, das sich von den Stürmen schütteln und bei Flaute treiben lässt. Hoffen wir nicht alle, irgendwann einmal in einem sicheren Hafen zu landen? Aber wie soll das geschehen, wenn wir uns ohne Kurs treiben lassen? Wenn wir nicht wissen, wohin wir treiben, wie können wir erwarten, dort anzukommen? Die Chance, uns immer wieder um die eigene Achse zu drehen, ist sehr groß. Diejenigen aber, die sich einen Kurs vorgeben und ganz genau wissen, wo sie hinsteuern wollen, erreichen ein Ziel nach dem anderen. Nicht wie der Wind weht, sondern wie man die Segel setzt, darauf kommt es an, sagt eine alte Volksweisheit.

Interessant ist auch hier wiederum der Vergleich mit dem Kapitän, der die meiste Zeit der Fahrt den Hafen nicht sieht und dennoch ganz sicher weiß, dass er dort ankommen wird. Wie oft geschieht es, dass wir uns ein Ziel setzen und unruhig werden oder zweifeln, wenn wir nicht gleich den Erfolg sehen?

Ich unterbrach meine Überlegungen und warf ein: „Ich möchte noch mal auf die ICH-BIN-Formel zurückkommen. Durch die Erkenntnis dieser göttlichen Formel sollten wir nicht mit Angst an das denken, was wir ***nicht*** dürfen, sondern diese Formel mit Freude und Begeisterung für gute und aufbauende Eigenschaften anwenden. Das entspricht dem göttlichen Lebensprinzip."

„Das heißt", sinnierte Walter weiter, „dass ich letztendlich damit verantwortlich bin für die Auswirkungen all meiner Gedanken."

„Ja", bestätigte ich, „aber das habe ich auch erst lernen müssen – oder besser dürfen", verbesserte ich lächelnd. „Hör einfach auf damit zu sagen: ICH BIN Diabetiker – ICH BIN krank – ICH BIN arm. Dein ICH-BIN ist die Göttliche Kraft in dir, die du durch jeden Satz, den du so beginnst, benutzt – wissentlich oder unwissentlich! Aber die Entscheidung trägst du selbst, ob du diese Kraft zu deinem Wohl oder zu deinem Wehe anwendest. Ändere deine Einstellung – und du veränderst dein Leben! Eine geänderte Haltung kann alles zum Guten wenden. Uns widerfährt das, was wir glauben. Allein die ICH-BIN-Formel, mit dem Wissen um ihre positive Wirkung ausgesprochen, ersetzt eigentlich alles weitere an aufbauenden Suggestionen. Die ICH-BIN-Formel bedeutet Vollkommenheit", schloss ich.

Walter schwieg – ein untrügliches Zeichen dafür, dass er nachdachte. Trotzdem gewann ich den Eindruck, dass er noch mehr eigene Erfahrungen brauchte, um diese Aussage ganz nachvollziehen zu können.

Meine Art zu denken wurde ihm langsam vertrauter. Ich spürte, wie er sich mehr und mehr Gedanken machte über diese neue Perspektive, die sein Wissen und seine Erkenntnisse nicht ablehnte, sondern mit einband in ein erweitertes Bewusstsein.

Erst vor gar nicht langer Zeit ist mir deutlich bewusst geworden, welche Kraft diesem ICH BIN entströmt. Hier und dort hatte ich in den vergangenen Jahren diese Worte vernommen, ihnen aber wohl kaum die Bedeutung beigemessen, die ihnen in Wahrheit gebührt. Was immer wir in Gedanken an die beiden Worte ICH BIN anfügen, das werden wir! Wenn wir uns Gesundheit wünschen, sollten wir häufig bekräftigen: „ICH BIN stark und glücklich, vital, fröhlich und kerngesund.“ Machen wir uns solches Denken zur Gewohnheit, werden wir geradezu wunderbare Ergebnisse erzielen.

Ich habe für mein Leben erkennen dürfen, dass wir mit den beiden Worten ICH BIN unser gesamtes Leben steuern können. Gottes Worte lauten: „ICH BIN DER 'ICH-BIN'.“ Eigenartigerweise hatte ich diese Worte bisher ganz anders verstanden: Ich BIN, der ich BIN – eine selbstbewusste Aussage! So aber ist es nicht gemeint.

Wenn wir die Worte ICH BIN denken und aussprechen, dann berühren wir das Bewusstsein der eigenen Göttlichkeit. Wir kreieren damit unser gesamtes Leben. Selbst wenn wir unbedarft mit den Worten umgehen, wird dem Gesetz voll entsprochen, auch wenn es uns nicht bewusst wird. Es muss uns klar sein, dass wir uns blockieren, wenn wir an die ICH-BIN-Formel eine negative Eigenschaft anhängen.

ICH BIN ist die göttliche kreative Lebensformel. Durch die beiden Worte kann diese Kraft von jedem Menschen gebraucht, aber auch missbraucht werden.

Fast täglich schrieb ich meine Lebenswünsche auf und ordnete sie nach den Kriterien ihrer Wichtigkeit. Hier sind einige meiner Affirmationen:

DAS ERFASSEN DER BEDEUTUNG DER WORTE 'ICH BIN' IST EINES DER GRÖSSTEN GEHEIMNISSE DES LEBENS.

ICH BIN es wert, geliebt zu sein. Ich lebe Liebe.

ICH BIN dankbar für meine vollkommene Gesundheit
an Körper, Geist und Seele.

ICH BIN erfolgreich in allem, was ich tue.

ICH BIN dankbar für meine große innere Kraft.

ICH BIN humorvoll, voll heiterer Gelassenheit,
unbefangen und voller Selbstvertrauen.

ICH BIN dankbar
für die optimale, lukrative und harmonische Aufgabe,
die mich unabhängig und wohlhabend macht.

ICH BIN immer imstande, alle Kosten und Rechnungen
zu jeder Zeit aus meinem finanziellen Überfluss zu zahlen.

ICH BIN dankbar für meinen optimalen Lebenspartner,
der jetzt in mein Leben tritt. Er ist: (z. B.) kinderlieb,
tatkräftig, spirituell, gutsituiert, zärtlich, großzügig,
humorvoll, frei für eine neue Beziehung.

ICH BIN schlank und wiege auf Dauer ... kg.

ICH BIN ein Mensch, der handelt, entscheidungsfreudig und voll
Vertrauen in die eigene Kraft, erfolgreich in jeder Situation.

ICH BIN dankbar für meine innere Größe,
die täglich mehr und mehr zum Vorschein kommt.

ICH BIN Kanal für Göttliche Inspirationen.

ICH BIN ein glückliches Gotteskind.

ICH BIN sehr intuitiv und immer verbunden
mit meinem Höheren Selbst.

ICH BIN eins
mit göttlicher Versorgung und göttlicher Liebe.

ICH BIN offen für alle Wunder,
die täglich in mein Leben kommen.

ICH BIN erfolgreich in allem, was ich tue.

ICH BIN dankbar,
ein klares JA und ein klares NEIN leben zu können.

Ich lebe in vollkommener Klarheit,
darum ziehe ich klare Menschen und klare Ereignisse an.

Alle meine Bankkonten bleiben im Plus.
Mein Wohlstand mehrt sich von Tag zu Tag – zum Wohle aller.

Ich habe immer genug Zeit für mich selbst (meine Familie) für
alles, was für meine persönliche Entwicklung wichtig ist.

Ich glaube an mich und meine Fähigkeiten.

Mutig und entschlossen gehe ich unbeirrbar meinen Weg.

Ich denke in allen Situationen positiv,
deshalb erziele ich positive Ergebnisse.

Ich erkenne alle wichtigen Möglichkeiten und Chancen
für die optimale Erfüllung meiner Lebensaufgabe.

Mit jedem Tag geht es mir in jeder Hinsicht
besser und besser.

Als Unterschrift setze ich stets darunter:

Danke, Vater Mutter Gott für die Erfüllung dieser Gedanken, wenn es DEIN Wille ist.

Wenn jemand Schwierigkeiten hat mit der letzten Formulierung, so kann er auch – statt Gott – Unendliche Weisheit oder Allmacht einsetzen.

Diese Sätze oder Lebensformeln mögen vielleicht ein wenig selbstherrlich klingen, und so mancher mag denken, das ist mir viel zu überzogen – das BIN ich ja gar nicht! Nein, noch nicht, denn wir müssen uns stets bewusst machen, dass diese Affirmationen nicht für unseren Verstand, sondern nur für unser Unterbewusstsein bestimmt sind, das – wie wir inzwischen wissen – kritiklos alles annimmt. Sobald wir sagen: „Ich möchte gern erfolgreich sein", oder „Ich wünsche mir, erfolgreich zu sein", nimmt unser Unterbewusstsein das Kommando an: „Der Kapitän möchte irgendwann einmal erfolgreich sein!" – und die Mannschaft kann mit diesem Kommando momentan überhaupt nichts anfangen, also wird das Ganze erst einmal auf Eis gelegt. Darum ist es ganz wichtig, wie bereits vorher angedeutet, nur die Gegenwartsform zu benutzen.

Wer sind wir denn wirklich? Unsere eigenen Gedanken erschaffen uns. Gedanken, die man ausspricht, sind Worte. Worte, die man aufschreibt, um sein Leben zu planen und in den Griff zu bekommen, sind Affirmationen. Immer wieder geschriebene Worte erschaffen unser neues Leben. Wir leben nur in unserem Körper. Aber wir sind nicht der Körper. In erster Linie sind wir geistige Wesen. Darum können wir durch Gedanken unser Leben beeinflussen.

Ganz besondere Bedeutung haben dabei diese ICH-BIN-Sätze, die göttliche Programmierungsformeln. Die Sätze, die mit ICH BIN beginnen, haben die stärkste Kraft der Verwirklichung überhaupt.

Wir freuten uns sehr, als Peter und Esthi Mitte Juni eintrafen. Walter, der bisher immer alles über seine Logik regelte, hatte durch unser Kennenlernen plötzlich neue Perspektiven bekommen, die einige Fragen aufwarfen. Ich als intuitiv handelnder Mensch konnte ihm manches rational nicht immer gleich beantworten. Er aber brauchte eine logische Antwort, um Dinge anzuerkennen, um sie dann auch später überzeugt anwenden und weitergeben zu können.

Darum setzte ich meine Hoffnung auf Peter, der trotz seines Vertrauens zu seinem Verstand durch sein Leben erfahren hatte, in erster Linie auf sein Herz zu hören.

Mittags gab es große Mengen frischen Spargel bei uns. „Oh, das sieht aber gut aus“, sagte Peter mit leuchtenden Augen, als ich den Tisch deckte. „Gila, du musst wissen – ich besitze nämlich einen Faltmagen.“

„Einen was?“

„Einen Faltmagen. Kennst du den nicht?“ Todernst blickte er mich an mit einem verräterischen Glimmen in seinen Augen. „Immer, wenn mir etwas besonders gut schmeckt, fahre ich meinen Faltmagen aus – und es passt die dreifache Menge hinein!“

Ich lachte und meinte: „Na, dann leg mal los ...“

Während Peters Faltmagen seiner Funktion mehr als gerecht wurde, gingen die Diskussionen zwischen Walter und Peter richtig los. Das Thema war die Akasha-Chronik.

Walter sagte nachdenklich: „Ich denke, dass im Kollektiven Unterbewusstsein – also in der Akasha-Chronik – alles gespeichert ist, nicht nur die Vergangenheit und die Gegenwart, sondern auch die Zukunft.“

Peter runzelte die Stirn und meinte zweifelnd: „Also, Vergangenheit und Gegenwart, das mag ja möglich sein, aber die Zukunft? Das glaube ich nicht, denn es kann eigentlich nicht sein – es ist ja noch nicht geschehen."

Walter horchte auf und entgegnete: „Aber es gibt doch in der geistigen Welt keinen Zeitbegriff. Wir Menschen haben eine Vorstellung von der Zeit wie eine Linie, die sich von der Vergangenheit bis zur Zukunft erstreckt und auf der der Gegenwartspunkt entlang läuft. In der geistigen Welt gibt es dieses Zeitgefängnis nicht. Da kann ich mich räumlich oder auch zeitlich augenblicklich in eine Situation hineindenken – und ich bin da!"

Peter warf ein: „Aber dann würde ja bereits feststehen, wie ich mich morgen oder übermorgen entscheide, was ich tue oder was ich lasse. Ich hätte ja dann keinen freien Willen in meinen Entscheidungen. Das kann doch wohl nicht sein, oder?"

Diese Diskussion schien äußerst spannend zu werden. Ich ließ in der Küche alles stehen und setzte mich wieder zu den Dreien an den Esstisch. Erstaunt, wie klar und logisch die beiden argumentierten, warf ich einen Blick auf Esthi. Sie hörte ebenfalls gespannt zu.

Ich fuhr fort: „Aus diesem Zeitverständnis heraus ist es dann auch plausibel, dass sehr sensitive Menschen zukünftige persönliche Ereignisse von dir in der Akasha-Chronik erkennen, die du mit deinem Leben – gestern, heute oder morgen – ausgelöst hast."

Ich sah Peter an, dass er noch immer nicht ganz überzeugt zu sein schien. Aber jetzt bekam ich unerwartet Schützenhilfe von Esthi. In ihrem herrlichen Schweizer Dialekt neckte sie ihren Mann: „Sag mal, Peter, wenn du diese Dinge nicht für annehmbar hältst, dann hast du dich aber neulich gegen deine Überzeugung verhalten, als du unser neues Auto nach allen möglichen

Sicherheitsvorstellungen ausgesucht hast, nur weil dir ein Medium vor Jahren mitgeteilt hat, du müsstest in den nächsten zwei bis drei Jahren mit einem schweren Unfall rechnen."

Peter grinste und konterte kleinlaut: „Komm, Esthi, fall mir nicht in den Rücken ..."

Jetzt schaltete ich mich wieder ein und meinte: „Die heutige Erkenntnis ist, dass jede Zelle in unserem materiellen Körper das Bewusstsein des Ganzen in sich trägt. Ich denke, wenn wir dieses Prinzip übernehmen, so ist es doch eigentlich nicht schwer zu begreifen, dass in unserem Energiekörper und auch in unserer Aura Vergangenheit, Gegenwart und Zukunft gespeichert sind und diese Informationen für sensitive Menschen oder Medien jederzeit abrufbar sind."

Nachdem Peter eine Weile nachdenklich geschwiegen hatte, sagte er leise: „So habe ich das noch nie gesehen. Aber eigentlich leuchtet mir das ein, was du eben gesagt hast." Und dann fuhr er mit spitzbübischem Lächeln fort: „Gila, du hättest uns mal sehen sollen, als wir unser Auto ausgesucht haben – überall Airbags! Du weißt ja, wie oft wir im Jahr auf Vortragsreise sind – wie viele Kilometer wir fahren. Ja, es ist erstaunlich", gab er schmunzelnd zu, „wie sehr ich mich von der Aussage dieser Frau unbewusst habe beeinflussen lassen."

Keiner wusste oder ahnte auch nur im geringsten zu dem Zeitpunkt, dass sich die Voraussage auf ganz andere Weise erfüllen sollte und Peter kurz vor der schwersten Prüfung seines Lebens stand ...

Im Juli 1994 heirateten André und Kari in Seattle. Unsere Familie reiste komplett an, nur Marcos und Kathrins kleine Tochter Lea war bei ihren Großeltern in Deutschland geblieben. Auch Rolf, unser Untermieter, mit dem André sich in den letzten Jahren angefreundet hatte, flog mit seiner Freundin mit. Er hatte sein Studium inzwischen beendet und wohnte wieder in Köln. Es war das erste Mal, dass André und Walter sich begegneten. Die beiden verstanden sich recht gut.

Wir waren gerade von unserer Reise aus Amerika zurück und mittendrin, all unsere Sachen auszupacken, als das Telefon schellte. Esthi war am Apparat.

„Grüß dich, Gila."

„Esthi!" rief ich froh. „Das ist eine Überraschung! Wir sind gerade aus Seattle zurück!"

„Ich dachte mir schon, dass ihr im Urlaub seid, denn ich habe bereits öfters versucht, euch zu erreichen. Aber ich habe eine traurige Nachricht für euch: Peter hatte eine Hirnblutung und ist letzten Samstag operiert worden. Es sieht momentan nicht so aus, als ob er es schaffen würde. Die Ärzte haben mir keine Hoffnung gemacht. Ich denke, wir müssen ihn loslassen."

Mir gefror das Blut in den Adern. „Nein", antwortete ich fassungslos, „doch nicht Peter!"

Peter, der Fels in der Brandung – Peter, der bei jedem Problem half – dieser große Lebenslehrer! Was war geschehen? Tausend Fragen auf einmal kamen da hoch. Er war gelähmt und hatte keinerlei Schluckreflexe mehr; kaum, dass er bei Bewusstsein war. Außerdem erfuhr ich nun, dass Esthi ihr erstes Baby im November erwartete.

Fast eine Stunde telefonierten wir, und sie erzählte mir alles, was sich ereignet hatte. Abschließend meinte sie mit einer Kraft und einer ruhigen Gelassenheit, die ich wunderbar fand: „Gila, auch Peter hat sich diese Situation selbst ausgesucht. Ich glaube, er ist jetzt dabei, die Meisterprüfung seines Lebens zu machen."

Walter hatte über Lauthörer mitgehört und war genauso betroffen. „So schnell kann das gehen", meinte er leise und nahm mich, die ich völlig geschockt war, in seine Arme.

Ich musste jetzt allein sein, nahm meine Jacke und ging in das nahe kleine Waldstück, das an unser Grundstück grenzt. Irgendwo setzte ich mich nieder und meditierte für ihn, der jetzt den Kampf seines Lebens ausfocht. Ich spürte nicht, wie mir die Tränen über die Wangen liefen. Er hat es sich selbst ausgesucht, sagte ich mir immer wieder, um den Sinn zu begreifen, warum dieser wunderbare Mensch auf so dramatische Art und Weise aus dem aktiven Leben gezogen wurde.

In den nächsten Tagen kamen immer neue Nachrichten über Peters Zustand. Mal war es ganz hoffnungslos, mal wieder ein wenig besser. Alles, was es nur gab an Komplikationen, machte er durch – und Esthi mittendrin, mit einer Ruhe, Gelassenheit und Kraft, die ich ihr wahrhaftig nicht zugetraut hätte!

Wenn es in den nächsten Wochen etwas Neues gab, rief sie an. Meistens waren es keine guten Nachrichten. Und der Termin unseres Seminars in Todtmoos rückte immer näher. Wie sehr hatten wir uns auf Peter und Esthi gefreut und uns vorgestellt, wie sie bei unserem ersten Seminar ab und zu mal hereinschauten und fragten, wie denn alles liefe ...

Die am meisten gestellte Frage, ob laut ausgesprochen oder auch nur angedacht, war in dieser Zeit: Warum ist das mit Peter geschehen? Kann ein Mensch, der voller Optimismus lebt und allen anderen als Beispiel dient, überhaupt so krank werden, dass niemand mehr einen Pfennig für sein Leben gibt? Warum wird so ein Mensch in der Reife seines Lebens – völlig gesund und ohne Beschwerden – plötzlich zum Pflegefall? Und auch die Frage wurde gestellt: Hat auch er dieses Leiden durch sein Denken selbst verursacht? Musste er demzufolge nicht zwangsläufig Gedanken gehabt haben, die diese Krankheit nach sich zogen? Oder war es sein Karma aus anderen Inkarnationen, das sich jetzt materialisierte?

Für mich waren diese Überlegungen nicht wichtig, denn ich

bin wie Esthi davon überzeugt, dass Peter sich diesen tiefen Einschnitt in sein Leben selbst ausgesucht hat, um einen immensen Reifeprozess zu durchlaufen – vielleicht wirklich seine Meisterprüfung. Sicher saßen jetzt viele Engel an seinem Bett, und Peter war sehr behütet, was wir alle nicht wirklich sehen konnten. Durch seine Krankheit hatte er jetzt offenbar die große Chance bekommen, nach innen zu schauen – losgelöst von der äußeren Welt.

Immer, wenn ich mit Esthi sprach, war ich fasziniert von der Kraft, die sie täglich aufbrachte, aber auch von ihrer bewundernswerten Einstellung, als sie sagte: „Wenn Peter geheilt werden darf, dann bitte ich um Heilung für ihn – nur dann."

Esthi hat erkannt, dass eine Krankheit in vielen Fällen ein enormer Lernprozess für den Betreffenden und sein Umfeld sein kann, und dann ist eine spontane Heilung oft nicht möglich oder nicht richtig. Ein Heiler wird nach bestem Wissen und Können ehrlich bestrebt sein zu helfen, aber er kann nie Erfolgsgarantien geben, denn über Erfolg oder Misserfolg entscheidet nur Gott.

Nach dem geistigen Gesetz von Ursache und Wirkung darf niemand geheilt werden, dessen Krankheit die noch unbereinigte Folge eines Fehlers aus einer früheren Inkarnation ist. Wir mit unserem menschlichen Verständnis drängen mit allen Fasern unseres Seins darauf, den gesunden Zustand eines geliebten Menschen wieder herbeizuwünschen – in erster Linie für ihn, aber auch für uns. Ihn leiden zu sehen, ist schlimm für ihn, für uns alle und erfordert unendlich viel Kraft und so oft eine totale Umstellung in unserem gewohnten Lebensrhythmus.

Es gehört viel Reife und spirituelles Erkennen dazu, die Krankheit nicht durch Mitleid zu verstärken. Wir sollen nicht mitleiden, aber wir dürfen mitfühlen, was der andere durchmacht, und ihm helfend zur Seite stehen.

Kapitel 11

Der Tod ist kein Abschnitt des Daseins,
sondern nur ein Zwischenereignis –
aus einer Form des endlichen Wesens
in eine andere.

(Wilhelm von Humboldt)

Dana und Rico feierten in diesem Jahr ihre Geburtstage zusammen, weil Dana an ihrem Geburtstag nicht zu Hause gewesen war. Walter bot sich an, an dem Tag die Betreuung der Kinder zu übernehmen. Dazu hatte er sich bereits einige Tage vorher einige Spiele überlegt und mit den beiden besprochen.

Nun war der ersehnte Tag da. Rico wurde acht Jahre alt, Dana war einen Monat zuvor zwölf geworden.

Karin hatte alle Hände voll zu tun. Das Haus wimmelte nur so von Kindern. Unter Ricos Freunden waren neben einem Zwillingspaar auch Drillinge vertreten, dazu noch die vielen anderen Schulkameraden, die er und auch Dana eingeladen hatten.

Ich war heilfroh, als Walter die Menge im Garten mit einer Pfeife endlich in den Griff bekam. Plötzlich löste sich Rico aus der Gruppe, kam zu uns in die Küche und fragte erwartungsvoll: „Wo sind denn die Steaks?“

„Welche Steaks?“ antwortete Karin etwas irritiert.

„Na, die wir brauchen für die Steaksuche ...“

Ich schaltete mich ein. „Was für eine Steaksuche?“

„Walter macht doch mit uns die Steaksuche“, belehrte Rico mich.

Das war das neueste, was ich hörte. Karin bangte um unseren Fleischvorrat und fragte vorsichtig: „Wie viele Steaks wollt ihr denn suchen?"

„Walter hat uns versprochen, dass er Steaks mit uns sucht", sagte Rico jetzt bereits ein wenig ärgerlich, weil er befürchtete, Karin wollte die Aktion blockieren.

Plötzlich dämmerte es mir. Ein Glucksen stieg in mir hoch, und ich bat ihn: „Rico, sag noch mal, was ihr vorhabt!"

„Steaks wollen wir suchen ...", wiederholte er, jetzt bereits mit einer Spur von Trotz in der Stimme.

Karin sah mich hilflos an, während ich losprustete: „Karin, er meint 'ne Schnitzeljagd."

Ricos weitere Kommentare gingen in unserem schallenden Gelächter unter.

*

Unser erstes gemeinsames Seminar in Todtmoos stand bevor. Nach Tagen der Vorbereitung, in der wir beide unsere Erfahrung in ganz unterschiedlichen Bereichen einbringen konnten, stand das Konzept. Und wir waren zufrieden damit.

Eine Bekannte aus der Schweiz, Helga Mösle, eine ganz liebevolle Seele, schickte uns ein Fax nach Todtmoos und wünschte uns ein gutes Gelingen. Sie war gerade dabei, ihr erstes Buch herauszubringen. Ein Jahr zuvor hatten wir uns in Todtmoos bei einem Seminar von Peter kennen gelernt.

Bei unserer Ankunft wartete Esthi auf uns. Wir nahmen sie beide ganz fest in die Arme. Man konnte jetzt deutlich sehen, dass sie ihr Baby bald bekommen würde. Wieder waren wir berührt von der enormen Kraft, die von ihr ausging, doch Peters Zustand hatte sich bisher nicht gebessert. Seit fast zwei Monaten lag er in der Uniklinik in Freiburg. Esthi war täglich mehrere

Stunden bei ihm. Er war zwar jetzt wieder wach, aber neben anderen Funktionsstörungen war auch sein Sprachzentrum betroffen. Sie erzählte, dass sie inzwischen mit einer Reha-Klinik in der Nähe von Konstanz Kontakt aufgenommen hätte.

Am zweiten Abend machten wir eine Kerzenmeditation für Peter. Anschließend bat mich eine Teilnehmerin: „Gila, sprich noch mal für Peter die Worte von Mutter Erde ..."

Es wurde eine schöne Woche mit wunderbaren Teilnehmern, obwohl ich bei der Vorbereitung gemerkt hatte, dass Walter ganz andere Vorstellungen hatte, ein Seminar zu gestalten, als ich es erlebt hatte. Seine Zielgruppe waren Jugendliche bis 20 Jahre gewesen, während es sich jetzt ausschließlich um Erwachsene handelte.

Zum ersten Mal hatte ich gespürt, wie ärgerlich er geworden war, wenn ich als Greenhorn andere Vorschläge einbrachte und mich – überzeugt davon, dass es für diese Altersgruppe richtig war – nicht von meinem Vorhaben abbringen ließ.

Und doch ging es dann richtig los mit unserer gemeinsamen Seminararbeit. Einen Monat später waren zwei Termine angesagt, dann über Weihnachten bis ins neue Jahr hinein eine zwölftägige Reise nach Schweden. Wir konnten unseren Teilnehmern sicher vieles vermitteln, was neu war für sie, aber wir selbst lernten mindestens ebensoviel in dieser gemeinsamen Zeit.

Besonders bei dem Silvester-Seminar in Schweden empfand ich ganz deutlich, wie sehr Walters Stil der Seminarleitung von meinen Vorstellungen abwich. Während ich versuchte, die Seminare weich und intuitiv zu führen, hatte Walter eine eher lehrmeisterhafte Art, mit den Teilnehmern umzugehen. Dies rührte wohl aus seiner jahrelangen Arbeit mit Jugendlichen. Ich hoffte inständig, dass sich dieses Verhalten mit der Zeit durch neue Erfahrungen angleichen würde.

Interessant war dagegen, dass Walter den gleichen Prozess mitmachte wie ich nach meinem ersten Seminar mit Günter. Ich war damals so voll von Erkenntnissen, dass auch ich versuchte, jeden zu missionieren, der mir vor die Flinte kam. Mit mäßigem Erfolg – wie man sich denken kann.

Walters 'Opfer' waren seine vier Schwestern. Ich verstand mich sehr gut mit ihnen. Bei jedem persönlichen Besuch und bei fast jedem Telefongespräch versuchte er unermüdlich, sie zu unseren Seminaren einzuladen. Jedes Mal, wenn ich zu einem Gespräch dazustieß, konnte ich mir ein Lachen nicht verbeißen, wenn ich mitbekam, wie viel Kraft er dafür einsetzte und welche Überzeugungsarbeit er leistete.

„Ich möchte so gern, dass meine Schwestern mal mitkommen", sagte er bedauernd. „Sie wissen doch gar nicht, welche Lebensperspektive ihnen dadurch entgeht."

„Walter, denk mal dran", meinte ich verständnisvoll, „man kann ein Pferd zwar zur Quelle prügeln, aber man kann es nicht zwingen zu saufen. Doch es ist erstaunlich, wie es von selbst hingaloppiert, wenn es wirklich Durst hat."

Die Erfahrung habe ich immer wieder machen dürfen, dass Menschen auf mich zukamen, wenn sie wirklich Unterstützung suchten. Und dann habe ich auch immer versucht, ihnen Hilfe zu geben, ihr Leben wieder in den Griff zu bekommen. Irgendwann habe ich aufgehört, Kraft dafür einzusetzen, andere Menschen von Günters oder auch später von unseren Seminaren zu überzeugen, obwohl ich nach wie vor gern über deren Inhalte gesprochen habe.

Der Ausspruch des großen griechischen Philosophen Seneca kam mir wieder in den Sinn: 'Den Willigen führt das Geschick, den Störrischen zieht's mit Gewalt.'

Unser Schicksal ist ebenso ein Teil unseres Seins wie unser Aussehen und unser Charakter. Es kommt einfach darauf an, was wir daraus machen. Ob wir gekonnt und mit Klasse unsere Aufgaben annehmen und sie bestehen, oder ob wir jammernd und klagend jede Herausforderung als Bedrohung ansehen, liegt in unserer Entscheidung. Viele Dinge sind vorgegeben wie die Statik eines Hauses, das wir bauen wollen – aber über die Art des Baumaterials entscheiden wir selbst.

*

Auf einem Seminar im November 1994 lernten wir Anke kennen. Sie war eine Angestellte des Hotels, in dem wir tagten, und wollte gern ein Husky-Buch erwerben. Vor einiger Zeit hatte sie eine Fernsehsendung darüber gesehen.

Zwei Wochen später rief sie uns an. „Hallo, hier ist Anke! Ich habe vor kurzem Ihr Buch gekauft, das mich unwahrscheinlich beeindruckt hat. Ich bin gerade dabei, mich aus meiner Beziehung zu lösen“, sagte sie. „So ganz unproblematisch läuft das jedoch nicht ab. Um ehrlich zu sein – ich möchte gern mal mit Ihnen darüber sprechen. Ist das möglich?“

Ich freute mich über ihren Anruf, signalisierte er doch sehr viel Vertrauen zu mir, zumal sie mich nicht in meiner Funktion als Seminarleiterin, sondern nur als Gast des Hotels kennen gelernt hatte. Sie machte auf uns einen sehr liebevollen Eindruck.

Bei ihrem Besuch führte Anke ein langes und offenes Gespräch mit mir über ihre Beziehung zu ihrem Freund Erhard. Einen Monat später meldete sie sich zu einem Wochenendkurs an. Auch bei einem weiteren Seminar im Mai wollte sie dabei sein. Durch die darauffolgenden Gesprächs- und Meditationsabende entstand ein fester, herzlicher Kontakt zu ihr.

In der Zwischenzeit war Anke damit beschäftigt, ihr Leben durch ihre Affirmationen in den Griff zu bekommen, und wuchs immer mehr in das Wissen um die Kraft der Gedanken hinein.

Dadurch hatte sie letztendlich die Kraft bekommen, sich endgültig von ihrem Freund Erhard zu lösen.

*

Es ist meistens belustigend, wenn Seminarteilnehmer über die Erfahrungen sprechen, die sie mit der Erfüllung ihrer Wünsche gemacht haben. Gern erinnere ich mich an eine Episode in einem unserer Seminare, als Siegfried, ein Teilnehmer, sehr nachdenklich geworden über unsere Ausführungen, die Frage stellte: „Also sollte man seinem Unterbewusstsein wirklich ganz konkrete Anweisungen geben?"

„Wenn du genaue Ergebnisse haben willst, musst du auch genaue Anweisungen geben", meinte ich, „sonst bekommst du eine Menge Dinge präsentiert und kannst froh sein, wenn das Richtige dabei ist."

„Ja", seufzte Siegfried, „jetzt verstehe ich auch, was mir vor einiger Zeit passiert ist. Wie ihr ja alle wisst, bin ich auf der Suche nach einer Frau. Ich habe ja nun schon ein bisschen Ahnung von dem Gesetz 'Vorstellung schafft Wirklichkeit'. Und darum habe ich mir immer die Eigenschaften, die ich mir bei einer Lebenspartnerin wünsche, eingegeben: treu – warmherzig – braune Augen – weiche braune Haare. Und wisst ihr, was ich dann kurze Zeit später bekommen habe?" lachte er trocken auf. „Eine Schäferhündin!"

Als sich die Lacher wieder beruhigt hatten, fragte uns eine Teilnehmerin, die Probleme mit Haarausfall hatte: „Wenn ich euch richtig verstanden habe, müsste ich mir also viele Haare wünschen?"

„Nein, nicht so", entgegnete ich warnend, „wenn du deinem Unterbewusstsein keine konkrete Anweisung gibst, bekommst du bestimmt viele Haare, aber nicht unbedingt auf dem Kopf."

Anhand dieser humorvollen Beispiele ist wieder ganz deutlich zu erkennen, dass unser Unterbewusstsein wirklich keinen Spaß versteht und alle Begriffe, die wir ihm eingeben, völlig ohne Bewertung umsetzt.

Auch ich hatte ein ganz markantes Erlebnis in dieser Richtung. Wie schon erwähnt, war es nach meiner Rückkehr aus Kanada um meine Finanzen gar nicht gut bestellt. Doch ich wusste inzwischen: Die Gedanken von heute sind die Wirklichkeit von morgen. Ich dachte, wenn ich mir eine Million wünschte, so müsste ich sie nach diesen Gesetzmäßigkeiten auch erhalten. Also – was hatte ich gelernt? Der brennende Wunsch, verbunden mit dem tiefen Gefühl der Erfüllung, muss die Verwirklichung nach sich ziehen.

Immer wieder suggerierte ich mir: Ich bin Millionärin, und versetzte mich in das tolle Gefühl, wie ich mich als solche fühlte und wie ich handelte. Woher der plötzliche Geldsegen kam, war nicht so wichtig. Jeden Abend vor dem Einschlafen stellte ich mir einen auf meinen Namen ausgeschriebenen Euro-Scheck über eine Million vor.

Ich erinnere mich noch gut an die Szene, als ich im Schaufenster eines Geschäfts eine Handtasche entdeckte, die haargenau meinen Wünschen und Vorstellungen entsprach. Bei meiner damaligen Finanzlage hätte ich sie mir gar nicht leisten können und wollte schon etwas wehmütig weitergehen.

Da durchfuhr es mich: Wieso kann ich mir diese Tasche eigentlich nicht leisten? Ich bin doch Millionärin und sollte mich – den geistigen Gesetzen entsprechend – auch so verhalten! Mit dieser Erkenntnis machte ich auf dem Absatz kehrt, ging in das Geschäft – und kaufte meine Tasche.

Und wie ging es weiter? – wird man zu Recht fragen. Nach inständiger Vorstellung und Suggestion erhielt ich wahrhaftig ungefähr vier Wochen später meinen Scheck – genau über eine

Million! Er war ausgestellt auf meinen Namen – von der hiesigen Klassenlotterie. Nur ein Wort passt nicht so ganz ins Bild: Oben rechts standen sechs Buchstaben, die den Glauben an meinen plötzlichen Geldsegen wieder zunichte machten – MUSTER!

Mein Gesichtsausdruck war sehenswert. Da war mein Scheck! Mein Unterbewusstsein hatte diesen Scheck wie ein Spiegelbild meines Glaubens in mein Leben gebracht. Genauso, wie ich ihn mir immer wieder vorgestellt hatte – bis ins Detail! Nur das Wort 'Muster' war nicht in meiner Vorstellung gewesen. Was hatte ich bloß falsch gemacht?

Hin und her wälzte ich den Gedanken, fand aber nicht gleich die Lösung. Kurz darauf fiel mir dann ein Buch in die Hände mit der Aussage, dass wir vorher ganz genau planen müssen, was wir mit der Erfüllung unseres Wunsches erreichen wollen. Wünsche ich mir – wie in meinem Fall – eine Million, so ist es wichtig, vorher zu überlegen: Warum ist mir dieser Wunsch so wichtig? Welche Eigenschaft oder höhere Qualität will ich damit erreichen? Könnte ich diese Eigenschaft auf anderen Wegen, die meiner Lebensaufgabe eher entsprechen, erreichen?

In meinem Fall wäre die Antwort gewesen: Die Million war mir eigentlich weniger wichtig als die konstante Sicherheit, die meine Familie brauchte. Niemals sollte wieder so eine Situation entstehen wie nach unserer Rückkehr aus Kanada.

Als ich merkte, was da wirklich geschehen war, musste ich über mich selbst lachen. Hier hatte die geistige Welt mir eine liebenswerte, aber lehrreiche Lektion verpasst. Immer wieder hatte ich mir den Scheck vorgestellt, aber nie, was ich mit dem Geld anfangen würde, warum ich es wirklich brauchte – ich hatte kein Ziel gehabt!

Falls unser Wunsch finanzieller Art ist, so ist es wichtig, genau zu planen, wofür wir das Geld einsetzen wollen. Welche

Eigenschaft soll durch den Erwerb dieses Geldes in unser Leben treten? Erst wenn die Frage beantwortet ist, kann die Wunschenergie in diese weiteren Bereiche hineinfließen und die Erfüllung bewirken. Erst wenn wir die Voraussetzungen schaffen, wird diese Energie die gewünschten Lebensumstände in unser Leben bringen.

*

Ende 1994 verließ uns Karin nach fast fünf Jahren. Sie zu ersetzen, war sicher nicht leicht. Sie hatte Pfiff in unseren Haushalt gebracht, sowohl vom Essen her als auch von der Organisation.

Trotz meiner Wehmut, dass Karin ging, musste ich erkennen, dass alles so richtig war. Von innen her geführt, sprach ich unsere Nachbarin Elisabeth auf die zu besetzende Stelle an. Vorher hatte sie schon ab und zu mal bei uns ausgeholfen, wenn Karin in Urlaub war. Froh über die Möglichkeit, in unmittelbarer Nähe ihres Zuhauses eine Arbeitsstelle zu finden und doch nahe bei ihren vier fast erwachsenen Kindern zu sein, freute sie sich, von nun an unseren Haushalt zu führen.

Sie war gerade drei Wochen bei uns, als ihr Mann mit vierundvierzig Jahren an plötzlichem Herzversagen starb. Trotz des Schocks und der Tragik des immensen Verlustes war es erstaunlich zu sehen, wie sie mit diesem Ereignis umging. Obwohl der plötzliche Tod ihres Mannes für sie und ihre Familie einen herben Einschnitt in ihrem Leben bedeutete, hat sie sich nicht ihrer Trauer hingegeben. Auch durch unsere Seminare konnten wir ihr helfen, eine andere Einstellung zum Tod, den sie so plötzlich und hautnah miterlebte, zu bekommen.

Mit einundvierzig Jahren machte sie den Führerschein, kaufte sich ein kleines Auto und begann plötzlich, eine völlig neue

Welt zu entdecken. Bisher war sie mit ihrem Fahrrad kaum über unser kleines Dorf hinausgekommen.

Im Juni 1995 hielten Walter und ich dann ein Selbsterfahrungsseminar in Bayern, das uns wieder durch das Thema Tod und seine Bedeutung ein großes Stück in unserer Erfahrung weiterbringen sollte. Wir freuten uns, dass auch Anke, die wir vor einiger Zeit in einem Hotel kennen gelernt hatten, dabei sein konnte.

Eine Teilnehmerin hieß Margret, und sie war mit Martina, der Tochter ihres zukünftigen Mannes, zu uns gekommen. Martina hatte vor einiger Zeit ihre Mutter verloren und litt noch sehr unter dem Verlust.

Während des gesamten Seminars konnten wir immer wieder deutlich spüren, wie gut sich Margret und Martina verstanden. Beide hatten jedoch starke Probleme, den Tod als etwas ganz Natürliches anzusehen, und zwar jede auf ihre Art. Martina hatte einfach noch Schwierigkeiten, den Verlust ihrer Mutter zu verkraften. Margret hingegen meinte in einem kleinen Gesprächskreis nachdenklich: „Weißt du, eigentlich habe ich nicht unbedingt Angst vor dem Tod oder vor dem Sterben. Mehr Angst habe ich, wenn ich mir vorstelle, dass mein Partner eines Tages nicht mehr da wäre.“

„Und wovor hast du Angst?“ fragte ich sie.

Sie dachte kurz nach, bevor sie antwortete: „Ich bekomme Panik, wenn ich daran denke ...“

„Sprich’s ruhig mal aus“, ermunterte ich sie.

„Wahrscheinlich vor dem Alleinsein.“

„Und warum?“

„Weil ich weiß, dass der Tod so etwas Endgültiges ist!“ sagte sie mit Tränen in den Augen.

Martina, die bei diesem Gespräch zugegen war, schaltete sich ein: „Genau das ist der Punkt, über den ich auch nicht hinwegkomme!“

„Für mich hat der Tod seit langem seine Schrecken verloren“, antwortete ich. „Der Tod ist nur eine Veränderung der Daseinsform, denn in erster Linie bin ich Geistwesen, das nur für eine bestimmte Zeit einen Körper hat. Oft genug sagen wir: Ich habe einen Körper. ***ICH*** habe einen Körper? Wer ist denn dieses ***ICH***?“

Ich sprach darüber, dass der Same vergehen muss, damit das neue Leben entstehen kann. Aber das Sterben des Samens ist nichts Schlechtes. Wir dürfen ruhig sterben. Nicht nur einmal Same sein – und dann Frucht, nein! Die Frucht, die dann entsteht, ist wieder eines Tages ein Same, der vergehen muss, um einer neuen Frucht Ausdruck zu geben.

Man muss sich nicht in sein altes Leben verbeißen. Leben ist Wachsen – und Wachsen ist nicht nur Werden. Wachstum heißt auch loslassen. Wer das versteht, der begrüßt die Verwandlung, der weiß, dass schöpferische Absicht auf dieser Ebene des Kommens und des Vergehens diese Gesetze so eingerichtet hat, dass ein Sterben um des Lebens willen stattfindet!

Nichts stirbt, um tot zu sein, um in die Existenzlosigkeit zu versinken, sondern alles vergeht, um schöner und vollkommener zu leben. Alles geschieht um einer großen Metamorphose willen. Nehmen wir die Raupe, die heranwächst bis zu dem Moment, wo ein Schmetterling aus ihr werden soll. Sie spürt, wenn der Zeitpunkt gekommen ist, verpuppt sich in einem Kokon und beginnt, ihren Raupenkörper zu verändern. Sie löst ihn auf in Strukturen, aus denen sie ihren neuen Körper bildet, und zwar den des Schmetterlings. Wie selbstverständlich folgt sie ihrem Instinkt, ihrem inneren Ruf, und verwandelt sich in ein völlig anderes Lebewesen – so meinen wir, wenn wir den Schmetterling fliegen sehen.

Uns Menschen geht es genauso. Wir dürfen unseren alten Körper ablegen, damit der neue, verfeinerte entstehen kann. Das alte Bewusstsein stirbt nicht – es verändert sich nur. Unser Energiekörper wird frei. Wie sich eine Hand aus dem Handschuh schält, so legen wir beim Tode unseren materiellen Körper ab. Wir lernen fliegen – wie die kleine Raupe, die den ersten Teil ihres Lebens nur kriechend an der Erde verbracht hat. Die Auflösung unseres alten Körpers ist der Preis, den wir für das Neue zu zahlen haben – wie bei der Raupe.

Wir sollten diesen Preis gern zahlen und uns auf unser neues Bewusstsein freuen. Doch was tun wir? Wir haben Angst vor dem neuen Unbekannten, weil wir größtenteils vom Kopf gesteuerte Menschen sind. Was wir nicht sehen, kann nicht sein! heißt die Devise unserer heutigen modernen Zeit. Wenn wir unsere Verlustängste überwinden, können wir den Tod als etwas Wunderbares ansehen, nicht als Ende des Lebens, sondern als Beginn eines neuen, bewussteren Lebens, das unsere Körperlichkeit aufhebt. Wir müssen lernen, unseren materiellen Körper gern aufzugeben, damit der neue sich in seiner vollen Größe entwickeln kann. Wir machen es uns schwer, weil wir uns gegen die Metamorphose wehren. Mit diesem Wissen sollte es uns nicht schwer fallen zu glauben, dass der Tod auch nur eine Verwandlung bedeutet.

„Wir haben andere Möglichkeiten als die Raupe“, fuhr ich in meinen Überlegungen fort, „denn wir bestimmen Zeitpunkt und Geschwindigkeit unserer Veränderung. Wir haben nämlich die geistige Macht, Ja oder Nein zu unserer Veränderung und auch zu unserer geistigen Verwandlung zu sagen. Wir haben das Recht zu entscheiden: ‘Nein, ich will mich nicht verändern! Ich will nichts Neues denken!’“

„Also glaubst du an Reinkarnation?“ fragte mich ein anderer Teilnehmer der Gesprächsrunde.

„Für mich ist sie logisch“, antwortete ich, „denn in nur einem Leben können wir nicht die gesamten Erfahrungen machen, die für unsere vollständige Entwicklung notwendig sind. Ich glaube aber auch, dass manche Menschen, die in ihrem Bewusstsein schon sehr weit sind, nicht mehr zu inkarnieren brauchen, weil andere Aufgaben im sogenannten Jenseits auf sie warten. In einer Verkörperung dürfen wir lernen und unsere Erfahrungen sammeln, die wir für unsere geistige Entwicklung brauchen.“

Aufmerksam hörten die Teilnehmer zu, als ich weitersprach: „Eigentlich ist lang anhaltende Trauer Irrtum, denn wenn wir nach Hause gehen, dorthin, wo wir herkommen und wo wir hingehören, ist das ein freudiges Ereignis. Ja, genau – ein freudiges Ereignis! Überlegt doch mal, was ***wir*** unter diesem Begriff verstehen. Es ist doch unser Unwissen, das uns trauern lässt. Wenn wir wüssten, wo wir herkämen und wo wir hingehen, würden wir auch erkennen, wie wunderbar es ist, nach einer langen Reise wieder heimzukehren, mit vielen Erfahrungen gesegnet.“

Georg, ein Teilnehmer, der offensichtlich keine Probleme mit dem Thema Tod hatte, sinnierte: „Eigentlich wäre es schön, wenn wir nicht immer wieder vergessen würden, wie viele Leben wir bereits gelebt haben ...“

„Meinst du wirklich, Georg?“ lächelte ich. „Dann wäre das Leben ja keine Schule mehr für uns. Nimm doch mal einen ABC-Schützen – was wäre, wenn dieser schon den Durchblick hätte, den er als Student haben sollte.“

„Stimmt auch wieder“, lachte er leise.

„Denkt doch mal an die Erlebnisse von Menschen, die nach einem Unfall im Koma ihren Körper vorübergehend verlassen haben. Fast ohne Ausnahme berichten sie darüber, wie sie einem liebenden Licht entgegengehen, und es gibt kaum jemanden, der wieder gern in seinen Körper zurückkehren will, wenn er einmal diese Lichterfahrung machen durfte.“

Ich bemerkte, wie nachdenklich er wurde, und fuhr fort: „Interessant ist doch auch, wenn diese Menschen berichten, wie liebevoll sie von ihren verstorbenen Verwandten oder Freunden in Empfang genommen wurden, die ihnen aber auch zu verstehen gaben, dass ihre Aufgabe für dieses Leben noch nicht erfüllt ist und dass sie auf der Erde noch gebraucht werden. Deshalb müssen sie nochmals in ihren Körper zurückgehen. Fast übereinstimmend haben diese Menschen ausgesagt, dass sie sich jetzt auf ihren Tod freuen, weil sie wissen, welch wunderbares Erlebnis sie erwartet. Die Angst vor dem Tode und dem sogenannten Ungewissen ist damit besiegt."

Martina sagte leise, während Tränen in ihre Augen traten: „Und dennoch fehlt mir meine Mutter sehr ..."

„Das glaube ich dir", erwiderte ich, „aber warum rufst du deine Mutter nicht mal und sprichst mit ihr? Ich glaube fest daran, dass die Wesen, die die Verkörperung hinter sich haben, uns hören können – im Gegensatz zu uns. So manches Mal machen sie sich auch bemerkbar. Wenn es dir hilft, dann denk einfach daran, dass deine Mutter ihren Körper verlassen hat, um in ihrer Funktion als Schutzengel bei dir zu sein. Meinst du, dieser Gedanke könnte dir helfen?"

Martina schwieg eine Weile. „Das sind so viele neue Gedanken für mich, so viele neue Eindrücke hier auf diesem Seminar, die ich zuerst einmal ordnen muss. Ich kann das alles noch nicht so leicht aufnehmen."

„Da möchte ich dir ein Beispiel geben, Martina", bot ich ihr an. „Stell dir vor, du stehst vor einem kalten Büfett. Was machst du? Du suchst dir genau das aus, was du gern essen möchtest. Vieles kennst du und legst es auf deinen Teller. Einiges aber ist neu für dich. Du probierst es einfach mal. Vielleicht ist etwas dabei, was du liegen lässt, weil es dich nicht so sehr anspricht. Jemand neben dir nimmt jedoch genau das, was dir nicht schmeckt. Und du würdest ihn nicht mal fragen: Warum nimmst du gerade das und nicht was anderes? Du hast im realen Leben schon längst erkannt, dass manche Menschen in dem Moment etwas anderes brauchen als du, und du etwas anderes brauchst als die anderen.

Setz es einfach um für dieses Seminar. Suche dir das heraus, was für dich wichtig ist, was du magst und verdauen kannst und was dich anspricht. Sag nicht, die anderen Dinge kann man nicht essen, denn dein Nebenmann beweist dir genau das Gegenteil."

Vorm Einschlafen dachte ich noch lange über das Gespräch mit Martina nach. Kurz vor dem Hinüberdämmern kam mir dann die folgende kleine Geschichte in den Sinn, die ich am nächsten Tag aufgeschrieben habe.

Nach Hause

John – der große Seelenbruder – sagte zu Shanna: „Bald ist es soweit. Du darfst wieder zur Schule gehen."

Shanna war ganz aufgeregt. „Ist es wirklich Zeit?"

John nickte lächelnd.

„Wo werde ich hingehen?" fragte Shanna erwartungsvoll.

„Du weißt, dass du dir für deine Lehrzeit dein Zuhause, deine Eltern und Geschwister, deine gesamten Lebensumstände selbst aussuchen darfst. Also – fang an."

Shanna hüpfte vor Freude hin und her. Dann richtete sie ihre Gedankenenergie auf das körperliche Leben, das vor ihr lag. Sie sah die Familie vor sich: die Eltern, die in der materiellen Welt in einer kleinen Wohnung zusammenlebten, und ihren Menschenbruder, der jetzt schon seit vier Lebensjahren bei diesen Eltern lebte, weil er sich vor einiger Zeit das gleiche Zuhause ausgesucht hatte, in das sie hineingeboren werden wollte.

Johns Worte lenkten sie ein wenig ab, als er sagte: „Du weißt ja, du wirst das dritte Kind der Eltern sein, die du dir jetzt ausgesucht hast. Es gab noch einen zweiten Seelenbruder, der aber nicht lange zu Besuch war in dieser Familie. Seine Aufgabe auf der Erde war nach kurzer Zeit beendet, und so kehrte er heim zu uns."

Shanna hatte sich schon längere Zeit darauf vorbereitet, mehr lernen zu dürfen. Sie hatte sich entschieden, diese Lehrzeit wieder in einer Verkörperung zu erleben, durch Freude und Schmerz, Höhen und Tiefen das zu lernen, was sie auf ihrem Weg zur Vollkommenheit brauchte. Sie durfte sich auch für die Länge ihres Erdenlebens entscheiden, aber sie wusste, Zeit und Raum waren nur auf der Erde Dimensionen, nicht in der geistigen Welt, in der sie wie jede andere Seele zu Hause war. Sie würde also wieder einen Körper annehmen, mit allem, was dazu gehörte, und freute sich bei diesem Gedanken. Es war wunderbar!

Doch sie freute sich auch jetzt schon darauf, wieder heimzukehren zu ihren geistigen Lieben, wenn ihre Verkörperung beendet war. Jede Verkörperung ist wie ein Besuch in einer neuen Schule, die in der ersten Zeit noch sehr fremd scheint. Viele, viele Male hatte sie bisher so empfunden.

Sie spürte in die kommende Verkörperung hinein, ging alles noch mal in Gedanken durch und wusste: Ihre Entscheidung war richtig. Dies war die optimale Lernchance für ihre Entwicklung.

Wie auch vor ihrer letzten Inkarnation kam eine Spur von Heimweh bei ihr auf, ob sie ihre Lieben hier in der geistigen Welt nicht vermissen würde.

John lächelte, als er diesen Gedanken spürte. „Du entscheidest doch selbst, ob und wie oft du an uns denkst."

„Wirst du bei mir sein, wenn ich dich brauche?" fragte Shanna, und John spürte die leise Besorgnis in ihren Worten.

„Ich werde immer bei dir sein", sagte er liebevoll. „Selbst wenn du das Gefühl hast, du brauchst mich nicht, werde ich da sein, wie es sich für einen guten Geistführer gehört. Auch die Mutter in deinem kommenden körperlichen Leben wird nach einiger Zeit zu deinem Schutzengel werden, wenn sie wieder zu uns nach Hause kommt. Sie wird so lange keine Verkörperung mehr suchen, bis auch du wieder bei uns bist. Du weißt doch, jeder bekommt von Beginn seines Erdenlebens an einen Schutzengel, der nicht nur beschützt, sondern in erster Linie dafür sorgt, dass die vorgesehenen Prüfungen zum Tragen kommen."

„Wirst du mich manchmal daran erinnern, dass mein wirkliches Zuhause bei euch ist, wenn der Schleier des Vergessens über mir liegt?"

„Wenn dieser Schleier sich nach kurzer Zeit über dich senkt, werden wir durch deine Intuition miteinander verbunden sein. Du wirst oft spüren, dass wir dich lenken, aber es hängt allein von deiner Entscheidung ab, die eine oder die andere Richtung zu wählen.

Du weißt, wie einfach es ist, mit uns hier zu Hause Kontakt aufzunehmen. Werde ganz still, halte inne in der Jagd des Lebens, schließe deine Augen, lausche deiner inneren Stimme und rufe uns. Wir werden alle immer für dich da sein. Nur in stillen Momenten wirst du dich erinnern, dass wir da sind.

Wenn du an deine Heimkehr denkst, wirst du vielleicht irgendwann Trauer in deinem irdischen Leben spüren, weil du nur ahnst, wo du herkommst. Du siehst es nicht unbedingt als Heimkehr, sondern als Ende deines irdischen Daseins an. Dann erinnere dich, dass du immer wieder mit Freude zu uns zurückgekehrt bist. Es ist ganz normal, dass etwas Wehmut dabei ist, wenn man gute Freunde aufgibt. Doch glaube mir, die Freude über das Wiedersehen mit deinen Lieben hier zu Hause wird die dunklen Gefühle des Abschieds sofort besiegen."

„Warum müssen wir eigentlich jedes Mal vergessen, wer wir in Wirklichkeit sind?" fragte Shanna. „Wäre es nicht einfacher zu wissen, woher wir kommen und wohin wir gehen? Wie viel Schmerz bliebe uns erspart im Erdenleben."

John entgegnete: „Wie willst du denn sonst in deiner Entwicklung wachsen? Der Schmerz lässt dich nach Lösungen für dein Leben suchen, lässt dich reifen. Je mehr Leid eine Seele erfährt und daran wächst, desto weiter wird sie kommen in einer Inkarnation. Dein Erdenleben ist deine Probezeit in der Unvollkommenheit. Es wäre doch sonst zu einfach. Wir müssen selbst erkennen, wer wir sind und wohin wir zurückkehren. Viele der irdischen Gesetze können den geistigen nicht standhalten."

„Immer, wenn ich heimkehrte, habe ich gespürt, welche Kriterien wirklich wichtig sind", meinte Shanna nachdenklich. „Es ist schon erstaunlich, wie viel man in einer Verkörperung falsch machen kann. Und dennoch ist es immer wieder schön, lernen zu dürfen."

John sprach weiter: „Ich denke gerade an unseren Seelenbruder Till und seine Freude, seit er sich entschieden hat, die nächste Inkarnation in einem behinderten Körper zu vollenden. Damit darf nicht nur er wachsen, sondern auch dazu beitragen, dass seine Eltern einen enormen Sprung in ihrem Wachstum erleben.

Viele Menschen beschweren sich über scheinbare Ungerechtigkeiten. Warum lebt einer in Luxus und Reichtum – und eine andere Seele kehrt heim zu uns, weil sie nicht genug zu essen bekam auf der Erde, um ihren menschlichen Körper zu erhalten? Es ist schön, dass irgendwann auch die, die sich beschweren, erkennen, dass es im gesamten Universum – in der Welt der Ursachen und darum auch in der Welt der Wirkungen – keine Ungerechtigkeiten gibt. Auch sie werden erfahren, dass die Seele, die auf Erden in Luxus gelebt hat, nach dem gleichen Gesetz der Liebe beurteilt wird wie diejenige, die ihr letztes Stück Brot mit jemand anderem geteilt hat.

Man kann Einfluss und Reichtum zu Korruption und Verschwendung missbrauchen oder zum Nutzen aller einsetzen. Nicht die schicksalhaften Gegebenheiten prägen deine Persönlichkeit, sondern wie du mit diesen umgehst.

Du weißt doch, Shanna, auf Erden wird niemand vom Schicksal überrascht, wir haben es uns vorher aussuchen dürfen. Du wirst alles erleben – das Gute wie das Negative. Man kann aus einer Not eine Tugend, aus einer Schwäche eine Stärke machen. Nutze deine Begabungen! Nimm Glück und Freude dankbar an und teile sie!

Wenn du das Gefühl haben solltest, dass es nicht mehr weitergeht, suche nach neuen Wegen. Wende dich an uns! Wir wollen und werden dir helfen. Werde ganz still – wir sind da!"

Shanna lauschte vertrauensvoll den Ratschlägen ihres großen Seelenbruders.

„Und nun noch ein paar Worte zur Liebe: Unser Geist ist mächtig", fuhr John fort. „Du hast die Kraft, jedem zu verzeihen. Indem du loslassen kannst, bist du kraftvoll und sicher. Du weißt, du kannst alle deine Ziele erreichen.

Dabei ist die Liebe die größte heilende Kraft. Während du durch Liebe alte Schuld und Kritik auflöst, wirst du stets mehr Vollkommenheit sehen. Erkenne deine Einzigartigkeit und freue dich darüber, auch über die Einzigartigkeit der anderen. Lasse die Erwartungen los und akzeptiere jeden Menschen so, wie er ist.

Wenn du liebst, fühlst du dich wohl. Sind deine Gedanken voller Liebe, so ziehst du unweigerlich neue liebevolle Menschen an. Freude und Glück sind überall, du musst sie nur sehen und empfinden. Damit bist du frei, das Leben zu genießen.

Gehe sanft und geduldig mit deinen Eltern und deinen Kindern um. Du weißt, dass du dir deine Familie selbst ausgesucht hast, weil sie genau das ist, was du für dein Wachstum brauchst.

Du darfst dich freuen, wieder eine Verkörperung zu erleben. Liebe und akzeptiere dich so, wie du bist. Lebe voller Liebe, Frieden und voller Vertrauen und danke der göttlichen Kraft, dass es so ist.

Weißt du", sagte John abschließend, „ich möchte dir noch eine Geschichte erzählen."

Und er berichtete, dass es einmal eine sehr alte Seele gab, die sehr, sehr viele Leben auf der Erde gelebt hatte und deren Dasein als eigene Seele jetzt ebenfalls fast zu Ende war. Ja, bald würde sie mit dem göttlichen Kern verschmelzen und ein Teil des Ganzen werden.

Im Augenblick befand sich die alte Seele in dem Sein zwischen ihrem letzten Leben und ihrer künftigen Verschmelzung und fühlte sich ein wenig einsam. Die besten Freunde ihrer Seelenfamilie waren auf und davon, die alte Seele konnte sie unten auf der Erde sehen, wie jede von ihnen als Mensch mit Eifer, Neugier und Staunen und den verschiedenen Gedanken erfüllt war.

„Ich will auch dorthin", sagte die alte Seele. „Ich habe so viel Freude in mir. Ich will dorthin und sie den Menschen schenken."

„Aber die Zeit, die dir vor der Verschmelzung bleibt, ist sehr kurz", warnte der Wächter. „Natürlich kannst du ihnen Freude schenken, aber wenn du nur so kurze Zeit bei ihnen bleibst, schenkst du ihnen zugleich eine große Trauer, wenn du sie wieder verlässt."

„Ich weiß", sagte die alte Seele, „aber ich will es trotzdem tun. Ich will ihnen so viel Freude schenken, dass sie ihnen über die Trauer hinweghilft."

„Dann soll es so sein, wie du willst", sagte der Wächter und schickte die sehr, sehr alte Seele los.

Daraufhin bekamen ein Mann und eine Frau ein Kind, das sie sich schon lange gewünscht hatten. Es war ein allerliebstes Kind, das ihnen vom Tag seiner Geburt an Freude bereitete, jene ungetrübte Freude, die die Menschen empfinden, wenn ihre Seelen einander begegnen und sich voller Entzücken aus der Ewigkeit wiedererkennen.

„Aber bleibt dir nicht nur sehr wenig Zeit?" fragte die Seele der Mutter die alte Seele in dem Kind.

„Die Zeit ist kurz, aber die Freude ist groß", antwortete die sehr alte Seele.

Und da die Mutter dieses Gespräch nicht bewusst wahrnahm, weckte ihre Intuition eine ahnungsvolle Unruhe in ihr, einen Hauch des Wissens, dass wir nichts auf Erden besitzen – einen anderen Menschen nicht und nicht einmal uns selbst. Alles wird uns schließlich genommen werden, alles, was wir mit uns tragen, alle Lieben um uns herum, schließlich auch unser Körper.

Aber das Kind wuchs heran, und die Freude, die es verbreitete, war so groß, dass die Mutter diese Gedanken wieder vergaß. Und der Vater freute sich ebenfalls. Ja, die sehr alte Seele durfte ihre letzte Zeit genauso verbringen, wie sie es sich gewünscht hatte.

Aber die Zeit war kurz, auch nach menschlichem Maß, und der Augenblick kam, da die Verschmelzung stattfinden würde. Die sehr, sehr alte Seele erhielt den Ruf, dass sie sich unverzüglich zur Zeremonie einfinden sollte, und musste gehorchen.

Für die Menschen sah es so aus, als hätte ein plötzlicher Tod diesen jungen Menschen ereilt. Ihre Trauer war maßlos, genau wie der Wächter es vorhergesagt hatte. Aber da alle Erinnerungen an ihr Kind nur Freude und nichts als Freude waren, konnten sie ihre Trauer ertragen, genau wie die sehr alte Seele es vorausgesagt hatte.

Und so bürgerte sich von nun an die Sitte in der Ewigkeit ein, dass die sehr alten Seelen zu Menschen, die sie sehr brauchen, geschickt werden, um ihnen eine große Freude zu schenken. Diese Freude gibt den Menschen Kraft, die unausweichliche Trauer zu ertragen und allmählich wieder in Freude zu verwandeln.“

*

Peter war inzwischen in die Reha-Klinik in der Nähe von Konstanz verlegt worden. Um täglich bei ihm sein zu können, hatte Esthi sich dort mit ihrer Mutter Hedy eine kleine Wohnung genommen.

Ich hörte von Esthi, dass Peter sich immer gewünscht hatte, bei der Geburt seines Kindes dabei zu sein. Daran war nun in seinem Zustand überhaupt nicht zu denken, vor allem, da er nicht in einem normalen Krankenhaus, sondern in einer Reha-Klinik lag. Dann aber bekam ich die Nachricht, dass am 11.11.94 die kleine Sarah gesund und munter geboren worden war. Sofort rief ich im Krankenhaus an.

Esthi, die sich schon wieder recht munter anhörte, nahm meine Glückwünsche voller Freude entgegen und sagte plötzlich: „Weißt du, dass Peter auch hier ist?"

„Nein!" entgegnete ich perplex. „Erzähl mal!"

Hell lachte sie auf: „Da haben unsere Engel mal wieder ein Komplott geschmiedet. Zur gleichen Zeit, als ich zur Entbindung kam, hatte Peter mit einer Komplikation zu kämpfen und musste mit Blaulicht in dieses Krankenhaus gebracht werden. Während unten im Kreissaal die Geburt eingesetzt hatte, ist Peter ein Stockwerk höher operiert worden. Als er aus der Narkose erwacht war, habe ich die Pfleger gebeten, ihm die Kleine einmal in die Arme zu legen. Zuerst war es schwierig, sie davon zu überzeugen, dann wurde es mir aber unter Berücksichtigung aller Umstände doch gestattet. Siehst du, unser Unterbewusstsein hilft auch uns!"

Das war mal wieder typisch! Lachend warf ich ein: „Jetzt wird mir klar, warum das Krankenhaus 'Zum Heiligen Geist' heißt."

Bis zum Frühjahr 1995 blieb Peter noch in der Reha-Klinik. Dann holte Esthi ihn entgegen sämtlicher Empfehlungen der Ärzte nach Hause und pflegt ihn nun inmitten ihrer kleinen Familie. Tag und Nacht ist sie im Einsatz; oft, dass sie dabei die Grenze des Machbaren erreicht – und dennoch geht es immer irgendwie weiter. „Ich wundere mich immer wieder", sagt sie tapfer, wenn ich sie auf ihre immense Aufgabe anspreche, „dass die geistige Welt mir so viel zutraut ..."

Im Oktober 1995, als wir unser nächstes Seminar in Todtmoos hielten, ließ uns Peter wissen, dass er uns gern sehen wollte. Es war ergreifend für uns, ihn wiederzusehen, aber auch zu erkennen, dass sein wacher Geist nicht gelitten hatte. Doch er hatte immer noch keinen Schluckreflex. Sprechen konnte er auch nicht, deshalb machte er sich mit einer Buchstabentafel verständlich.

Kapitel 12

Wer denkt oder sagt: „Ich kann nicht!"
setzt sich nur selbst unnötig Grenzen.
Denke an die Hummel.
Die Hummel hat eine Flügelfläche
von 0,7 Quadratzentimetern
bei 1,2 Gramm Gewicht.
Nach den bekannten Gesetzen
der Aerodynamik ist es unmöglich,
bei diesem Verhältnis zu fliegen.
Doch die Hummel weiß das nicht –
und fliegt ...

(Volksweisheit)

Ende des Jahres 1994 hatte ein geschäftliches Ereignis für Unruhe in meinem Leben gesorgt. Seit mehr als acht Jahren war die Zusammenarbeit mit einem Münchner Verlag für beide Seiten äußerst lukrativ gewesen. Aber dann verließ einer der beiden Geschäftsführer, mit dem wir hervorragend zusammengearbeitet hatten, zum Jahresende das Unternehmen.

Dem verbleibenden Geschäftsführer war es nicht verborgen geblieben, welche hervorragenden Umsätze wir monatlich aufweisen konnten. In mehreren Gesprächen ließ er durchblicken, dass die Anzeigen fortan vom Verlag in München direkt akquiriert werden könnten. Er wusste aber, dass er nur mit einer gehörigen Abfindung den Vertrag lösen konnte. Dazu war er jedoch nicht bereit und begann, unsere Zusammenarbeit langsam aber sicher zu torpedieren, wohl in der Hoffnung, dass ich irgendwann einmal von seinen Attacken die Nase voll hätte und selbst die Segel striche. Obwohl wir mit unserem Umsatz weit höher lagen als das Jahr zuvor, kam an einem Samstag im März wieder einer jener bitteren Briefe, deren Inhalte so unter die Haut gingen.

Nach dem Lesen des Briefes sagte ich betroffen zu Walter: „Jetzt ist es offensichtlich, dass man uns die Aufträge wegnehmen will. Man sollte doch offen sein. Auf fairer Basis gibt es immer eine Regelung."

Während Walter den Brief las, meinte er: „Sie scheuen ganz einfach die Abfindung."

„Irgendwie spüre ich", sinnierte ich, „dass eine weitere Zusammenarbeit auf Dauer mit diesen Menschen wohl nicht möglich ist. Die Atmosphäre dort hat sich enorm verändert. Du weißt doch, Gleiches zieht Gleiches an – das Gesetz der geistigen Ebene. Ihre Beweggründe sind für mich nicht mehr nachvollziehbar. Sie müssen wahrscheinlich durch diese Erfahrung noch lernen, dass gute Außenstellen dünner gesät sind als sie glauben."

Walter gab zu bedenken: „Sie sehen natürlich auch das Geld, das sie monatlich für dich ausgeben, und sind der Meinung, ein angestellter Mitarbeiter der Firma könne in München deine Position billiger ersetzen."

Nachdenklich sagte ich: „Dummerweise habe ich alles auf eine Karte gesetzt und seit Jahren nur noch für diesen Verlag Aufträge bearbeitet, in der Hoffnung, dass es immer so weitergeht. Mein Umsatz stieg ja auch beständig – wer denkt denn da an so etwas? Ein Aus für mich würde auch wahrscheinlich das Ende der Zusammenarbeit mit meinen Mitarbeitern bedeuten. Ich habe keine andere Einkommensquelle. Du weißt, es hängen einige Arbeitsplätze an dieser Tätigkeit."

Wie ein dunkler Schatten lag diese Situation auf meiner Seele, und ich wusste keine Lösung. Nur eines war mir klar: Ich wollte mich nicht auf die gleiche Schiene begeben und mit Druck oder Hässlichkeiten reagieren. Die unberechtigten Angriffe stellte ich zwar mit Nachdruck richtig, aber sonst habe ich diese Dinge sehr sanft aufgefangen.

Trotzdem spürte ich, dass diese Zusammenarbeit – warum auch immer – über kurz oder lang enden würde. Und ich hatte noch keine andere Position ...

Und immer noch kam mir nicht der Gedanke, dass meine Lebensaufgabe die Seminartätigkeit sein sollte.

Das Leben schreibt eben seine eigene Geschichte ...

*

In Frieden leben – in Frieden denken. Wir sollten Harmonie in jeden Gedanken und in jede Handlung bringen, in alle Wünsche. Alles, was unser Leben berührt, sollten wir versuchen zu verstehen; alles Negative wird dann verschwinden, alles Schädliche umgewandelt werden. In jeder Erfahrung sollten wir Gutes sehen, und sie wird uns Gutes bringen.

Jeder Gedanke, dem wir in uns Raum geben, hat Auswirkungen auf unseren Körper und unser Leben. Er beeinflusst unser Aussehen, Befinden und Verhalten ebenso wie unsere Lebensverhältnisse positiv oder negativ. Wer oft an Kranksein denkt, fördert und verschlimmert es. Wer sein Gesundsein bejaht, erhöht die Schwingung seines Gemüts und erfüllt es mit heilender Kraft. Jeder Gedanke ist eine Energie, die sich bis ins Kosmische hinein auswirkt.

Unser Gesundheitszustand entspricht unserem Denken. Wir sollten unsere Gedanken auf Gesundheit, Unversehrtheit, Vitalität, Kraft, Stärke und Harmonie konzentrieren. Wenn wir unseren Geist mit derartigen Denkinhalten füllen, so wird unser Körper unsere Denkgewohnheiten widerspiegeln.

Negative Emotionen können viele Krankheiten verursachen. Alle destruktiven Empfindungen setzen sich in unserem Unterbewusstsein fest, und weil sie negativ sind, müssen sie auch einen negativen Ausdruck finden. Dieses geschieht in Form verschiedenster organischer Störungen.

So bekam ich, kurz nachdem der Brief von dem Münchner Verlag eingetroffen war, eine Nervenentzündung im linken Oberschenkel.

Als erstes versuchte es unser Hausarzt mit Akupunktur und Spritzen; der Orthopäde, den ich aufsuchte, spritzte eine Woche lang Cortison; ein Chiropraktiker probierte es mit Einrenken, und zu guter Letzt ging ich einen Monat lang dreimal pro Woche zu einem chinesischen Sportarzt, der mit altchinesischer Heilkunst versuchte, der Schmerzen im Oberschenkel Herr zu werden.

Gleichzeitig arbeitete ich auf geistigem Weg durch Erkennen der Ursache an dieser Störung. Da die geschäftliche Situation sich jedoch immer mehr zuspitzte, ließen auch die Schmerzen nicht nach. Kurze Zeit später merkte ich, wie sich ein gewisses Taubheitsgefühl in meinem Bein einstellte. Ich war absolut sicher, dass die Ursache der Entzündung in der ungeklärten geschäftlichen Situation zu suchen war. Die Schwierigkeit war jedoch, dass ich momentan selbst nichts unternehmen konnte, den Vertrag zu lösen. Solange von München noch keine Entscheidung an mich herangetragen wurde, arbeitete ich in meiner Position weiter – und das nach wie vor sehr erfolgreich, obwohl das Damoklesschwert über mir hing.

Das genau war die Situation, in der ich wieder begann, täglich meine Affirmationen zu schreiben, nachdem ich manchmal damit nur sporadisch gearbeitet hatte.

Oft dachte ich dabei an Bodo, während ich schrieb. Inzwischen war über ein Jahr vergangen, seit ich ihn kennen gelernt hatte. Immer wieder erinnerten mich liebevolle Grüße von überall auf der Welt an ihn. Wo er sich auch gerade aufhielt, schickte er eine Karte, ein Fax, manchmal eine Kassette oder ein kleines Päckchen. Allerdings wurden seine Anrufe seltener, nachdem ich ihm von Walters Bedeutung in meinem Leben berichtet hatte. Aber ich konnte deutlich spüren, dass seine Gedanken dennoch oft bei mir waren. Seit damals hatte ich ihn nicht wiedergesehen.

Inzwischen konnte ich kaum mehr laufen oder stehen, ohne Schmerzattacken zu bekommen – und das bereits seit fast zwei Monaten.

Letztendlich war es Rudi, ein Bioenergetiker, der mir helfen konnte. Er wurde mir als hochsensitiver Mensch beschrieben. Er hatte nicht nur die Gabe, die Aura eines Menschen zu sehen, er konnte auch durch sein Pendel Organe und Wirbel im Körper abfragen und damit herausfinden, wo Energien blockiert waren. Sämtliche Blockaden im Energiefluss unseres feinstofflichen Körpers haben Störungen unseres grobstofflichen Körpers zur Folge. Diese zeigen sich in Form von Krankheiten jeglicher Art. Die Auflösung dieser Blockaden entzieht gleichzeitig dem materiellem Körper die Ursache für die Krankheit, weil die Energien dann wieder frei fließen können.

Bei meinem ersten Termin war es äußerst interessant, Rudi zuzusehen, wie er mein Bein behandelte. Immer wieder strich er mit kaum fühlbaren Bewegungen an meinem Oberschenkel entlang, bis er nach der Behandlung meinte: „So, für heute ist es genug. Ich habe einige Blockaden auflösen können."

Ich erzählte ihm, dass ich vermutete, woher die Schmerzen kommen könnten.

„Wenn diese Situation nicht gelöst wird“, bestätigte er, „werden die Schmerzen auf Dauer nicht verschwinden.“

Das konnte ich gut nachvollziehen.

Nach der Behandlung verspürte ich bereits eine enorme Linderung. Eine Zeitlang konnte ich wahrhaftig schon ohne Schmerzen stehen. Zwei Tage später, nach der nächsten Energiebehandlung, waren die Schmerzen fast vollständig verschwunden.

Und dann – von heute auf morgen – kam die Auflösung meines Vertrages. Anfang Juli bat man uns nach München und teilte uns unumwunden mit, dass man die Akquisition jetzt endgültig verlagsintern durchführen wolle. Als Abfindung bot man mir ein Drittel der mir zustehenden Summe an. Wenn ich nicht annähme, so drohte man mir unmissverständlich Schwierigkeiten an.

Um die Verbindung endgültig zu kappen, nahm ich den Vergleich an, obwohl mir die volle Summe zugestanden hätte. Auch wenn ich davon ausgehen konnte, dass das Geld ein paar Monate gereicht hätte, ergab sich für mich dadurch folgende Situation: Meine Mitarbeiter und ich hatten von heute auf morgen keine Arbeit mehr – und etwas Neues war noch nicht in Sicht. Mehrere Gehälter sowie ein immenser Kostenapparat hingen an meinem Einkommen.

Klaus, ein Kollege, mit dem ich schon seit Jahren befreundet war, packte die kalte Wut, als er von der Aktion erfuhr. Selten habe ich ihn so wütend gesehen. „Wieso verhältst du dich so defensiv?“ warf er mir vor. „Die Krallen würde ich denen zeigen, wenn die mich so abservierten, dabei warst du seit fast einem Jahrzehnt die erfolgreichste Mitarbeiterin.“

Sein emotionaler Einsatz in meiner Sache tat mir gut, und ich entgegnete: „Klaus, ich habe mich entsprechend dem Gesetz der

Harmonie verhalten. Druck erzeugt Gegendruck. Darum habe ich immer wieder Frieden signalisiert und keinerlei Angriffsfläche geboten. Als man dann weiter aggressiv vorging, wusste ich, dass System dahinter steckte. So ist es auch richtig, dass sich diese Verbindung friedlich löst."

Und alles geschah genau zur richtigen Zeit!

Iris, meine langjährige Mitarbeiterin, ist zwar ein sehr intuitiver Mensch, war aber völlig geschockt, weil sie um ihren Arbeitsplatz bangte. Ich dagegen war anderer Meinung und sagte: „Iris, es hat eine Bedeutung, dass diese Aufgabe nun nicht mehr in unseren Händen liegt. Wir befinden uns jetzt genau in der Situation, die viele Menschen täglich miterleben: Entweder sehen wir einen scheinbaren Misserfolg, wie in diesem Fall, als Verlust an und jammern dem Auftrag nach, oder wir denken mal ein wenig nach und vertrauen unserem Leben."

Iris meinte: „Und trotzdem müssen wir jetzt sehen, wie es weitergeht ..."

„Richtig", erwiderte ich und wunderte mich über meine Gelassenheit, „wir müssen etwas hergeben, um etwas zu bekommen. Ein Glas mit altem Wasser muss auch erst geleert werden, bevor man neues, sauberes einfüllen kann. Alles Neue bringt eine gewisse Unruhe mit sich. Vielleicht haben wir auch zu sehr am Alten gehangen. Dann präsentiert das Schicksal uns plötzlich Dinge, die uns die Fassung rauben: Wir verlieren den Arbeitsplatz oder einen wichtigen Auftrag – und hängen durch, weil wir kein Vertrauen in unser Leben haben. Wie wichtig ist es doch, nach vorn zu schauen, alle Kraft in die vor uns liegende Aufgabe zu investieren und nicht den alten Lebensumständen nachzutrauern."

„Aber es ist ganz schön hart, von heute auf morgen seine Existenzgrundlage zu verlieren", stellte Iris fest. Ich spürte, dass die Angst vor dem Verlust ihres Arbeitsplatzes ihre Einsichten überlagerte, obwohl ich keine Mitarbeiter entlassen wollte. Ich vertraute einfach darauf, innerhalb kürzester Zeit wieder einen neuen Tätigkeitsbereich zu finden.

„So dürfen wir es nicht sehen!" entgegnete ich fest. „Ich bin ganz sicher, dass eine neue anspruchsvollere Aufgabe auf uns wartet. Wir müssen nur offen dafür sein. Immer wieder habe ich erfahren, dass uns alles im Leben fördern will. Wenn wir uns nicht von negativen Emotionen blockieren lassen, werden wir schnell spüren, wie viel Kreativität in uns schlummert und geweckt werden will."

„Du magst ja Recht haben", entgegnete Iris, „aber wie geht's denn jetzt bloß weiter?"

„Ich gebe eine Anzeige in einer Fachzeitschrift auf und denke, dass sich genau das richtige Unternehmen, das zu uns passt, darauf melden wird. Warte mal ab! Außerdem ist es die günstigste Zeit überhaupt für diese Aktion", versuchte ich zu scherzen im Hinblick darauf, dass ein paar Tage später André mit Kari, seinen Schwiegereltern Joan und Ted und seinem Freund Mark aus Amerika für drei Wochen zu Besuch kommen sollten.

Mit dem Wissen, dass uns alles im Leben fördern will, konnten wir diese scheinbar negativen Begebenheiten eigentlich nur als Chance begrüßen. Wie aber soll man den Verlust seines Arbeitsplatzes als Chance ansehen? Vielleicht besteht unsere Aufgabe darin, unsere kreativen Fähigkeiten zu entfalten und einzusetzen, Arbeitsplätze für andere zu schaffen. Vielleicht lernen wir sogar dadurch andere Menschen kennen, die uns oder denen wir auf dem geistigen Wege weiterhelfen können. Auch hier wird nur die Auflösung alter Strukturen vorgenommen, um neue, bessere zu schaffen. Wir begreifen das jedoch oft erst, wenn wir uns neu orientiert haben und dann ohne negative Emotionen zurückschauen können.

Und noch eine Veränderung war geplant, wovon allerdings zu dieser Zeit noch niemand etwas ahnte: Walter und ich wollten heiraten. Ende 1994 hatten Walter und ich das erste Mal über Heirat gesprochen, obwohl ich vorher immer wieder gesagt hatte, dass ich nicht mehr heiraten wollte. Was mich jedoch ganz tief berührt hatte, war der Anruf im Mai 1993 von Jutta aus Italien gewesen.

Als Jutta mir damals die Botschaft durchgab und dieses Ereignis einige Monate später auch eintraf, habe ich darin ein Zeichen Gottes gesehen, das für mich wichtiger war als meine Prinzipien. Mein tiefer Glaube zu Gott hat mich diese Entscheidung treffen lassen. Ich habe mir damals gedacht: Wenn Walter wirklich mein von Gott bestimmter Lebenspartner ist, so ist es auch richtig, ihn in dem Vertrauen zu heiraten.

So war ich sicher, dass ich in den nächsten Wochen sowieso kaum hätte arbeiten können. Und außerdem hatte Iris gerade ihren Jahresurlaub geplant. „Also, besser geht's doch gar nicht", versuchte ich zu scherzen.

Mein Galgenhumor stieß bei ihr kaum auf Verständnis.

*

Ständig versuchte ich damals, die Dinge mehr mit heiterer Gelassenheit anzugehen. Leider gelang mir das nicht immer, vor allem, da unsere Familie ganz unterschiedliche Charaktere aufwies.

Da war Rico – der kleinste und jüngste in unserer Familie, aber der größte, was Selbstbewusstsein und Mitteilungsdrang anging – mit einem manchmal recht lauten Temperament. Vehement verteidigte er seine männliche Position Walter gegenüber mit allen ihm zur Verfügung stehenden Waffen. Und dann Dana, die ihre vier Jahre Vorsprung Rico gegenüber gern ausnutzte und dadurch natürlich des öfteren mit Rico im Clinch lag.

Ricos Schwierigkeiten mit Walters Rolle in meinem Leben rührten daher, dass Rico – bis auf die kurze Zeit mit Jürgen – bisher der einzige 'Mann' in unserer Familie war. Und diese Rolle sollte ihm nun seines Erachtens massiv durch Walter streitig gemacht werden. Walter begegnete der Situation mit wenig Verständnis.

Ich erinnere mich noch, dass es zwischen Walter und Rico irgendwann im Juli zu mehreren heftigen Auseinandersetzungen kam, weil keiner klein beigeben wollte. Und ich machte den Fehler, mich einzumischen, indem ich einmal mit einem kritischen Seitenblick auf Walter konterte: „Albert Schweitzer soll mal gesagt haben: Ein reizbarer Mensch gleicht einem verkehrt eingerollten Igel, der sich mit seinen eigenen Stacheln peinigt."

Danach herrschte auch zwischen Walter und mir eine Weile Funkstille – und plötzlich stand der gesamte Familienfrieden auf dem Spiel. Es dauerte eine Weile, ehe diese Differenzen jedenfalls oberflächlich wieder beigelegt waren.

In dem Zusammenleben mit Walter war mir aufgefallen, wie wenig er selbst seine Kindheit aufgearbeitet hatte. Er schien zwar nach außen hin in der Lage zu sein, anderen Impulse zu geben, Blockaden aus ihrer Vergangenheit zu lösen, aber er selbst verhielt sich mir und meinen Kindern gegenüber manchmal recht eigenartig. Um sie zur Ordnung zu erziehen, versteckte er des öfteren Dinge aus ihrem ganz persönlichen Umfeld, die sie liebten. Wenn wir ihn jedoch darauf ansprachen, fragte er ausweichend, warum wir ausgerechnet ihn in Verdacht hätten, ohne konkret zu sagen, ob er es getan hatte. Diese Dinge häuften sich in letzter Zeit.

Einige Zeit zuvor hatten wir die Bekanntschaft eines Kinderpsychologen gemacht und nahmen uns vor, mal ein Gespräch mit ihm zu führen, wie wir Ricos Einstellung zu Walter ändern konnten.

Eines Mittags beim Essen sagte ich zu Rico: „Morgen Nachmittag musst du zu Hause bleiben, weil wir Besuch bekommen."

„Und wer kommt?" fragte Rico neugierig.

„Ein Psychologe."

Rico dachte lange angestrengt nach, eher er die Frage stellte: „Ein Züchtologe? Und was züchtet der?"

„Brave Kinder", grinste Dana und hatte die Lacher auf ihrer Seite.

Wenn es zwischen Walter und mir zu Unstimmigkeiten kam, dann meistens wegen verschiedener Ansichten über unsere Seminartätigkeit oder wegen unterschiedlicher Erziehungsmethoden. Vor unserer heimlichen Hochzeit häuften sich plötzlich die Schwierigkeiten. Ich hatte inzwischen gelernt, auf Zeichen zu achten, und fragte mich, was diese Anhäufung von Unstimmigkeiten wohl zu bedeuten habe. Urplötzlich bekam ich Bedenken, ob das Ganze nicht doch noch etwas verfrüht sei. Um diese Gedanken zu vertreiben, bat ich Gott um ein Zeichen, ob Walter wirklich ein guter Partner für mich und der richtige Vater für meine Kinder war.

Der 21. Juli war der heißeste Tag im Jahr 1995. Ich erinnere mich so gut an dieses Datum, weil es Danas und Mariannes Geburtstag ist. Dana befand sich an diesem Tag mit einer Jugendgruppe in Spiekeroog. So war es mir möglich, Mariannes Geburtstag im Kreis ihrer Freundinnen zu feiern.

Schon auf dem Hinweg zu ihr zeigte das Thermometer 37 Grad an. Nur im Schatten konnten wir den Nachmittag auf ihrer Terrasse einigermaßen überstehen.

Abends war es drückend schwül. Für die Nacht waren Gewitter angekündigt. Nachts hörten wir dann die Donner grollen. Das Gewitter kam näher. Nie habe ich Angst davor gehabt, auch meine Kinder nicht. Unangenehm war mir der Krach der Donner schon, weil er meinen Schlaf störte, aber mehr auch nicht.

Es blitzte und krachte.

„Ob du vorsichtshalber den Schalter im Sicherungskasten umlegst?“ fragte ich Walter und dachte an die vielen technischen Geräte in unseren Büros. Er stand auf und ging hinunter ins Wohnzimmer.

Da – wieder ein Blitz! Kurze Zeit später der Donner. Der Strom erlosch – das Zeichen, dass Walter den Schalter gekippt hatte. Nach ein paar Minuten schien sich das Gewitter zu verziehen, und durch das offene Fenster hörte ich, wie auch der Regen etwas nachließ. Sekunden später konnte ich an meinem Wecker erkennen, dass Walter den Strom wieder eingeschaltet hatte.

Plötzlich hörte ich das Heulen von Sirenen – Feueralarm! O Himmel – es schien irgendwo eingeschlagen zu haben. Etwas später vernahm ich entfernt das Martinshorn der Feuerwehr.

Gerade hatte ich geglaubt, das Gewitter hätte sich verzogen, da hörte ich ein starkes Rauschen, und der Regen, der nachgelassen hatte, kam mit ungeheurer Wucht zurück.

Plötzlich – ein wahnsinniger Knall neben meinem Bett! Ich schrie auf. Im Wohnzimmer rief Walter: „O nein! Gila, schnell! Es hat eingeschlagen! Das Wohnzimmer brennt!“

Wie gehetzt sprang ich aus dem Bett. Ich zitterte am ganzen Leibe. Auch Rico war von dem furchtbaren Knall wach geworden und kam mir verschlafen aus seinem Zimmer entgegen. „Schnell, Rico, wir müssen raus! Es brennt!“

„Nein, nein!“ brüllte Rico und klammerte sich in Panik an mich. „Unser Haus darf nicht brennen.“

„Schnell raus!“ Zitternd hielt ich Rico fest.

„Gila, renn rauf, ob’s oben brennt und ob das Telefon funktioniert!“ rief Walter aufgeregt zu mir hoch. Ich löste mich schnell aus Ricos Umklammerung und hetzte die Treppe hoch in die obere Etage.

„Kein Feuer hier – Gott sei Dank! Aber die Telefonleitung ist tot!“ schrie ich.

Indem ich Rico dicht an mich presste, lief ich die Treppe zum Wohnzimmer hinunter und roch den beißenden Qualm. Wie wahnsinnig knallten die Flammen aus dem Sicherungskasten. Das Flammeninferno drohte sich auszubreiten und hatte schon die Holztreppe erfasst. Nur raus!

Voller Panik brachte ich Rico vor das Haus. In Sturzbächen prasselte der Regen auf uns herab. Ich rannte wieder rein und nahm den riesigen Käfig mit Otto, unserem Papagei, vom Haken. Ich merkte kaum, wie schwer er war.

„Die Tiere müssen raus!“ schrie ich, während ich den schweren Käfig hinaustrug und Walter weiter gegen die Flammen ankämpfte. Am ganzen Leibe zitternd stellte ich Otto in seinem Käfig auf den Rasen – weit weg vom Haus.

Erleichtert sah ich, wie auch Fienchen, unsere Katze, das Weite suchte. Rico und die Tiere waren damit vorerst in Sicherheit.

In panischer Hast rannte ich nochmals durch die Dunkelheit ins Haus – in die Küche – zum Schlüsselbrett! Der Autoschlüssel! Im Auto waren wir sicher. Die ganze Szene war nur gespenstisch von den immer mehr um sich greifenden Flammen erleuchtet. Wieder zurück zum Auto! Die Feuerwehr! Wir mussten sie vom Nachbarn her anrufen. Gehetzt schaute ich noch einmal zurück, und das Bild der Flammen im Wohnzimmer brannte sich in mein Bewusstsein ein. Voller Panik nahm ich Abschied von meinem Haus.

„Ruf die Feuerwehr!“ brüllte mir Walter zu.

Voller Angst schrie ich zurück: „Komm raus! Bevor es zu spät ist!“

Nur mit einem dünnen Nachthemd bekleidet, das von dem strömenden Regen an meinem Körper klebte, sprang ich ins Auto und versuchte zu starten. Wegen meiner zitternden Knie würgte ich den Wagen mehrere Male ab. Mit aufheulendem Motor jagte ich zu unseren Nachbarn, Bernd und Andrea, wo ich Licht brennen sah, und hupte wie wild. Sofort ging das Fenster auf, und Bernd rief: „Was ist passiert?"

„Bei uns brennt's! Ruf die Feuerwehr!"

„Okay!" rief er mir zu, während ich verzweifelt versuchte, den Wagen zu wenden.

Ich kann das Gefühl gar nicht beschreiben, das mich beschlich, als ich wieder nach Hause preschte – zu wissen: Gleich geht unser Haus vollends in Flammen auf!

Ich fuhr mit dem Auto vor und wollte zu Walter. Da stürzte er aus dem Haus – mit einem Feuerlöscher! Überglücklich und stolz rief er immer wieder: „Gila, das Feuer ist aus! Das Feuer ist aus! Ich hab's geschafft – es ist aus!"

„Es ist aus?" Ungläubig starrte ich ihn an. „Es ist wirklich aus?"

„Ja", lachte Walter glücklich. „Mir fiel ein, dass unten im Keller ein Feuerlöscher hing. Also – ich durch die Flammen durch und in den Heizungskeller! Mit dem letzten Strahl des Feuerlöschers ist auch die letzte Flamme ausgegangen."

Es fällt mir schwer, in Worte zu fassen, wie unendlich dankbar ich Walter war. Unglaublich erleichtert, dass unser Haus noch stand und kein Raub der Flammen geworden war, sagte ich leise: „Ohne dich wäre alles abgebrannt. Ich wäre nicht wieder in das brennende Haus hineingegangen ..."

Walter nahm mich ganz fest in seine Arme. Er merkte, wie sehr ich in meinem nassen Nachthemd zitterte. „Es ist vorbei, Gila!" tröstete er mich. „Jetzt ist alles gut. Wir haben's überstanden."

Da fuhr Bernd auf den Hof und sprang aus dem Auto. „Die Feuerwehr kommt gleich!“ rief er. „Sie ziehen einen Wagen ab. Einen Bauernhof hier in der Nähe hat’s ganz schlimm erwischt!“

Kreidebleich, noch immer zitternd am ganzen Körper, sagte ich: „Walter hat den Brand allein gelöscht.“

Während Bernd mit Walter sprach, sah ich in der Ferne die Blaulichter der Feuerwehr. Als die Einsatzwagen bei uns auf den Hof fuhren, rief Walter der Mannschaft zu: „Wir haben es selbst geschafft!“

„Was war los bei Ihnen?“ rief ihm ein Feuerwehrmann zu.

„Blitzeinschlag direkt in den Sicherungskasten!“

„Haben Sie die Panzersicherung schon gezogen?“

„Nein“, rief Walter zurück.

„Okay! Wir schicken Ihnen schnell einen Kollegen und benachrichtigen das E-Werk, dass die Zähler erneuert werden.“

Und dann erzählte Walter, was er beobachtet hatte, weil er ja direkt vor dem offenen Zählerkasten gestanden hatte, als der Blitz einschlug. „Beim Heruntergehen habe ich noch gedacht: Das rumst ja ganz schön. Aber das Gewitter ist noch über einen Kilometer entfernt. Was soll da schon passieren? Aber sicher ist sicher. Ich habe den Hauptstromschalter ausgeschaltet.“

„Ja“, sagte ich, „das habe ich am Wecker gemerkt.“

„Der Abstand zwischen Blitz und Donner wurde immer kürzer. Ich zählte mit: Drei Sekunden Abstand zwischen Blitz und Donner heißt, das Gewitter ist ungefähr einen Kilometer entfernt. Mal waren es nur noch zwei Sekunden – ein paar Mal auch nur eine Sekunde. Das war kein Donnergrollen mehr, sondern scharfes, ohrenbetäubendes Krachen. Ein bisschen kribbelte es mir schon unter der Haut. Aber Angst habe ich nicht gehabt – warum auch? Dann wurden die Abstände wieder größer. Na, wunderbar! dachte ich, dann kann ich ja wieder ins Bett gehen, und schaltete den Strom wieder ein.“

„Hattest du den Sicherungskasten wieder geschlossen?“

„Na klar! Nachdem ich drei oder vier Treppenstufen erreicht hatte – wieder ein Knall! Ich hechtete zurück zum Sicherungskasten an der Kellertreppe und dachte noch: Bloß kein Blitzschlag, wenn ich die Finger im Kasten habe!“

Ich begann wieder zu zittern, als ich daran dachte, wie sehr wir behütet worden waren.

Walter erzählte weiter: „Also, die Stahltüren des Sicherungskastens wieder auf – mit schon etwas Gänsehaut auf dem Rücken –, schnell auf den Schalter gedrückt und ausgeschaltet. Und dann – ein ohrenbetäubendes Knallen – Blitzeinschlag! Ich war gerade einen Meter vom Sicherungskasten entfernt. Die Hand hatte ich noch halb ausgestreckt vom Ausschalten, da schlugen mir die Flammen auch schon entgegen! Irgendwie bin ich eiskalt geblieben und habe völlig klar und ohne Panik gehandelt. Ich weiß noch, wie mir die kurzen, knappen Punkte durch den Kopf schossen: Der Stromkasten brennt! Wahrscheinlich ein Einschlag irgendwo im Stromnetzbereich! Es könnte auch oben das Dach erwischt haben, dann brennt es auch oben. Die Flammen schlugen schon ungefähr einen Meter aus dem Kasten heraus. Es zischte und brutzelte fürchterlich. Zusätzlich begann die verbrannte Isolierung der Kabel einen stechenden und beißenden Rauch zu verbreiten. Löschen mit Wasser? Geht nicht – es ist Strombereich! Gibt’s einen Feuerlöscher? Ja, im Heizungskeller!“

„Daran hätte ich nie gedacht ...“, warf ich ein.

„Also rannte ich los, riss im Keller den Löscher von der Wand und hetzte wieder hoch. Auf halber Treppe kam mir der Gedanke: Wie funktioniert das Ding? Ach hier, gelbe Plastikblockade für den Griff. Raus damit! Und jetzt ...? Schnell im Schein der Flammen das Wichtigste lesen!

Beißender Rauch überall! Vorsicht, Rauchvergiftung – nicht

mehr einatmen! Ich hielt den Atem an und rannte zur Terrassentür. Draußen holte ich ein paar Mal tief Luft und lief mit angehaltenem Atem zum Sicherungskasten zurück. Schnell ein paar kurze Pulverstöße! Die Flammen wichen aus – und kamen sofort mit gleicher Wucht zurück! Jetzt voll drauf! Vorsicht: Nach zehn bis fünfzehn Sekunden Dauerstrahl wird er leer sein – also einteilen – exakt dosieren – und in den Mittelpunkt der Flammen!"

„Und das alles mit angehaltenem Atem?" fragte ich bang.

„Ja klar", fuhr Walter fort. „Dann kam der zweite Versuch, wieder vergeblich! Mein Atem war zu Ende. Zu dem beißenden Rauch kam jetzt noch das Löschpulver! Schnell auf die Terrasse, ein paar Mal tief durchatmen, Luft anhalten – und wieder rein! Langsam begriff ich, warum der Löscher keine Wirkung zeigte. Die feuerfeste Plastikverkleidung der Sicherungen ließ kein Löschmittel an den Flammenherd. Es zischte, brodelte und gurgelte. Ich musste irgend etwas tun. Wieder versuchte ich einen Pulverstoß. Nichts! Bange Fragen: Wie viel Pulver habe ich noch? Wann kommt endlich die Feuerwehr?"

Bei Walters Worten hatte ich eine Gänsehaut nach der anderen bekommen. Aber er sprach weiter: „Und da sah ich zwischen den Flammen, wie sich das Plastik wölbte und aufplatzte. Sofort hielt ich den Pulverstrahl in diese Öffnung. Aber da war der Löscher leer! Und das Feuer? Genau mit diesem letzten Pulverstoß hatte ich es erwischt. Aus – Ende – Dunkel! Ich ging hinaus – atmete und atmete und japste nach Luft! Es war geschafft!"

Ein unendliches Gefühl der Dankbarkeit durchflutete mich. Danke Vater im Himmel, dass du uns alle so wunderbar beschützt hast! Voller Mitgefühl dachte ich aber auch an die Familie, die in dieser Nacht alles verloren hatte und wünschte ihnen viel, viel Kraft, alles durchzustehen.

Und dann kam bei mir die Frage auf: War das nicht ein klares Zeichen, dass Walter zu uns gehörte ...? Was wäre ohne sein beherztes Eingreifen geschehen? Ich dachte wieder an Juttas Worte.

Warum zögerte ich noch?

Vater im Himmel, betete ich leise, ja, es stimmt! Ich habe dich um ein Zeichen gebeten – und du hast mir auch auf eine sehr dramatische Weise geantwortet. Wenn ich dich das nächste Mal um ein Zeichen bitte, dann reicht bestimmt auch ein kleines. Es muss nicht gleich so feurig sein ...

Während Rico mit Fienchen noch im Auto saß, war ich mit weichen Knien zurück in unser Haus gegangen. Immer noch trieb mir der beißende Brandgeruch Tränen in die Augen. Völlig überwältigt sah ich mich um. Jedes Detail nahm ich in mich auf – jeden Balken – die Treppe, die nach oben führte und von den Flammen angebrannt war – die helle Holzküche – meine armen Pflanzen!

Als ich so über das Geschehen nachdachte, kam mir plötzlich ein Gedanke, der mich tief in meiner Seele berührte. Vor gar nicht so langer Zeit hatte ich Walter von einem Ereignis berichtet, das ich jetzt mit dem Geschehen der letzten Stunden in ursächlichen Zusammenhang brachte. Einige Jahre zuvor hatte ich – vier Wochen vor der Fertigstellung der Einliegerwohnung unseres Hauses – eine Vermietungsanzeige aufgegeben.

Ununterbrochen hatte damals das Telefon geschellt. Bis Mittag hatten bereits mehrere Besichtigungen stattgefunden. Meine Wahl war dann auf einen Geschäftsmann gefallen, der sich von seiner Familie trennen wollte. Berührt davon, dass seine Frau bei der Besichtigung mit dabei war und die Trennung offensichtlich sehr friedlich ablief, hatte ich ihm dann meine spontane Zusage gegeben.

Am nächsten Tag jedoch rief eine junge Frau an und bat mich inständig, ihr diese Wohnung zu vermieten. In der letzten Woche sei ihr Haus, das sie in monatelanger Kleinarbeit renoviert hatte, bis auf die Grundmauern niedergebrannt. Nun stehe sie allein da mit ihren Kindern – im gleichen Alter wie meine beiden – und wohne im Hotel. Sie brauche dringend eine Wohnung für ungefähr neun Monate, bis ihr Haus wieder aufgebaut sei. Diese Wohnung wäre von der Lage her optimal für sie, zumal ihr Sohn die gleiche Schule besuche wie Dana.

Ihr Fall ging mir sehr zu Herzen. Hin und her überlegte ich, wie ich ihr helfen könnte. Keinesfalls wollte ich den bereits abgeschlossenen Mietvertrag rückgängig machen, aber ich spürte, dass diese Frau mit ihren beiden Kindern dringend Hilfe brauchte.

Alte Gefühle kamen wieder hoch, als ich daran dachte, wie ich mich nach meiner Rückkehr aus Kanada gefühlt hatte – ohne Wohnung, allein mit drei Kindern. Ich erinnerte mich noch genau, wie bei mir nach dem Anruf plötzlich von innen her die Frage auftauchte: „Was würdest du eigentlich machen, wenn dein Haus plötzlich nicht mehr da wäre? Du wärst – wie sie – zwar gut versichert, aber wo und wie würdest du in der Zeit wohnen?“ Immer wieder war mir diese Frage damals durch den Kopf geschossen.

Die ganze Nacht über hatte ich keine Ruhe gefunden. Was konnte ich nur tun, um ihr zu helfen? Die Wohnung war vermietet – da ging nichts mehr. Andere Zimmer standen auch nicht zur Verfügung. Also, was tun?

Bis ich dann gegen Morgen eine einsame Entscheidung traf: Wie wäre es, wenn unsere Familie ein wenig zusammenrückte? Danas großes Kinderzimmer böte genug Platz für diese kleine Familie. Die kleine Tochter war wochentags bei einer Tagesmutter untergebracht, und Dana könnte mit Rico vorübergehend zusammen in einem Zimmer schlafen. Natürlich würde es eine Einschränkung für uns bedeuten, zumal ich diese Familie gar nicht kannte. Aber das sollte meine Entscheidung nicht beeinflussen. Wenn ein Mensch Hilfe braucht, haben andere Kriterien Vorrang.

Vorsichtig hatte ich ihr am nächsten Tag diesen Vorschlag unterbreitet und konnte spüren, wie dankbar sie war.

Als ich Walter vor längerer Zeit von diesem Vorfall erzählt hatte, war mir noch der Gedanke gekommen: „Vielleicht ist das die beste Feuerversicherung, die man haben kann."

Walter hatte erstaunt gefragt: „Wie meinst du das?"

„Nun, ich denke schon, dass wir Menschen oft die Wahl haben, ob wir den spirituellen Weg gehen wollen, das heißt, den Weg der Liebe, oder – wenn wir uns anders entscheiden – durch unser eigenes Erleben diese Erfahrung machen dürfen, wie immer sie dann auch aussehen mag."

„Ist das nicht ein bisschen zu weit hergeholt?"

„Vielleicht schon", hatte ich nachdenklich erwidert, „aber ich spüre innerlich, dass meine Entscheidung von damals richtig war für mein weiteres Leben. Wer weiß, vielleicht war das eine der Prüfungen, die ich zu bestehen hatte. Hätte ich damals nicht so entschieden, vielleicht würde ich den Verlust meines Hauses selbst einmal erfahren müssen, um zu begreifen, dass ich hier einfach helfen musste."

Walter hatte zu meiner Schlussfolgerung geschwiegen und nur gefragt: „Und wie ist es dann weitergegangen?"

„Weißt du, dann geschahen wieder diese eigenartigen 'Zufälle'. Kaum, dass die Familie einen Monat bei uns gewohnt hatte, erhielt ich kurz vor Einzug unseres neuen Mieters seine Absage. Die Differenzen in seiner Familie hätten sich glücklicherweise gelegt, und er wolle bei seiner Familie bleiben. Das hieß für uns: Die Mutter mit ihren Kindern konnte nun doch in die Einliegerwohnung einziehen, und Dana hatte wieder ihr eigenes Zimmer. So hatte der Himmel mit uns allen ein Einsehen gehabt."

Während ich so still dasaß, konnten sich meine Gedanken von dem damaligen Ereignis nicht lösen. Waren wir deshalb in dieser Nacht so behütet worden? Warum war denn von Walter mit dem letzten Strahl des Feuerlöschers der Brand gelöscht worden? Warum war er so geistesgegenwärtig durch die Flammen in den Keller gelaufen? Nie und nimmer hätte ich in der Aufregung an den Feuerlöscher gedacht. Ich wäre zwar ohne Nachzudenken durch die Flammen gerannt, um meine Kinder zu retten, aber nicht, um einen Feuerlöscher zu holen ...

Selbst heute noch fällt es mir schwer, meine Gefühle von damals in Worte zu fassen, als ich mich immer wieder umschaute und nach der durchlittenen Panik noch gar nicht richtig glauben konnte, dass wir unser Haus wirklich behalten durften.

Kurze Zeit später machten wir Bestandsaufnahme und erkannten das eigentliche Ausmaß der Schäden: Das große Wohnzimmer, der Flur und das gesamte Treppenhaus mussten neu tapeziert werden, da die Tapeten von dem Brand und dem Löschmittel stark beschädigt waren. Bis in das oberste Stockwerk war das Zeug gedrungen und hatte sich wie eine dicke Schmierschicht auf alle Akten, Tische, Bücher – ja, eigentlich auf alles gelegt, was im Haus vorhanden war. Die gesamte Stromversorgung sowie die Telefonanlage waren zerstört – der Blitz hatte die Dosen aus den Wänden gesprengt. Sämtliche Kabel würden in tagelanger Kleinarbeit neu gezogen werden müssen. Viele elektrische Geräte waren defekt. Und dennoch waren wir unendlich dankbar und froh, dass unser Zuhause überhaupt noch stand ...

Tag und Nacht arbeiteten wir, um das Haus einigermaßen

sauber zu bekommen, denn neun Tage später sollten unsere fünf Amerikaner kommen. Und erst kurz vor ihrem Eintreffen hatten dann wir die letzte Bahn Tapete geklebt.

*

Andrés neue Familie war bereits seit zwei Wochen bei uns, als unsere heimliche Heirat unmittelbar bevorstand. Am Vorabend hatten wir einigermaßen salonfähige Sachen fürs Standesamt im Auto deponiert. Für unsere Gäste war natürlich keine Hochzeit angesagt, sondern eine zweitägige Kreuzfahrt auf dem Rhein – der 'Rhein in Flammen'.

Als wir uns am nächsten Morgen heimlich verdrücken wollten, war ich überrascht, dass André bereits erwartungsvoll am Tisch saß und auf das Frühstück wartete. Um weiteren Fragen auszuweichen, sagte ich kurz: „Wir fahren schnell mal Brötchen holen und wollen vielleicht noch eine Videokamera besorgen. Fangt schon mal an!"

Walter kam die Treppe herunter, und André fragte verwundert: „Oho, Walter, was ist denn mit dir los? Wieso hast du lange Hosen an?" Seit seiner Ankunft hatte er Walter wegen der langandauernden Hitzeperiode nur in Shorts gesehen.

„Ach, wegen der Mücken", flunkerte Walter etwas unbeholfen, und wir machten uns eiligst davon.

Unsere Trauzeugen hatten wir erst zwei Tage zuvor von unserem Termin in Kenntnis gesetzt. Pünktlich um 8.00 Uhr waren sie beim Standesamt in Halle erschienen. Die ganze Szene wurde mit lockeren Kommentaren auf unserer Videokamera verewigt, als Marianne mit einem zauberhaften kleinen Brautstrauß ankam. Aus besagten Gründen konnte ich ihn nicht mit nach Hause nehmen und schenkte ihn draußen einem kleinen Kind. Verhältnismäßig schnell waren wir nach der Trauung wieder zu Hause.

Nach dem Frühstück setzte sich dann eine etwas größere Gesellschaft in Bewegung, um mit der Bahn zum Schiff zu fahren. Alle unsere sieben Kinder waren mit dabei, auch Elisabeth und unsere Freunde Günter und Röschen Ilse. Immer noch wusste niemand von unserer Heirat.

Abends nach dem Galabüfett auf dem Schiff hielt Walter eine längere Rede, hieß die ganze Gesellschaft herzlich willkommen und sagte dann ganz zum Schluss: „Übrigens, Gila und ich – wir haben heute morgen geheiratet."

Den Rest kann man sich vorstellen ...

Eine Woche später hatten wir ungefähr 150 Gäste zu unserer rustikalen Country-Fete auf dem Acker hinter unserem Haus eingeladen. Und dann geschahen all die wunderbaren Dinge, die mich mit unendlicher Dankbarkeit erfüllten, aber später auch sehr nachdenklich stimmen sollten.

Es fing damit an, dass ich einige Wochen zuvor Walter gegenüber den Wunsch geäußert hatte, unsere Ehe auf dem Feld vor unseren Freunden einsegnen zu lassen.

„Wie stellst du dir das vor?" fragte er.

Ich hatte an Ralf gedacht, Walters Freund, ein junger Pastor, den ich ein Jahr zuvor bei seiner Ordination kennen gelernt hatte.

Walter gab zu bedenken: „Er könnte Schwierigkeiten bekommen. Erstens braucht er für eine Einsegnung außerhalb seiner Gemeinde die Zustimmung des jeweiligen Pfarrers, und zweitens ist es gar nicht möglich, außerhalb der Kirche eine Trauung zu vollziehen. Obendrein haben wir ihn fast ein Jahr lang nicht gesehen."

Es wimmelte offensichtlich nur so von Schwierigkeiten. Hin und her wälzten wir den Gedanken, kamen aber zu keiner Lösung. Doch es machte mich etwas traurig, dass wir wohl oder übel auf eine Einsegnung verzichten mussten, denn niemand sollte wegen unserer ungewöhnlichen Bitte Probleme bekommen.

Und dann geschah das erste in der Reihe der Wunder im Hinblick auf unsere Hochzeit. Ein paar Tage vor unserer heimlichen Trauung schellte abends das Telefon.

„Hallo, Gila!“ begrüßte mich eine junge, freundliche Stimme. „Hier ist Ralf aus Dortmund. Kennst du mich noch?“

Ich traute meinen Ohren nicht, als mir bewusst wurde, wer da anrief.

„Natürlich“, antwortete ich mit weichen Knien, „wir haben in letzter Zeit oft an dich gedacht!“

„Eigentlich rufe ich an“, sprach Ralf munter weiter, „weil ich euch morgen gern besuchen möchte. Passt euch das?“

Ich hatte Walter in starkem Verdacht, dass er hier wohl seine Hände im Spiel gehabt hatte, doch dieser zuckte unschuldig mit den Schultern.

„Klar, Ralf. Wir freuen uns sehr. Kommst du allein?“

„Ja, meine Frau muss noch eine Examensarbeit schreiben und ist ganz froh, wenn sie ihre Ruhe hat.“

Als Ralf dann eine Weile später auflegte, stupste ich Walter liebevoll in die Seite und sagte lachend zu ihm: „Danke, dass du ihn angerufen hast!“

„Hab ich gar nicht, Gila!“ verteidigte sich Walter vehement. „Ich weiß nicht mal seine neue Telefonnummer.“

„Das kann doch nicht sein ...“, meinte ich fassungslos. „Er hat von selbst angerufen?“ Und nachdem ich eine Weile über dieses Ereignis nachgedacht hatte, stellte ich fest: „Walter, du kannst sagen, was du willst, aber das ist wirklich ein Zeichen des Himmels.“

Walter reagierte ebenso betroffen: „Ich finde es ja auch eigenartig, aber wir sollten uns trotzdem überlegen, ob wir ihn mit unserer Bitte nicht in Schwierigkeiten bringen.“

„Weißt du“, sagte ich, nachdem ich eine Weile überlegt hatte, „ich überlasse es dir, ob du ihm morgen etwas von unserem Wunsch sagen möchtest. Er ist dein Freund, und du kennst ihn schon sehr lange. Entscheide du, ob du ihn darauf ansprechen möchtest. Ich halte mich in der Sache zurück.“

Walter murmelte: „Na, das wäre das erste Mal, dass du dich zurückhältst.“

Es war einer jener heißen Tage, an denen man bis nachts draußen sitzen konnte, und es wurde ein langer fröhlicher Abend mit Ralf. Irgendwann verzogen sich die beiden Männer dann ins Haus.

Als sie nach einer Weile zurückkamen, grinste Ralf und meinte: „Nun gut. Das hört sich ja alles sehr abenteuerlich an, was ihr vorhabt. Wenn ihr wirklich wollt, so werde ich euch als euer Freund – und nicht kraft meines Amtes als Pastor – den Segen für eure Ehe geben. Dann gibt es absolut keine Schwierigkeiten.“

Das war die Lösung! Dankbar nahmen wir sein Angebot an.

*

Die seit Wochen anhaltende Hitze machte allen zu schaffen. Für den Tag unserer Hochzeitsfeier auf der Wiese hatte der Wetterbericht wieder Temperaturen weit über 30 Grad angesagt. Seit langem hatte es nicht mehr geregnet. Die Felder um uns herum waren ausgetrocknet.

Am Tag zuvor hatten wir sämtliche Freunde und Nachbarn gebeten, uns ihre Gartenmöbel und Sonnenschirme zur Verfügung zu stellen. Eine Country-Band war engagiert – eine Holzkuh lud zum Melken ein. Eine Ponykutsche machte Rundfahrten für die Kinder. Unter vier weißen Zelten sollte das Büfett aufgebaut werden.

Große Mengen von Steaks, Bratwürstchen, eisgekühlten Salaten – und als Krönung die vielen großen Lachse aus Alaska, die Ted, Andrés Schwiegervater, auf einem Folienrost zubereiten wollte. Die Vorbereitungen liefen auf Hochtouren.

Mittags erhielten wir von Peter und Esthi als Hochzeitsgeschenk den handsignierten Hochzeitssegen in Englisch von James Dillet Freeman, dem großen amerikanischen Philosophen.

„Schau mal, Kari", wandte ich mich voller Freude an meine Schwiegertochter, „würde es dir Freude bereiten, diesen Segen auf unserer Feier vorzulesen?"

Als sie die Worte gelesen hatte, war sie einverstanden.

Und da kam mir die Idee, André zu fragen, den Segen in Deutsch vorzulesen, da viele meiner Gäste kein Englisch verstanden.

„Hast du denn die deutsche Übersetzung?" fragte André.

„Nein, aber das mache ich schnell", erwiderte ich.

Mitten im größten Trubel ging ich ins Büro, um den Text in den Computer einzugeben, damit ich die Übersetzung direkt ausdrucken lassen konnte. Gerade hatte ich mit dem ersten Satz begonnen, da kam ein Fax. An der Faxnummer auf dem Display erkannte ich: ein Brief aus der Schweiz – von Helga, unserer Bekannten, die ich seinerzeit in Todtmoos kennen gelernt hatte.

Und dann kam das nächste Segenswunder:

Als ich die ersten Zeilen las, bekam ich eine Gänsehaut, die mir immer anzeigt, wie sehr meine Seele berührt wird. Aus dem Faxgerät kamen nämlich die folgenden Worte in deutscher Sprache:

Hochzeitssegen

Möge eure Ehe euch all die feinen Erregungen bringen,
die eine Ehe bringen sollte,
und möge das Leben euch ebenso zu Geduld,
Toleranz und Verständnis verhelfen.
Möget ihr immer einander brauchen –
nicht so sehr, um eure Leere zu füllen,
als euch zu helfen, eure Fülle zu erkennen.
Ein Berg braucht ein Tal, um vollständig zu sein;
das Tal macht den Berg nicht geringer, sondern mehr –
und das Tal ist mehr Tal, weil es von einem Berg überragt wird.
So lasst es sein mit dir und dir.
Möget ihr einander brauchen, doch nicht aus Schwachheit.
Möget ihr einander wollen, doch nicht aus Mangel.
Möget ihr umeinander werben, doch nicht einander zwingen.
Möget ihr einander umarmen, doch nicht einander einengen.
Möget ihr in allen wichtigen Dingen miteinander Erfolg haben
und dabei nicht in den kleinen Aufmerksamkeiten versagen.
Möget ihr nach Dingen suchen, die zu loben sind,
und oft sagen „Ich liebe dich!"
und dabei keine Notiz von kleinen Fehlern nehmen.
Wenn ihr Streit habt, der euch auseinander treibt,
mögt ihr beide hoffen, genug Vernunft zu haben,
um den ersten Schritt zurück zu tun.
Möget ihr eintreten in das Geheimnis,
welches das wache Bewusstsein
von eurem gegenseitigen Dasein ist –
nicht mehr körperlich als geistig, warm und nah,
wenn ihr Seite an Seite seid;
und warm und nah, wenn ihr in getrennten Räumen
oder sogar in entfernten Städten seid.
Möget ihr das Glück haben und möget ihr es finden,
indem ihr einander glücklich macht.
Möget ihr Liebe haben und sie finden,
indem ihr einander liebt!
Danke Dir, Gott, für Deine Gegenwart hier mit uns
und Deinen Segen für diese Ehe.

(James Dillet Freeman)

Ich konnte es noch gar nicht fassen, was da gerade abgelaufen war, und war ähnlich berührt wie damals, als das Fax 'Desiderata' von Bodo durchkam.

Mit dem perfekt 'übersetzten' Faxblatt lief ich nach unten und übergab André diesen Hochzeitssegen.

Total verblüfft fragte er: „Wie hast du denn das so schnell geschafft?"

Noch immer unter dem Eindruck, dass da wieder meine Engel im Spiel waren, erzählte ich ihm von dem Ereignis.

„Gila", lachte André, „eigentlich brauchst du gar nicht ins Kino. Du erlebst immer alles selbst."

Mittlerweile waren auch schon die meisten Gäste eingetroffen. Die Band gab gerade ihre ersten Songs zum besten, als wir plötzlich ein leises Brummen vernahmen. Über unserem Feld tauchte ein Ultraleichtflugzeug auf. Unser Freund Norbert kreiste über uns und warf aus luftiger Höhe einen Blumenstrauß ab. Niemand von uns wusste davon, dass er die zehn Kilometer von seinem Wohnort am Himmel zurückgelegt hatte, um uns einen Gruß aus den Wolken zu schicken.

Völlig perplex über die Art seines Hochzeitsgrußes sah ich, wie er auf der Nachbarwiese landete und sofort umringt war von unseren Gästen – eine äußerst originelle und wunderbare Überraschung, mit der wir im Traum nicht gerechnet hatten!

Kurze Zeit später übernahm Ralf dann das Mikrophon und begann mit seiner Ansprache. Wir saßen vor ihm unter einem Sonnenschirm und lauschten seinen Worten über das Hohelied der Liebe.

Nach seiner Rede erhoben sich Walter und ich und gaben uns gegenseitig – etwas aufgeregt – vor allen unseren Freunden nochmals einzeln mit individuellen Worten unser Eheversprechen. Ralf kam zu uns und legte segnend seine Hand über uns.

Dann – während Ralf die ersten Segensworte sprach – geschah es:

Es begann zu regnen – aus heiterem Himmel! Zuerst ein paar Tropfen – dann immer mehr, und Ralfs Segen ging im Prasseln des Regens unter. Nur wir konnten seine Worte verstehen, die er uns als Segen mit auf unseren gemeinsamen Weg gab.

Fünf Minuten dauerte diese ergreifende Szene – genau in der gleichen Zeit tat sich der Himmel auf und segnete uns. Als die Zeremonie vorbei war, hörte es schlagartig auf zu regnen. Die Sonne schien innerhalb kurzer Zeit mit der gleichen Intensität wie vorher, so als sei kein einziger Tropfen Regen gefallen! Ein Wunder, das alle tief berührte und für das kaum einer unserer vielen Gäste eine Erklärung fand!

Später hörten wir von einigen Nachbarn, die unserer Feier fern bleiben mussten, dass es nirgendwo sonst, nur auf unserem Feld geregnet hatte. Beim Ansehen der Videoaufnahmen war statt Ralfs Segen nur das Prasseln des Regens des sich öffnenden Himmels zu hören. Der lokalen Tageszeitung, die von unserer ungewöhnlichen Hochzeitsfeier berichtete, war der plötzlich einsetzende und ebenso schnell wieder aufhörende Regen sogar eine Schlagzeile wert.

An diesem Tag schien Ralf der begehrteste Mann auf unserem Acker zu sein. Einige unserer Freunde wollten ihn sofort für die nächste Feier anheuern. Teilweise wurden sogar Wetten abgeschlossen, wie er wohl das Ding mit dem Regen gedreht hätte.

Kurz bevor sich Ralf dann nachts von uns verabschiedete, nahm er mich beiseite und sagte: „Gila, dir kann ich's ja ruhig sagen. Zu diesem unglaublichen Ereignis mit dem Regen kommt noch eines: Als ich auf dem Hinweg von der Hauptstraße abbog, um zu euch zu fahren, lief gerade die Sendung im WDR 'Der Regenmacher'. Ich habe noch sehr aufmerksam zugehört. Und dann das!" lachte er. „Unbegreiflich!"

Erst als Walter und ich wieder einigermaßen zur Ruhe kamen, fiel uns auf, dass die Ereignisse allesamt auf irgendeine Art mit Segen zu tun hatten: Ralfs plötzliches Auftauchen vor unserer Hochzeit und seine Einsegnung – das Fax mit Helgas Hochzeitssegen – der Blumenstrauß, der vom Himmel fiel – und vor allem das faszinierende Ereignis mit dem Regen.

Damals glaubte ich ganz fest, unsere Engel wollten uns zeigen, wie sehr unsere Ehe gesegnet sei. Mit der Erfahrung von heute glaube ich jedoch, dass dieser Segen für uns auf eine ganz andere Art und Weise wichtig sein sollte ...

Kapitel 13

Vertrauen ist eine Oase des Herzens,
die von der Karawane des Denkens
nie erreicht wird.

(Khalil Gibran)

Unser Besuch war wieder abgereist, und es kehrte Ruhe ein nach diesen turbulenten Wochen. Nun war es wirklich an der Zeit, darüber nachzudenken, wie meine geschäftliche Zukunft aussehen sollte.

Ich setzte mich an meinen Schreibtisch und entwarf eine Anzeige. Mit geschlossenen Augen ließ ich mich solange inspirieren, bis der Text stand. Entsprechend meiner Vorstellung der neuen Aufgabe war auch die Größe der Anzeige. Erst muss ich etwas investieren, bevor ich etwas bekomme. Das ist ein Lebensgesetz – wie bei dem Ofenprinzip. Ich kann nicht sagen: „Komm, Ofen, wärme mich!“, wenn ich nichts hineinstecke.

Ich entschied mich, mein Inserat sowohl in einer Fachzeitschrift als auch im nationalen Stellenmarkt einer überregionalen Zeitung zu platzieren. Es war faszinierend, wie viele qualitative Angebote ich bereits eine Woche später erhielt, vor allem aus der Fachzeitschrift. Nachdem ich einige in die engere Wahl gezogen hatte, entschied ich mich letztendlich für die Zusammenarbeit mit einem der größten Arbeitgeber Deutschlands, der ein neues Produkt als Werbemedium auf den Markt bringen wollte.

Ganz tief berührte mich dabei, dass es die Organisation SOS-Kinderdorf war, durch die ich einen meiner ersten hohen Aufträge bekam, um durch Werbung Spenden für diese Kinder zu erhalten. So schloss sich auch hier wieder der Kreis.

Im gleichen Monat war es auch zwischen Anke und ihrem Arbeitgeber, dem Besitzer des Hotels, zur Krise gekommen. Sie bekam ein heftiges Rückenleiden und wurde für längere Zeit arbeitsunfähig. Ihr Rücken zeigte ihr, dass sie diese Situation nicht mehr 'tragen' konnte. Obwohl sie noch keine andere Tätigkeit in Aussicht hatte, kündigte sie nach ihrer Krankheit ihren langjährigen Arbeitsplatz.

„Ich weiß, dass es richtig ist, was ich tue", sagte sie an einem Abend, als wir uns zur Meditation zusammenfanden, „obwohl mich jeder für verrückt erklärt. Meine Mutter ist natürlich sehr besorgt, dass ich bald ohne Geld dastehe, denn da ich selbst gekündigt habe, steht mir zu Anfang kein Arbeitslosengeld zu. Aber ich weiß, dass es gut ist, was ich getan habe."

Es war erstaunlich, wie sehr sie inzwischen gelernt hatte, ihrer inneren Stimme zu vertrauen.

Ich war gerade damit beschäftigt, die Erweiterung der Firma dem neuen Auftrag entsprechend zu planen, da kam mir eine Idee. „Sag mal", sagte ich zu Walter, „was hältst du davon, wenn wir Anke fragten, ob sie Interesse hätte, in Zukunft mit uns zusammen zu arbeiten? Sie hat eine so liebevolle Ausstrahlung und eine so nette Art am Telefon, dass ich ihr diese Tätigkeit bei uns ohne weiteres zutraue. Der neue Auftrag gäbe uns genügend Spielraum dafür."

Walter überlegte und meinte: „Ich denke schon, dass sie sich schnell in die Materie einarbeiten könnte. Frag sie doch mal."

Zwei Tage später fand wieder ein Meditationsabend statt. Ich nahm mir vor, mit Anke erst nachher zu sprechen, damit sie noch in Ruhe meditieren konnte.

Aber danach brach der Sturm aus. „Es funktioniert! Ich hab's gewusst!" rief sie begeistert, und ihre blauen Augen leuchteten. „Ich hab's gewusst! Immer wieder habe ich zu allen gesagt: Ab fünfzehnten Oktober habe ich wieder eine neue Stelle. Vorhin habe ich noch zu meiner Mutter gesagt, dass ich ab nächster Woche eine neue Stelle habe. Wo, das wüsste ich zwar noch nicht, aber ich wäre ganz sicher. Und nun das!"

Ankes Vertrauen in ihr Leben hatte ihr geholfen und uns, die wir von ihrem Beschluss nicht das geringste ahnten, auf den Gedanken gebracht, sie einzustellen. Auch sie hatte nicht daran gedacht, dass wir es sein könnten, denn unsere Situation war ihr im Detail nicht bekannt. Sie hatte beschlossen und darauf vertraut, ab Mitte Oktober eine neue Arbeit zu finden – und ihr Unterbewusstsein hatte dementsprechend reagiert.

Einige Zeit später konnte ich meine neue Tätigkeit exklusiv für Deutschland übernehmen und dadurch einige weitere Arbeitsplätze schaffen. Hätte ich den Verlust unserer Aufträge des Münchner Verlages bejammert, so wären bei mir nie diese kreativen Kräfte freigesetzt worden, die mir dann dieses neue Arbeitsfeld verschafften.

Täglich habe ich in dieser Zeit meine Affirmationen geschrieben. Die mir in der Situation am wichtigsten scheinenden Formeln habe ich sogar dreimal nacheinander geschrieben, um ihnen besondere Energie zu geben. Morgens bin ich eine Dreiviertelstunde eher aufgestanden, um meinen Zeitplan einzuhalten. Ganz in Ruhe habe ich mich vor der normalen Arbeitszeit an meinen Schreibtisch gesetzt und meine Wünsche aufgeschrieben. Es war einfach wunderbar, welche Sicherheit und welches Vertrauen zu meinem Leben jedes Mal nach dem Schreiben dieser Lebensformeln bei mir innerlich einkehrten.

Erstaunlich war, dass sich auf der Ebene der Wirkungen nicht sofort etwas änderte. Was sich jedoch schlagartig änderte, war mein Gefühl der Sicherheit und das Wissen, dass sich alles zum Besten wenden würde. Nicht ein Zweifel war mehr vorhanden. Und da wir durch unser Gefühl, ob positive oder negative Ereignisse in unser Leben treten, alles steuern und beeinflussen, war genau diese Empfindung von immenser Wichtigkeit. Ich fühlte mich, als ob ich meine Aura in die Reinigung gegeben hätte ...

Jetzt war es nicht mehr verwunderlich, dass bereits ein paar Wochen später eine Fülle von qualitativen Aufträgen einging – dem Gesetz der Kausalität entsprechend.

Den Betrag der Abfindung hatte ich nicht angreifen brauchen und habe ihn als Anzahlung für eine Immobilie eingesetzt. So konnte ich für eine Familie, die in Not geraten war und ihr Haus verloren hatte, wieder Wohnraum schaffen.

Dabei ist noch etwas Seltsames geschehen. Als ich auf die Anzeige in unserer Tageszeitung reagierte und ich mir das Haus angesehen hatte, hörten wir von dem Schwager des Besitzers, dass dieser nach Amerika ausgewandert sei, geheiratet habe und jetzt dort bleiben wolle. Nachdem wir uns entschieden hatten, das Haus zu kaufen, nahm der Besitzer aus Amerika telefonisch mit uns Kontakt auf.

Wir hatten uns bereits eine Weile über das Haus unterhalten, als er einen Moment zögerte und dann fragte: „Übrigens: Sind Sie es, die das Buch „... nicht heulen, Husky!“ geschrieben hat?“

Ich fühlte mich zutiefst geehrt, dass die Bekanntheit meines Buches bereits nach Amerika vorgedrungen war – bis sich heraus stellte, wer der Besitzer des Hauses war:

Es war Ankes ehemaliger Freund Erhard ...

Über eine Begebenheit muss ich heute noch schmunzeln. Eine meiner Affirmationen lautet: Alle unsere Bankkonten bleiben im Plus. Unser Wohlstand mehrt sich von Tag zu Tag.

Ende 1995 musste ein hoher Betrag an Steuern abgeführt werden. So war es für mich absehbar, dass mein Konto dadurch kurzfristig ins Minus rutschen würde. Als ich dann meine Kontoauszüge erhielt, meinte ich plötzlich ganz überrascht: „Was ist das denn? Hier ist eine immense Summe an Gewerbesteuern erstattet worden, mit der ich gar nicht gerechnet habe ...! Statt des erwarteten Minus habe ich jetzt ein großes Plus auf dem Konto."

„Lass mal sehen", sagte Walter und meinte dann grinsend: „Da hast du wohl zu stark gepowert mit deinen Affirmationen. Deine geistigen Helfer wussten offensichtlich nicht mehr, woher sie das Geld nehmen sollten. Darum haben sie dir eben erst einmal die Gewerbesteuer zurücküberwiesen, um dein Konto im Plus zu halten!"

In der letzten Zeit ist mir der Ausdruck 'Fokus setzen' immer deutlicher geworden, das heißt: Ich richte meine gesamte Aufmerksamkeit auf eine Sache und gebe ihr dadurch Energie. Aber wie setzen wir unseren Fokus, mit dem wir bewusst unser Leben ändern können?

Folgende Situation ist uns sicher vertraut: Wir haben ein Problem. Immer wieder beschäftigen wir uns damit. Und was geschieht? Wir führen ihm am laufenden Band Energie zu – emotionsgeladene Energie! Wir füttern dieses Problem! Und die Gedankenkraft lässt unser Problem, das wir eigentlich lösen sollten, größer und größer werden, statt ihm Energie zu entziehen!

Ganz deutlich wurde mir das eines Tages beim Besuch von Marcos Schulfreund. Seit fünf Jahren lebte er mit einer jungen Frau zusammen. In dieser Zeit hatten uns die beiden des öfteren besucht.

„Hallo!“ begrüßte ich ihn lachend. „Das ist ja eine Überraschung! Dich haben wir aber lange nicht gesehen! Wie geht es dir?“

„Ach, so einigermaßen.“

„Was heißt das? Nicht so gut? Was macht deine Freundin?“

Sein Lachen erlosch bei dieser Frage. „Es ist aus!“ antwortete er dumpf. „Sie hat Schluss gemacht mit mir!“

Ich fragte betroffen: „Wie kommt das denn?“

Und jetzt geschah etwas ganz Interessantes. Als er das Datum, an dem sie ihn verlassen hatte, zum ersten Mal nannte, fiel es mir noch nicht auf, in weiteren Gesprächen erwähnte er das Datum jedoch immer wieder. Jetzt wurde ich aufmerksam.

Dieser junge Mann hatte nach der Trennung versucht, seinem Leben ein Ende zu setzen. Daraufhin war er einige Monate in einer Therapie und auch zur Kur gewesen. Erst jetzt hatte er die Kraft aufgebracht, uns zu besuchen.

Immer wieder, wenn er etwas erzählte, sprach er über seine Freundin und den Tag, an dem sie ihn verlassen hatte. Dieses für ihn so tragische Ereignis lag wie ein unverdauter Brocken in seinem Magen. Seine ganze Fröhlichkeit war dahin. Seine Seele schmerzte. Er erzählte uns von der psychotherapeutischen Behandlung, die ihm offensichtlich recht gut getan hatte.

Ich sprach mit ihm über den Inhalt unserer Seminare und lud ihn ein, am nächsten Wochenendkurs teilzunehmen.

Eines der wichtigsten Themen dieses Seminars ist die Erkenntnis, dass Gedanken Kräfte sind – Energien, die immer etwas bewegen. Wenn ich nun meine Gedanken auf ein bestimmtes Ereignis lenke, so setze ich einen Fokus und beleuchte dieses Ereignis; alles andere verblasst dagegen oder liegt im Dunkeln – wie auf einer Bühne. Ich konzentriere mich nur auf das, was da vor mir abläuft. Worauf ich meine Aufmerksamkeit lenke, dorthin fließt auch meine Lebenskraft.

Ein Ereignis, das mit starken Emotionen besetzt ist, wird von allen Seiten beleuchtet. Man sucht immer wieder eine Erklärung für das Verhalten des Partners und für das eigene. Was hat man falsch gemacht? Was hat der Partner falsch gemacht? Was hätte man ändern können?

Immer wieder 'wälzen' wir im wahrsten Sinne des Wortes unser Problem von einer Seite zur anderen, wobei wir es mit unserer Energie und den dementsprechenden Gefühlen kräftig füttern. Aber was können wir dagegen tun?

Es war sicher kein Zufall, dass genau zwei Wochen später wieder ein Seminar bei uns auf dem Plan stand, zu dem Marcos Freund vertrauensvoll mit kam. Dadurch hatte er die Möglichkeit, sich bewusst zu machen, dass nur er selbst verantwortlich ist für den Fokus seines Lebens. Wenn keine dementsprechende Hilfestellung geleistet werden kann, so sollte man das Buch von Dr. Joseph Murphy 'Die Macht Ihres Unterbewusstseins' lesen, das einem mit Sicherheit weiterhelfen kann.

Für uns war es schön zu sehen, wie dieser junge Mann die Einstellung auf der Bühne seines Lebens veränderte. Plötzlich sah er in Gedanken nicht mehr dauernd das Ereignis des Verlassenwerdens, das mit starken Schmerzen und Verlustängsten besetzt war, sondern beleuchtete bewusst eine andere Szene, die da heißt: Lebensfreude – Wärme – Nähe – Zuwendung.

Kurze Zeit später besuchte er uns.

„Mir geht's wieder besser!" strahlte er. „Endlich – ich hab's begriffen! Immer, wenn ich jetzt an meine Freundin denke, sage ich mir: Die Welt ist schön! Mir geht es wunderbar. Mutig und entschlossen gehe ich meinen Lebensweg. Ich beginne langsam zu erkennen, dass ich ohne die Trennung von ihr nicht so weit gekommen wäre, die eigene Kraft in mir zu entdecken!"

So wie er sollten auch wir unser Problem einfach verhungern lassen, ihm alle Energie entziehen und diese in die Lösung hineingeben. Wie? Nun, ich bin überzeugt davon, dass es für jedes Problem eine gibt. Aber wie finden wir sie?

Wenn ich nicht mehr weiter weiß, bete ich zu Gott und bitte um ein Zeichen, wie ich diese belastende Situation zum Wohle aller Beteiligten lösen kann. Wir alle bekommen Zeichen, aber wir müssen auch offen dafür sein. Aber was ist, wenn jemand nicht betet oder beten kann? Sollte jemand mit dem Begriff 'Gott' nicht so gut umgehen können, so kann er sein Problem auch der unendlichen Weisheit anvertrauen. Er kann mentales Training machen.

Sich die Lösung voller Freude und Dankbarkeit immer wieder vorstellen heißt, das Ereignis auf den Bildschirm von Zeit und Raum zu bannen. Das, was wir voller Gefühl immer wieder bejahen, wird sich auch ereignen. Voller Freude sollten wir uns die Lösung in allen Einzelheiten vorstellen und darauf vertrauen, dass sie über kurz oder lang in unser Leben tritt. Durch tägliches Aufschreiben der Lebenswünsche wird die Wirkung noch verstärkt.

*

Im Frühjahr 1996 mussten wir uns mit der unabänderlichen Tatsache anfreunden, dass Dana langsam erwachsen wurde. Trotz ihrer Einsfünfundsiebzig war sie die jüngste in ihrer Klasse und hatte sich inzwischen zu einer recht attraktiven jungen Dame gemausert. Mit ihren dreizehn Jahren ging sie glatt überall für sechzehn durch. Inzwischen schwärmte sie, wie wohl die meisten in ihrem Alter, für verschiedene Rockgruppen. Für ihr erstes Konzert hatte sie sich eine Eintrittskarte von ihrem Taschengeld erspart.

Schon Wochen vorher war sie in heller Aufregung, wenn sie an diesen besonderen Sonntag im Mai dachte. Sie hatte herausbekommen, dass ihre Gruppe in einem Hotel in Bielefeld übernachtete.

Zwei Tage vorher fragte sie mich allen Ernstes: „Sag mal, bist du damit einverstanden, wenn ich dort in dem Hotel übernachte? Ich bezahle es auch von meinem Konfirmationsgeld."

Ich muss sie wohl völlig entgeistert angesehen haben, als sie noch eins draufsetzte: „Und Molly möchte ich dir auch abkaufen." Molly war ein riesiger liegender Steiff-Bär, der nicht nur einen immensen materiellen, sondern vor allem für mich einen ideellen Wert besaß. Ich hatte ihn vor Jahren von einem Menschen, den ich sehr schätzte, als Geschenk bekommen.

„Und was willst du damit?" fragte ich vorsichtig.

„Ich will ihn den Boys zuwerfen, auf die Bühne ..."

„Und den willst du sicher auch von deinem Konfirmationsgeld bezahlen ..."

„Na, klar", antwortete sie kess.

Als sie merkte, dass ich sie nicht ernst nahm, rückten Hotel und Molly in den Hintergrund. Da kam sie mit einem neuen Knüller: „Ich brauche übrigens für morgen früh eine Entschuldigung für den Schwimmunterricht."

Sie schwamm sehr gern, darum wunderte ich mich, dass sie diese Bitte äußerte.

„Weißt du", überlegte sie, „es könnte doch sein, wenn ich morgen früh mitschwimme, dass ich Ohren- und Halsschmerzen bekomme – und dann kann ich nicht zum Konzert gehen."

Daran erkannte ich, wie viele Gedanken sie sich gemacht haben musste, dass auch bloß alles klappte.

Der große Tag war angebrochen. Gegen ein Uhr mittags sollte sie zu ihren Freundinnen gebracht werden. Abfahrbereit saß sie Sonntag Mittag am Tisch und brachte vor Aufregung keinen Bissen runter.

„Dass ich bloß ***nicht*** ohnmächtig werde ...“, murmelte sie.

Kurz vor ihrem Aufbruch fragte Walter: „Hast du alles? Deinen Ausweis – ein paar Brote – deine Eintrittskarte ...“

„Meine Karte? Oh, wo ist denn meine Karte?“

Aufgeregt suchte sie den ganzen Rucksack durch – und fand sie nicht. Sie rannte in ihr Zimmer. Minuten vergingen, als wir plötzlich ein lautes Weinen vernahmen. Ich lief die Treppe hoch zu ihr.

Wie ein Häufchen Elend stand sie auf dem Flur und weinte herzzerreißend. Sie hatte ihre Karte auf die Fensterbank gelegt und fand sie nun nicht mehr.

Rico schien sie wohl ebenso leid zu tun wie mir, denn obwohl Dana mit ihrem kleinen Bruder so manches Mal im Clinch lag, suchte die ganze Familie jetzt in völliger Eintracht in ihrem ‘superordentlichen’ Zimmer die Eintrittskarte. Pullover, T-Shirts, Socken sowie der Papierkorb wurden kommentarlos von uns umgewälzt. Nichts – die Karte war wie vom Erdboden verschluckt.

Verzweifelt suchte ich nach einer Lösung. An der Kasse eine neue Eintrittskarte zu kaufen, war nicht möglich, denn das Konzert war seit Wochen ausverkauft. Ich sandte ein Stoßgebet zum Himmel.

Wir suchten und suchten – nichts! Inzwischen schellte das Telefon, und ihre Freundin fragte, wo Dana denn bliebe. Ihre Verzweiflung mitzuerleben, war grausam für uns. Bis Walter plötzlich laut rief: „Dana – ich hab sie!“

Unter der Heizung sei die Karte gewesen, hinter der Fußleiste. Überglücklich rannte Dana zum Auto. Ihre Welt war wieder in Ordnung.

Abends war die ganze Familie gespannt, wie ihr erstes Konzert abgelaufen war. Als sie nach Hause kam, fiel sie mir völlig erschöpft in die Arme.

„Was ist los?“

„Man hat mich rausgetragen“, murmelte sie schwach. „Ich bin ohnmächtig geworden.“ Wieder mal ein Beweis dafür, dass unser Unterbewusstsein keine Verneinung erkennt ...

Noch etwas anderes gab mir im Nachhinein sehr zu denken. Wieso hatte ausgerechnet Walter unter die Heizung geschaut und die Karte im allerletzten Moment gefunden? War das Ganze vielleicht wieder nur einer seiner Erziehungsversuche?

*

In meinen Wochenendkursen, in denen ich über die Kraft unseres Unterbewusstseins spreche, werde ich schon mal von Teilnehmern gefragt: „Ist es nicht gefährlich, wenn die Menschen wissen, welche Macht der Manipulation sie durch die Erkenntnisse ihrer geistigen Kraft besitzen?“

Diese Frage freut mich immer, weil ich daran erkenne, dass man sich intensiv mit dieser Thematik auseinandersetzt. Meine Antwort darauf lautet: Ich finde es gefährlicher, wenn die Menschen nicht wissen, welche Möglichkeiten ihnen zur Verfügung stehen, welches geistige Potential sie nutzen können. Nehmen wir ein Messer, ob wir jemanden damit heilen oder ihn verletzen – es liegt letztendlich in unserer Entscheidung und auch in unserer Moral. Für jeden Gedanken und jede Tat in unserem Leben müssen wir uns einmal, wenn nicht vor unseren irdischen Richtern, so doch vor der ausgleichenden Gerechtigkeit verantworten. Sie vollzieht den Ausgleich, ob es uns passt oder nicht, ob wir daran glauben oder nicht. Meistens werden wir da getroffen, wo wir es am wenigsten erwarten und wo wir am schwächsten sind.

Sicher besteht auch die Möglichkeit, einen Menschen mit unseren Gedanken zu manipulieren. Nur – es kann kein Segen darauf liegen, einem anderen Menschen unseren Willen aufzuzwingen. Was wir aber tun dürfen, ist dem anderen kraft- und liebevolle Gedanken zu senden, dass der andere seine Lebensaufgabe erkennen und sie leben mag. Auch wenn sein Lebensweg nur zeitweise den unsrigen kreuzt.

Ich spiele damit auf meine eigene Situation vor einigen Jahren an. Ich habe diese Regeln bewusst verletzt und mir mit dem Wissen um die Kraft meiner Gedanken immer wieder den Mann meiner besten Freundin gewünscht. Ja, ich habe ihn bekommen – und alles verloren, was ich damals hatte, nicht nur seine Liebe, sondern auch das Vertrauen meiner Freundin.

Ist man in einer ähnlichen Situation, dass einem das Herz vor Liebe und Sehnsucht weh tut und es einem in den Fingern juckt, den heißgeliebten Menschen durch Affirmationen in sein Leben zu befördern, so sollte man immer den Zusatz schreiben oder sagen: „... wenn es für ihn und mich gut ist." Denn sonst kann das leicht in Manipulation enden. Ich darf niemanden manipulieren. Auch wenn ich einen anderen Mann noch so sehr liebe und er bei seiner Frau mit Sicherheit todunglücklich ist – es gehört nicht in meine Affirmationen, dass ich mir ein Zusammenleben mit diesem Manne wünsche. Die Formel: ICH BIN dankbar für meinen optimalen Lebenspartner schließt diesen Mann mit ein, wenn er wirklich als solcher bestimmt sein sollte.

Es sollte uns gelingen, den Schleier der Mystik von Dingen, die zu unserem Leben gehören, zu entfernen. In erster Linie sind wir Geist – über alle Inkarnationen hinweg. Unsere Körper wechseln – unser Energiekörper ist feinstofflich – unser geistiges ICH ist ewig.

Wenn wir wirklich begreifen, was die Worte heißen: „Herr, Dein Wille geschehe!" – so sind wir in der Lage anzuerkennen, dass es Gott ist, der uns in allen Dingen leitet, der unseren Weg kennt und dem wir uns anvertrauen können. Auch ich musste lernen loszulassen – nicht immer alles im Griff zu haben.

Einen Satz schreibe ich gern als Widmung in meine Bücher, dessen Sinn ich durch meine Geschichte erleben und erfahren durfte:

Die Macht unserer Gedanken kann nie stärker sein als der Wille Gottes.

(Gila van Delden)

Schluss

Wunder erleben nur diejenigen,
die an Wunder glauben.
(Werner Sprenger)

Viele meiner Leser und Seminarteilnehmer waren froh, dass ich nach meinem teilweise chaotisch anmutenden Leben einen passenden Lebenspartner gefunden hatte. Selbst auf die Gefahr hin, sie alle enttäuschen zu müssen: Walter und ich haben uns getrennt.

Warum? Wie kann eine Ehe zerbrechen, wenn sie unter derart göttlichen Vorzeichen eingegangen wurde?

Ich habe selbst länger als ein Jahr gegen diese Entscheidung gekämpft, habe aber nun Klarheit, dass dieser Weg richtig ist. Was ist geschehen? Wie kann ich ohne Schuldzuweisungen erklären, warum ich mich so entschieden habe?

Es stellt sich hier gar nicht die Frage, ob einer von beiden Schuld trägt an der Auflösung unserer Ehe. Eher sollte man beleuchten, dass wir beide die Chance hatten, unsere unterschiedlichen Charaktere einzubringen in unsere gemeinsame Lebensaufgabe, Menschen Impulse zu geben, an die Liebe zu glauben. Gemeinsam, wie wir es immer vorhatten, haben wir diese Chance nicht wahrnehmen können. Woran lag das?

Wie kann es angehen, dass Walter mir als kosmischer Lebenspartner angekündigt wurde und ich trotzdem nach über vier Jahren ganz klare Zeichen erhalten hatte, die für eine Trennung sprachen? Gibt es das überhaupt, dass wir Zeichen bekommen, wenn etwas richtig ist für unser Leben, und später wiederum spüren, dass genau das Gegenteil richtig sein soll? Müssen diese Zeichen denn nicht mindestens einmal falsch gedeutet worden sein?

So viele Fragen auf einmal, über die ich mir lange Zeit den Kopf zerbrochen habe, bevor ich zu einer Entscheidung kam.

Gott hat jedem Menschen den eigenen Willen gegeben, sich für oder sogar gegen ihn und seine Absicht zu entscheiden. Jeder Mensch hat den Willen zur eigenen Entscheidung als sein göttliches Geburtsrecht erhalten. Jeder kann den Weg gehen, den er für richtig hält – muss aber auch letztlich die volle Verantwortung dafür übernehmen.

Was heißt das in unserem Fall?

Ich glaube ganz fest daran, dass Walter und ich für einander bestimmt waren und dass wir beide die Chance hatten, durch den Weg der Liebe den Lesern und Seminarteilnehmern Impulse zur Meisterung ihres Lebens zu geben. Dies kann jedoch nicht über das Ego gehen, sondern nur, indem wir als Werkzeuge Gottes dienen. Wenn Gottes Gesetze – die Gesetze der Liebe – beachtet werden, dann kann kein Leid die Folge sein, selbst wenn eine Trennung wegen gegensätzlicher Einstellungen auf Dauer unvermeidbar ist. In unserem Fall konnte dann die Trennung dankbar vollzogen werden und auch für beide erleichternd sein.

Größtenteils lagen die Irritationen in den unterschiedlichen Einstellungen zu unserer Seminartätigkeit. Schon zur Zeit der Planung unserer gemeinsamen Arbeit gingen wir von verschiedenen Voraussetzungen aus, und wir konnten unsere Standpunkte selbst nach Jahren nicht angleichen. Obwohl ich mich voller Gottvertrauen auf diese Partnerschaft eingelassen habe, passte von Anfang an irgend etwas nicht. Immer wieder gab es Differenzen – anfangs mehr in der Vorbereitung als in der Ausführung der Seminare.

Ende 1996 fasste ich dann den Entschluss, die Seminare allein weiter zu führen – nicht, weil ich glaubte, es besser zu machen, sondern eher um dem immensen Druck auszuweichen. Die Auseinandersetzungen kosteten mich zuviel Kraft. Dazu kam, dass viele Teilnehmer, die größtenteils aufgrund meiner Bücher kamen, schlichtweg mich erwarteten und dieses auch offen ansprachen. Ohne es zu wollen, ist meine Entscheidung, die Seminare allein zu führen, der Todesstoß für unsere Ehe gewesen.

Damals kam mir plötzlich die Frage meiner Engel wieder ins Bewusstsein:

„Bist du bereit, die Seminare zu übernehmen?“

Und ich begriff ...

Unsere Engel sprechen eine klare Sprache. Heute weiß ich, dass ihre Frage nur mir gegolten hatte. Doch zum damaligen Zeitpunkt fühlte ich mich in meiner Akquisitionstätigkeit noch so gut aufgehoben, dass ich mehr Chancen für Walter in der Seminarleitung sah als für mich.

Immer wieder versuchte ich während des Jahres 1997, die aus der Übernahme der Seminararbeit entstehenden Differenzen auszugleichen. Aber die Veränderungen in Walters Wesen waren unübersehbar. Während ich die Seminare hielt, ließ Walter seine Verzweiflung darüber immer mehr an den Kindern aus.

Als ich davon erfuhr, begriff ich plötzlich, wie sehr unsere Engel bisher die Hand über meine Kinder gehalten hatten – wie wirkungsvoll der dreifache Segen bei unserer Hochzeit war, den ich damals so völlig anders gedeutet hatte ...

Das ganze Jahr 1997 stand unter dem Stern des Loslassens, aber auch dem Versuch zweier Menschen, wieder zusammenzufinden. Deshalb bat ich meine Engel inständig um Zeichen, ob es wirklich richtig war, mich von ihm zu trennen.

Und auch hier kam die Antwort nur wenig später, als eine Seminarteilnehmerin sich bei mir mit einer Karte bedankte, auf der folgendes stand:

„Ein Wort, das dir ein Engel in dein Herz gelegt hat, ist für deine Seele heilsamer als tausend Worte durch das Ohr von außen her vernommen. Denn was du im Herzen vernimmst, ist schon dein Eigentum, was du aber von außen her vernimmst, das musst du dir erst zu eigen machen."

Durch ein Ereignis im Mai 1998, das mir damals den Boden unter den Füßen wegzuziehen drohte, war die Trennung dann wirklich nicht mehr aufzuhalten. Walter zog aus.

Heute weiß ich, dass auch das ein Zeichen unserer Engel war, die mir klar zeigen wollten, dass Walters Aufgabe in unserem Leben beendet war. Wie wunderbar ist doch alles geregelt, wenn wir auf die Hilfe unserer Engel vertrauen.

Dankbarkeit erfüllt mein Leben – ich empfinde unendliche Leichtigkeit. Durch Walter habe ich gelernt, mich zu finden. Er hat mich durch eine wichtige Zeit in meinem Leben begleitet. Auch ich war für ihn wichtig und eine Herausforderung in seinem Leben.

Vielleicht war es seine Bestimmung, mich zu meiner Lebensaufgabe zu führen, die ich ohne ihn nicht so schnell erkannt und wahrgenommen hätte. Da wir unsere Tätigkeit auf Dauer nicht gemeinsam ausüben konnten, geschahen Dinge, die eine Trennung rechtfertigten.

Ich habe aufgehört zu suchen – ich bin dankbar und glücklich, heute in Frieden mit meinen Kindern leben zu können und meine Lebensaufgabe zu erfüllen.

Ende 1997 stand ich vor der Entscheidung, meine Firma auszubauen oder meinem Herzen zu folgen und ausschließlich Seminare zu leiten. Beides zugleich wäre auf Dauer nicht möglich gewesen. Ich habe mich für mein Herz entschieden. Im gleichen Jahr erschien „Impulse zum Glücklichsein“ als reines Lebenshilfe-Buch, das man immer wieder zur Hand nehmen kann, wenn man einen Rat braucht. Es unterscheidet sich von meinen anderen Büchern dadurch, dass hier die spirituellen Themen im Vordergrund stehen.

Momentan entsteht gerade mein viertes Buch mit dem Titel „... gib uns Herzen, die verstehen!“ Es ist für den Spätsommer 2002 als Folge dieses Buches geplant – ein spiritueller Tatsachenbericht wie auch mein Buch „... nicht heulen, Husky!“

Im November 1999 sandte mein Freund Günter Ilse ein Schreiben an seine Seminarteilnehmer, in dem er sein letztes Seminar ankündigte und mich gleichzeitig als seine Nachfolgerin vorschlug. Auch damit hat sich die Weisung meiner Engel erfüllt.

Inzwischen habe ich im Rahmen meines Psychologiestudiums die Ausbildung als Hypnose- und Entspannungstherapeutin beendet – nicht unter dem Aspekt, eine Praxis zu eröffnen, sondern eher um das Hintergrundwissen für meine Seminare zu haben.

Für mich war alles, was geschehen ist, wieder die Bestätigung, dass ein Mensch seine innere Ruhe findet, wenn er seine Lebensaufgabe erkannt hat und sie auch lebt.

Es ist schön, Wünsche zu haben, um Neues kreieren zu können. Ohne sie würde das Leben seinen Schwung verlieren. Ich glaube, dass ein Wunsch gleichbedeutend ist mit einem Gebet. Ein unbeirrbarer Wunsch wird zu einem unabsichtlichen Gebet, eine Bitte an den Kosmos, die dieser auch erfüllt.

Aber warum werden dann viele Gebete einfach nicht erhört?

Ich denke, dass manche Menschen eben nicht unbeirrbar an ihrem Wunsch festhalten, sondern ihre Gedanken schnell wieder anderen Wünschen zuwenden. Und das könnte die ausgesandte Wunschenergie wieder neutralisieren.

Lange Zeit habe ich mit meinen beiden kleinen Kindern allein gelebt und mir immer wieder einen Partner gewünscht. Mein Wunsch war sehr stark, aber tief im Unbewussten habe ich auch wiederum Angst vor eventuellen Verletzungen gespürt. Vielleicht hat es daran gelegen, dass ich meinem Unterbewusstsein bei jeder Verletzung, die ich erlitten habe, das Gefühl eingegeben habe: „Es ist gut, dass ich wieder allein bin. Bloß keinen Mann mehr!“

Dieses unbewusste Programm musste erst einmal wieder neutralisiert werden, ehe mein damaliger Herzenswunsch erfüllt werden konnte. Wenn wir uns den gewünschten Endzustand immer wieder vorstellen, so wird er über kurz oder lang in unser Leben treten.

Ob dieser Wunsch jedoch richtig ist zum Erreichen unserer Lebensaufgabe, das werden wir sehr schnell zu spüren bekommen. Türmen sich immer mehr Schwierigkeiten vor uns auf, so zeigen sie uns, dass unser vermeintliches Wunschziel ein sogenannter Umweg sein kann, der jedoch im Nachhinein sehr wichtig für uns war. Wenn wir Zufriedenheit und ein gewisses Glücksgefühl empfinden, so können wir sicher sein, dass die Erfüllung dieses Wunsches eine Bedeutung für unser Leben hat.

So wie bei meiner Beziehung zu Walter.

Ich weiß, dass wir beide füreinander sehr wichtig waren, und ich bin Walter heute sehr dankbar. Er war es, der mich – zwar ungewollt – so stark gemacht hat, dass ich meine Aufgabe erkannt und wahrgenommen habe, seit Anfang 1997 Werkzeug Gottes zu sein. Es macht mich sehr glücklich und dankbar, mit Menschen zu arbeiten, die den Weg der Liebe gehen wollen.

Geben wir jedoch nicht genügend Energie hinein, so wird die Erfüllung beeinträchtigt. Ein Mensch ohne Lebensziel ist wie ein Schiff ohne Zielhafen, er wird von den Winden und Stürmen des Schicksals umhergeweht, ohne den Kurs seines eigenen Lebens zu entdecken. Folgen wir unserer Intuition, und versuchen wir, unsere Wünsche unter göttlichen Aspekten zu verwirklichen. Im Hinblick auf die Erfüllung unserer Wünsche sollten wir Gott um Führung und Zeichen bitten. Wenn unsere Wünsche mit Gottes Plan übereinstimmen, kann nur Segen auf unserem Leben liegen.

Die Zeit muss kommen, wo wir Bücher, die die Gesetze des Lebens lehren, nicht mehr brauchen und sagen können: „Ich lebe jetzt mein Leben in Liebe." Liebe ist die absolut stärkste Kraft im Kosmos. Mit dieser Erkenntnis haben wir den Weg zum eigenen Ich bereits gefunden. Aber vielleicht brauchen wir derartige Bücher bis dahin.

Die Liebe, die größer ist als alle Feindseligkeiten, liegt in uns selbst. Und wir müssen den Frieden in uns finden, jenseits aller Verwirrung. Dies ist der Weg, den wir suchen, ob wir es wissen oder nicht. Wir werden von einer liebenden Intelligenz berührt, die unaufhörlich drängt, uns Frieden und Zuversicht zu bringen, Freude und Freundlichkeit, Glück und Erfolg, Gesundheit und Fülle.

Es wäre gut, wenn wir gegenüber dem Leben eine Haltung einnähmen, aus der sich Kraft gewinnen lässt. Lasst uns den Fokus auf das Gute richten, das uns im Leben widerfährt, das Negative annehmen als Lernchance, es jedoch nicht überbewerten. Die Erkenntnis, dass wir einmalig sind, ist ein Weg zu dieser kraftspendenden Lebenshaltung.

Die Welt, die wir erleben, beginnt in uns selbst. So wie der Mikrokosmos, so ist der Makrokosmos. Die spirituelle Verbundenheit mit den Dingen und Menschen um uns herum bedeutet einen

Weg aus der Einsamkeit. Trennung und Verlust können unser Leben nur in der Relation bestimmen, wie wir sie ernst nehmen. Jeder Gedanke ist Ursache und hat eine Wirkung.

In ihrer Gesamtheit können wir die Welt nicht ändern. Ändern lassen sich jedoch unsere Sicht und unsere Einstellung zu den Dingen. Betrachten wir unseren Standpunkt nicht länger als endgültig, verlassen wir ihn, um einen anderen Blickwinkel zu gewinnen und eine vielleicht viel erfreulichere Seite der Dinge kennen zu lernen. Oft können wir Konflikte schon dadurch lösen, dass wir nicht stur auf unserem eigenen Standpunkt beharren, sondern uns mal in die Perspektive des anderen hineinversetzen.

Sobald wir unsere Einstellung zu dem anderen Menschen ändern, ändert sich automatisch auch die Einstellung des anderen uns gegenüber. Der Erfolgreiche lernt aus seinen Fehlern und wird auf neuen Wegen von vorn beginnen!

Lasst uns unser Bewusstsein auf Erfolg und Glück einstimmen, und vor allem auf den ermutigenden Gedanken, dass es eine Liebe im Universum gibt, deren Gegenwart allen Hass auflöst.

Also – lasst uns beginnen!

„Ich suche nicht - ich finde.
Suchen,
das ist das Ausgehen
von alten Beständen
und ein Findenwollen
von bereits Bekanntem im Neuen.
Finden,
das ist das völlig Neue
auch in der Bewegung.
Alle Wege sind offen,
und was gefunden wird, ist unbekannt.
Es ist ein Wagnis, ein heiliges Abenteuer.
Die Ungewissheit solcher Wagnisse können eigentlich
nur jene auf sich nehmen,
die im Ungeborgenen sich geborgen wissen,
die in die Ungewissheit,
in die Führerlosigkeit geführt werden,
die sich im Dunkeln
einem unsichtbaren Stern überlassen,
die sich vom Ziele ziehen lassen und nicht –
menschlich beschränkt und eingeengt –
das Ziel bestimmen.
Dieses Offensein für jede neue Erkenntnis,
für jedes neue Erleben im Außen und Innen:
Das ist das Wesenhafte des modernen Menschen,
der in aller Angst des Loslassens
doch die Gnade des Gehaltenseins
im Offenwerden neuer Möglichkeiten erfährt."

(Pablo Picasso)

Gila van Delden

Impulse zum Glücklichsein

Positive Affirmationen
und Lebensgedanken ☺

Dieses Buch enthält eine besondere Auswahl geistiger Lebensgesetze und positiver Glaubenssätze aus den bisherigen Büchern und Vorträgen der Autorin.

- Wie lasse ich Menschen und Situationen in Liebe los?
- Wie gehe ich mit Trauer um?
- Wie löse ich Konflikte zwischen Partnern, Kindern und Eltern?
- Wie bekomme ich mein Leben selbst in den Griff?
- Wie erlange ich mehr Selbstvertrauen?
- Wie bringe ich Gesundheit, Frieden und Wohlstand in mein Leben?
- Wie erkenne ich Ursachen von Krankheiten – wie kann ich sie auflösen?
- Wie verzeihe ich, ohne selbst dabei zu leiden?

Dieses Buch bietet dem Leser anhand der dargestellten Lebensformeln und durch neue Affirmationen und Glaubenssätze auf liebevolle Art Lösungen an, wie er die Umstände seines Lebens durch seine eigene innere Kraft selbst bestimmen oder verändern kann.

COUNTRY VERLAG
D-33790 Halle/Westf.

ISBN 3-9803144-5-6

Gila van Delden

... nicht heulen, Husky!

Der fesselnde Tatsachenbericht einer Auswanderung nach Kanada

Ein Selbsterfahrungsbuch

Mit Humor und Selbstironie erzählt die Autorin freimütig ihre turbulente Geschichte. Sie möchte damit nicht zuletzt dem Leser eine Anregung geben, an die Kraft der Gedanken zu glauben. Dieses erfolgreiche Buch wurde sogar mit sehr bekannten internationalen Schauspielern verfilmt.

In aller Heimlichkeit plant sie ihre Auswanderung nach Kanada, gemeinsam mit Rainer, dem Mann ihrer besten Freundin Eva und Vater ihrer Tochter Dana. Trotz vieler scheinbar unüberwindlicher Hindernisse gelingt ihnen die Einwanderung in die Yukon Territories – und ohne Evas Wissen verlassen sie Deutschland. Doch es zeigt sich, dass Rainers Liebe zu seinen dreizehn Huskies nicht unproblematisch ist. Liegt nur in der endgültigen Rückkehr nach Deutschland die Chance für ein gemeinsames Leben für alle?

In Persönlichkeits-Seminaren lernt Gila van Delden die Kraft des positiven Denkens kennen, die ihr zur Lebensphilosophie wird. Obwohl sie ihren ganzen Glauben an das Gute einsetzt, um nochmals ein Leben in Kanada zu beginnen, muss sie sich schließlich doch der Macht des Schicksals beugen. In ihrem zweiten Buch *„Mutter Erde, trage mich . . .“* setzt sie ihre Geschichte fort.

Seit 1994 leitet die Autorin selbst auf sehr liebevolle Art Seminare über die Kraft des Unterbewusstseins, nachdem sie durch ihre eigene Geschichte gelernt hat, nichts mehr zu tun, was auf Kosten anderer geht. In ihren Selbsterfahrungsseminaren können die Teilnehmer lernen, neue Glaubenssätze für ihr Leben zu formen und daraus Kraft zur Meisterung ihres Schicksals zu schöpfen.

COUNTRY VERLAG
D-33790 Halle/Westf.

ISBN 3-9803144-0-5

Gabi Berens

In Wahrheit ist es Liebe ...

Unser behindertes Kind als Wegweiser

Ein Tatsachenbericht

Die Autorin ist 1961 in Ibbenbüren geboren. 1984, zwei Jahre nach der Heirat mit ihrem Mann Laurenz, kommt ihr Wunschkind Timo schwerstbehindert zur Welt. Obwohl Timo eigentlich kaum eine Überlebenschance hat und rund um die Uhr intensivster Pflege bedarf, nehmen die Eltern die Herausforderung an und holen ihr Kind nach Hause.

Das Buch erzählt von den ungeheuren Schwierigkeiten, die Gabi und Laurenz bewältigen und die sie immer wieder an die Grenze ihrer Belastbarkeit führen. Es erzählt aber auch, wie sie durch die Kraft der Liebe das Leben mit Timo meistern.

Wie ein roter Faden zieht sich der Reifeprozess der Autorin vom sorglosen jungen Mädchen zu einer in sich ruhenden Persönlichkeit. Sie erkennt, dass behinderte Kinder etwas ganz Besonderes sind und dass nicht jede Familie die Chance erhält, mit so einem besonderen Kind zu leben.

Die ungekünstelte Herzlichkeit, mit der dieses Buch geschrieben ist, wirkt ansteckend und macht neugierig.

COUNTRY VERLAG
D-33790 Halle/Westf.

ISBN 3-9803144-1-3